공공신학과
복지선교

글
김창환 / 이준우

공공신학과 복지선교

초판발행   2024년 09월 10일

지은이   김창환 / 이준우

펴낸이   조병성
기획   밀알디아코니아연구소
편집   도노디자인
펴낸곳   밀알
등록번호   2009-000263
주소   서울시 강남구 광평로 295 사이룩스 동관 207호
전화   02.3411.6896
팩스   02.3411.6657
디자인 / 인쇄   도노디자인 02.2272.5009

ISBN 979-11-983732-1-2
값 23,000원

*파본 및 잘못된 책은 교환해 드립니다.

이 책은 사회복지법인 밀알복지재단(밀알디아코니아연구소)과
사단법인 한국밀알선교단의 지원으로 제작되었습니다.

공공신학과 복지선교

| 차례 |

추천사 •010

프롤로그 •017

서론: '공공신학에 기초한 복지선교'의 필요성과 특성 •022

제1장 하나님의 나라와 '공공신학에 기초한 복지선교' 실천 •052
제2장 하나님의 은혜와 '공공신학에 기초한 복지선교' 실천 •080
제3장 하나님의 사랑과 '공공신학에 기초한 복지선교' 실천 •112
제4장 하나님의 정의와 '공공신학에 기초한 복지선교' 실천 •142
제5장 하나님의 지혜와 '공공신학에 기초한 복지선교' 실천 •170
제6장 기독교사회복지실천학 담론과 공공신학적인 복지선교의 접목 •194

결론: '공공신학에 기초한 복지선교'적 교회의 과제 •226

에필로그 •233

참고문헌 •237

저자 소개 •244

추천사

복음의 공공성은 '도성인신(道成人身) 신학(Incarnation Theology)'의 핵심으로, 예수님의 공공사역(Public Ministry)과 함께 '공공신학'으로 나타났다. 이러한 공공신학의 씨앗은 전체 교회사를 통하여 신학계의 담론이 되어오면서, 1960년대에 이르러 미국과 유럽의 신학자들 사이에서 '공공신학'으로 등단하게 되었다. 한국에서는 2007년부터 2008년에 걸쳐 공공신학 이론의 토착화를 위한 5번의 학술대회가 있었다. 공공신학 적용의 '공공영역'으로, 정치, 경제, 사회, 문화, 언론 등을 상대로, 신학의 구체적 상황 하에서의 '공공성'을 검토하였다. 나는 하나님 선교의 최일선에서 복음을 선포하고 실천하는 '기독교사회복지'의 영역이 여기에서 누락된 데 대하여 지금까지 큰 아쉬움과 책무성을 느끼며 신학적 성찰을 해 왔다.

이번에 공공신학의 대가인, 미국 풀러신학대학원의 김창환 교수와 한국 기독교사회복지의 대표적 이론가이며 실천가인 강남대학교의 이준우 교수가 <공공신학과 복지선교>라는 대작을 공동으로 저술하여 출판하게 된 것을 매우 기쁘게 생각한다. 신학의 그릇에다 인간복지를 담아 이해하려는 연역적 접근과 인간복지의 문제를 신학적 패러다임으로 영적 이해를 추구하는 귀납법적 학문 접근으로, '공공신학과 사회복지'의 통전적 신학이론과 사회복지 실천의 기반을 구축했다고 생각한다.

본 저서를 통하여, 신학계, 교회, 기독교 사회복지계에서 난제로 제시된 신학적 과제들

(예: Mission Dei와 Mission Ecclesia, 개인구원과 사회구원, 전도와 봉사 등)의 보다 현실적인 이해에 크게 공헌하리라 생각한다. 사회의 공공영역, 민간영역에서 예수 그리스도의 복음을 말과 행동으로 실천하고 있는 평신도들이야말로 공공신학의 형성과 실천의 주역이라고 생각한다. 사회 속에서 복음을 말로, 행동으로 선포하고 있는 하나님의 공공신학 사역자들(신학자, 목회자, 기독교사회복지사, 신학생 등)에게 새로운 선교와 신학의 수평선을 열어주는 '필독서'로 추천하는 바이다.

– 박종삼 명예교수(숭실대학교 / 전 월드비전 회장)

    이준우 교수가 출판하게 된 <공공신학과 복지선교>는 세계적인 공공신학자인 풀러신학대학원 김창환 학장과 함께 신학과 복지선교를 연결하는 중요한 연구성과로, 책의 저술 출판을 축하드립니다. 이 책에서 저자들은 교회의 신학과 목회에서 약화된 세상에 대한 사랑과 섬김을 다시 회복해야 한다고 역설하고 있습니다. 실제로 오늘날 교회가 한 개인의 회심과 교인 수 증가에 집중하는 양적 성장에 몰입된 현실에서 이 책은 예수님의 '하나님 나라 복음'에 대한 그리스도인의 사명을 다시금 생각하게 합니다. 이 책에 제시된 '하나님 나라의 공공신학에 기초한 복지선교 실천'이 교회를 이 세상 속에 존재하게 하시는 하나님의 뜻을 모든 교인들이 재정립하는 계기가 되길 바랍니다.

    이 책을 읽으면서 기독교 대학을 섬기는 나부터 사적인 삶과 학교 운영을 비롯한 모든 공적 활동 영역에 공공신학을 적용할 필요를 강하게 느끼게 됩니다. 국내 최초로 사회복지 교육을 시작했던 강남대학교가 붙잡고 도전해야 할 부분이 무엇인지도 다시금 성찰해 볼 수 있었고, 고등 대학교육을 통한 인재양성으로 공동선과 공공성을 이 땅에 실현하라는 하나님의 명령에 순종하여 새롭게 마음을 다져봅니다. 목회자와 사회복지사뿐만 아니라 크리스천 교수들에게도 이 책의 일독을 강력하게 추천합니다.

– 윤신일 총장(강남대학교/심전국제교류재단 이사장)

기독교 신앙은 단순한 믿음 그 이상을 넘어서 세상을 변화시키려는 신앙적인 삶이다. 하나님께서는 그리스도인들을 향해 사랑의 마음으로 이웃의 선을 위해 일하라고 명령하신다. 김창환 학장과 이준우 교수가 의기투합하여 저술한 <공공신학과 복지선교>는 '세상을 창조하신 말씀이시며 세상을 구속하신 어린양이신 예수 그리스도를 따른다는 것'이, 연약한 이웃을 사랑하고, 행복한 세상을 만들려는 '공동선'을 위해 노력하는 것임을 분명하게 말한다. 특히 이준우 교수가 주장한 '복지선교'의 개념은 목회자와 선교사만이 아니라 기독교 NGO와 사회복지시설에서 일하는 사회복지사들에게도 자신의 사회복지실천 업무에 충분히 적용할 수 있다고 본다.

기독교사회복지사의 길을 가는 나로서는 감사한 책이다. 더욱이 세계적인 공공신학자와 국내 최고의 기독교사회복지실천학자가 신학과 사회복지의 융합을 시도하여 '복지선교'라는 창의적인 실천영역을 개척해주심에 큰 감사를 드린다. 이 책이 기독교 신앙을 갖고 신실하게 사회복지를 실천하려고 고군분투하는 많은 사회복지사들에게 널리 읽혀지기를 소망한다.

– 정형석 상임대표(밀알복지재단)

한국 교회의 문제를 분석하고 반성하는 것도 필요하지만, 지금은 세상을 섬기는 건설적인 대안을 제시해야 할 때다. 여기 그 길이 보인다. 교회가 세계와 교회 밖 사람과의 소통 능력과 관계 방식을 잃어버릴 때 복음은 사사화 된다. 본서는 공공신학과 복지선교가 만나서 뼈아픈 회개와 변혁적 회심이 일어나고 하나님 나라를 꾸준히 실천할 수 있는 실천적 방법을 제시한다. 공공의 영역을 혐오하고 배제한 채, 선교는 불가능하다. 교회는 하나님 나라를 지향하지만 세계 속에 존재하며, 복음은 초월을 비추지만 세상을 통하여 전달되기 때문이다. 치열한 신학이론과 따뜻한 감동이 공존하는 책을 만나서 오랜만에 한국교회에 희망을 찾으려는 목회자, 신학도, 사역자, 평신도에게 이르기까지 두루 기쁘게 소개하고 싶다.

– 김은혜 교수(장로회신학대학교)

이번에 출간되는 <공공신학과 복지선교>는 현대사회에서 기독교의 사회적 책임이라는 공통분모를 갖고 있는 두 학문 영역을 신학적 관점과 사회복지 실천을 연결하는 중요한 지침을 제공하고 있다. 저자들은 공공신학의 핵심 개념의 토대 위에 복지선교가 어떻게 실천될 수 있는지를 구체적으로 보여준다. 학제 간 접근이면서도 어느 한쪽으로 치우치지 않고, 공공신학의 신학적 담론이 어떻게 복지선교의 개념과 실천을 통해 구현될 수 있는지를 다양한 실천사례를 제시하면서 구체적으로 그 방안을 제시하고 있다.

특히, 이준우 교수가 추구하는 복지선교는 학문적으로나 내재적 삶으로나 철저히 공적인 것을 추구한다. 신학과 사회복지를 전공한 그는 오랫동안 연구와 저술활동을 통해 복지선교의 틀을 세우고자 노력해왔다. 이제 공공신학의 대가인 김창환 교수를 만나, 이준우 교수의 복지선교 영역이 공공신학의 토대 위에 복지선교의 새로운 방향으로 이끌려진 것 같다. 놀랍다. 신학과 사회복지를 학문적으로 융합하기가 쉽지 않지만, 이 책을 통해 잘 융합된 하나의 예술 작품처럼 독자들에게 다가가리라 확신한다. 이 책은 내가 소속된 대학원 수업에 꼭 사용하고 싶은 책이다. 그런 점에서 나에게 너무나 반가운 책이라 더욱 고마움을 느낀다. 하루빨리 이 책을 사용하고 싶은 마음이 간절하다.

– 손의성 교수(배재대학교)

아직도 우리 교회와 사회에 복지를 '게으르거나 비생산적인 사람에게 혈세를 퍼주는 일'로 보거나 약자를 위한 일방적 시혜 혹은 선행으로만 이해하려는 흐름이 있다. <공공신학과 복지선교>의 두 저자는 이런 견해를 직접 반박하기보다 복지란 은혜받은 성도가 드리는 감사의 응답이며, 하나님 나라의 원리를 교회의 울타리 밖으로 확장하는 방편이고, 사랑과 정의의 모습으로 행하는 선교 그 자체임을 설득력 있게 전달한다. 공공신학과 사회복지의 성경적 원리를 풀어 설명할 뿐 아니라, 그 원리를 적용하는 구체적인 실천 원칙을 정리하고 각 주제와 관련된 실제 사례, 나아가 그 역사적 배경까지 제시하여 독자의 이해를 돕는다. 간결하고도 세심한 구성 덕분에 해당 분야의 종사자나 전문가가 아니더라도 어렵지 않게 내용을 파악하고 통찰을 얻을 수 있다. 이 책은 한국의 공공신학 연구와 사회복지의 최일선에 선 이들의 헌신과 성찰이 압축된 결과물이다. 일독을 권한다.

– 손화철 교수(한동대학교)

한국 교회의 위기가 심각하다. 한국 교회의 선한 실천마저도 그 순수성이 오해받고 곡해되고 있다. 과연 한국 교회의 이웃 사랑 실천이 다시금 진정성을 인정받는 날이 오게 될까? <공공신학에 기초한 복지선교>가 목회와 선교의 새로운 패러다임이 된다면 그날이 가까워질 것이라 기대한다.

– 김정형 교수(연세대학교)

이 책은 개인주의적이고 기복적인 신앙을 벗어나 지역사회를 섬기고자 하는 목회신학적 열정과 이를 사회복지 현장에 접목시켜 장애인과 같이 소외되고 고통받는 자들에게 하나님 나라를 확장하고자 하는 새로운 선교적 비전을 담고 있다. 저자들은 탄탄한 선행연구를 통해 주요 문헌과 최신 자료를 소개하고 있으며, '공공신학에 기초한 복지선교'라는 융합창의적 개념과 구체적 실천방안을 흥미롭게 제시한다. 이 책은 신학과 사회복지학 전공자들뿐만 아니라, 참된 그리스도인이라면 공적 영역에서 누구를 위해 어떻게 행동해야할 지 고민하는 평신도들이 꼭 읽어보기를 추천한다.

– 송용섭 교수(영남신학대학교)

이웃과 사회로부터 외면당하고 있는 오늘날 교회가 직면한 위기와 생태 위기의 도전 앞에서 이 책은 '복지선교'라는 새로운 개념을 통해 교회가 잃어버린 역할이 무엇인지를 우리에게 묻고 있다. 하지만 단지 질문으로 그치는 것이 아니라, 교회가 세상과 지역에 뿌리내리고 있음을 상기시키면서, 교회 안과 밖에서 '공공신학'에 기초한 복지선교를 실천하기 위해 신학적 차원에서뿐 아니라 실용적 차원에서의 지침과 방법도 함께 제시하고 있다. 특히 공공영역에서 소외되고 배제된 사회적 약자들을 돌보며, 공평하고 열린 사회를 만들기 위해 애쓰는 신앙인들에게 이 책은 큰 배움이 되리라 생각한다.

– 이은경 교수(감리교신학대학교)

　공공신학은 새로운 신학적 패러다임이다. 하나님과 교회 그리고 세상에 대한 기존의 관점을 전환하여 더 나은 사회를 위한 하나님의 '공공선'을 추구한다. 공공신학의 거장 김창환과 기독교 사회복지의 마스터 이준우의 만남으로 공공신학의 이론과 실천이 완성되었다. 이 책은 공공신학이라는 거대한 바위를 뚫고 나온 생명력 넘치는 느티나무와 같다. 그 그늘에서 시원한 바람을 맞을 준비를 해보자.

– 김승환 교수(장로회신학대학교)

　두 저자는 공공신학과 복지선교를 알기 쉽게 풀어 쓰며 독자들에게 다가갑니다. 무엇보다 공공신학에 기초한 복지선교를 오늘의 현장에 적용시키며 우리가 해야 할 사역을 보다 명쾌하게 제시하고 있습니다. 교회를 넘어 세상에서 하나님의 뜻을 펼치기 원하는 그리스도인들이라면 반드시 읽어야 할 책입니다. 우리의 가치와 사고를 확장하고 평등한 삶의 구현을 위한 역할을 찾게 될 것입니다.

– 이현아 교수(미국 월드미션대학교)

존경하는 김창환 학장님과 제 은사이신 이준우 교수님을 통해 이 시대를 깨우는 의미 있는 책이 출판되고 또한 그 일에 우리 밀알이 함께 할 수 있음에 감사를 드립니다.

다양한 분야에서 세상은 이미 너무나 빠른 속도로 변화하고 있습니다. 변화와 발전은 우리에게 꼭 필요한 일이긴 하나 '4차 산업혁명'이라고 불리는 정보통신기술의 융합을 통한 혁명은 그 변화를 따라갈 수 없을 정도로 급속하게 변하고 있습니다. '빅데이터', '인공지능', '가상현실', '로봇산업' 등은 우리가 상상 속에서 그려왔던 새로운 시대를 일상에서 마주하게 만들고 있습니다. 일상생활과 과학기술의 다양한 분야에서의 접목은 현실세계와 가상세계를 연결하는 듯하지만 오히려 그 가치가 혼돈되고 참 진리가 무엇인지 우리의 판단을 흐리게 하기도 합니다. 또한 이런 혁명적 변화는 순기능이 분명히 있음에도 불구하고 특히 인간에 대한 새로운 정의 즉, 그 정체성 특히 존귀하신 하나님의 창조물로서의 인간의 가치를 훼손하고 있다고 생각합니다.

더 이상 창조주 하나님의 존재는 불필요한 것처럼 여겨지는 시대, 영원한 하나님의 나라를 소망하는 삶보다 지금, 여기서, 무엇을 하며 즐길 것인가가 더 중요하게 여겨지는 시대, 결국 하나님의 말씀을 거역하며 자기 소견에 따라 살아갔던 이스라엘 백성들과 다를 것이 없는 시대가 되어버렸습니다. 그런데 이런 시대적 상황에서 더욱 문제인 것은 세상의 변화를 이끌고 세상 속에 그리스도의 가치를 심어야 하는 교회가 점점 더 영향력을 잃고 있다는 사실입니다. 이런 위기 속에 출판되는 '공공신학과 복지선교'는 이 시대 교회들의 사명을 깨우며 성도들이 그리스도인으로서 세상 속에서 예수님처럼 밀알로 어떻게 살아가야 하는지를 신학적, 사회적 관점에서 잘 안내하고 있습니다. 개인주의가 팽배한 시대 속에 신학의 '공공성(公共性)'과 그 실천적 모델인 '복지선교'를 통해 참 교회, 참 그리스도인들의 선한 영향력이 세상 가운데 하나님 나라의 평화를 이루는 놀라운 축복의 안내서가 되리라 믿어 의심치 않습니다.

다시 한번 소중한 책이 세상에 나오는데 함께 할 수 있도록 기회를 주신 두 분의 교수님께 감사드리며 이 일을 이룰 수 있도록 허락하신 하나님께 영광을 올려드립니다.

- 조병성 단장(한국밀알선교단 / 밀알디아코니아연구소 소장)

프롤로그

우리 두 사람(김창환, 이준우)은 신학적 훈련을 받은 사람들, 목회 또는 기독교적 사역에 종사하고 있는 목사, 선교사이거나 준비 중인 사람들 및 기독교사회복지재단 또는 교회 사회복지실천의 현장에서 일하는 실천가들을 염두에 두고 이 책을 집필하였다.

우리가 의기투합하여, 교회의 신학에서 실종된 '세상'에 대한 관심과 '세상'으로의 적극적인 개입과 참여를 실제적으로 실행할 수 있는 실용적인 지침과 방법을 제시하려고 '공공신학에 기초한 복지선교' 실천에 천착(穿鑿)한 지도 어느덧 1년이 다 되었다. 그리스도인들이 사적인 삶과 공적 활동 영역에서 '공공신학'을 적용할 수 있는 통찰과 방식을 '복지선교'라는 개념으로 정리하는 과정은 녹록치 않았다. 이준우 교수가 고생을 많이 했다. 내(김창환)가 쓴 공공신학과 관련된 여러 자료들을 이 교수가 열심히 공부하여 자신의 주된 전공 분야인 사회복지실천에 적용하여 '복지선교'라는 창의적인 내용으로 풀어내는 작업은 쉽지 않았다. 그렇지만 우리는 하나님의 소명이라는 책임감과 행복한 마음으로 이 책을 집필하였다.

책을 쓰는 내내, 우리는 이심전심으로 완전한 회심과 실천이 하나가 된 공동체를 향한 교회의 결단을 촉구하는 간절한 기도를 하였다. 세상을 창조하시고 지금도 변함없이 이끄시는 말씀이시며 세상을 구속하신 예수 그리스도를 따른다는 것은, 교회 내 믿음의 가족들은 물론이고 세상에 살고 있는 이웃들을 사랑하고 함께 살아가기 위해 노력하는 것을 뜻한다. 그러니 교회가 이 땅에서 하나님 나라를 '살아내는 것'을 고민하면서 예수와 함께 '살아감'이 무엇을 뜻하는지를 성찰하는 일은 당연하다. 하지만 실제 교회의 모습은 그렇지 못하니 애끓는 간구가 절로 나올 수밖에 없었다. 이렇게 기도와 함께 진행된 '책의 집필을 통한 헌신'이 더 나은 세상을 향한 하나님의 운동에 귀하게 쓰임 받으리라는 확신이 있었기에 이 책은 하나님을 향한 우리의 작은 '드림'이다.

한편 이 책은 '세상이 말하는 축복'을 주시는 하나님에 관한 이야기가 아니다. 교인 수 증가와 예배당 증축, 세상에서 교회의 '힘 자랑' 등으로 표현되는 물량적 교회 성장과 부흥을 추구하는 번영신학과 그에 따른 목회의 위험성에 도전하고, 오히려 하나님의 백성, 특히 세상에서 가장 약한 사람들을 지지하고 돌봄으로써 하나님의 뜻을 이뤄드리는 '공공신학에 기초한 복지선교'에 대해 이야기한다. '복지선교'야 말로 교회를 향해 하나님께서 명령하시는 '소명'이며 하나님이 소중히 여기시는 이 세상을 하나님 나라로 되찾기 위한 하나님의 노력을 반영하는 '사명'이다. 또한 공공신학은 교회의 전반적인 관점과 태도를 전환하는 데 집중한다. 공적인 태도와 대화를 강조하면서 교회를 넘어선 공동의 선을 회복하는 데 참여한다. 공공신학은 사람과 세상을 하나님의 나라로 변화시키는 목회를 하게끔 돕는다. 진정한 목회는 교회 구성원 '한 사람 한 사람'을 소중히 여기며 그들의 영적 안녕을 도모함과 아울러 그들이 세상에서 힘 있게 살아가도록 적극 지원하는 데에 총력을 기울인다. 그러면서도 목회는 교회 안에서만 이루어져서는 안 된다. 목회 현장이 교회를 포함한 공공의 영역 전반으로 확장될 때, 교회는 고립된 섬이 아닌 지역사회로부터 인정받는 공교회로서 자리매김된다. 당연히 지역사회의 여러 자원들과 상호 소통하며 연계하는 가운데서 하나님이 기뻐하시는 다양한 상상과 실천이 가능하게 된다.

그 결과 교회는 사회적 신뢰를 회복할 뿐 아니라 공공의 중요한 파트너로서 받아들여질 것이다. 교회를 떠나거나 혐오하는 사람들, 교회에 대해 무심하거나 교회로부터 상처받아 고통으로 몸부림치는 사람들이 넘쳐나는 이때, 교회의 몰락과 쇠퇴의 흐름을 끊어내고 교회가 '교회의 이익과 교회 내부'에만 집중했던 지난날의 과오를 반성하여 **교인뿐만 아니라 세상에 있는 모든 사람들을 위한 신학적 상상과 실천으로 나아갈 전환의 계기를 마련**해야 한다. 바로 여기에서 '공공신학에 기초한 복지선교' 실천을 제시하게 된 것이다.

교회는 타락한 이 시대를 살아가는 수많은 사람들에게 빛이 될 구원의 소식을 전파하며, 그들을 위로하고 연결하며 도움으로써, 급속한 사회 변화 속에서 혼란을 느끼는 이들에게 건강한 방향성과 안정감을 제공해야 한다. 교회는 사람들이 함께 연대하며, 모두를 위한 정의가 궁극적으로 승리하리라는 확신을 북돋워야 한다. 동시에 교회는 인간을 비롯한 전 지구적인 아픔을 치유하고, 친밀하며 상호 존중하는 공동체성을 회복해야 한다. 이를 위해 공공신학적인 복지선교 실천은 매우 유용하다. 공공신학은 다양한 공공의 영역에서 소외되고 배제된 사회적 약자들을 돌보며 불합리한 기득권에 도전하고 대화와 토론을 통해 공평하고 열린 사회를 추구하는 복지선교 실천의 토대가 된다.

그래서 '공공신학에 기초한 복지선교' 실천에 보다 많은 목회자들과 선교사들, 기독교 사역자들과 사회복지실천가들이 동참하도록 이들을 초대하고, 힘을 주며, 나아가 이들을 준비시키고자 할 때, 이 책이 필수적인 자료로 활용되었으면 한다. 또한 이 책이 공공신학과 복지선교를 종합해주고, 성서적 관점으로부터 공공신학을 형성함과 동시에 '공공신학에 기초한 복지선교'를 어떻게 구체적으로 실천하게끔 하는지를 신학자들과 사회복지학자들에게 보여줌으로써 학계에도 도움이 될 수 있기를 바란다.

사실, 이 책이 교재로 사용될 것을 의도하고 쓴 것은 아니지만 그럼에도 일목요연하게 주제별 구성을 지향했기에 신학대학원의 실천신학 또는 공공신학 관련 교과목에서 유용하게 활용되리라 본다. 아울러 기독교대학 내에 설치되어 있는 사회복지대학원 과정에서 기독교사회복지학 관련 교재로도 사용될 수 있을 것이다.

그런데 대학원 교재라고 하면 '교과서'적이거나 학술적인 문체와 형태를 띠는 경우가 흔하다. 하지만 이 책은 목회자들과 기독교 사역자들 및 사회복지실천가들 모두가 언제든 재미나게 읽을 수 있었으면 했다. 책을 쓴 저자들의 입장에서는 '공공신학에 기초한 복지선교' 실천이 널리 파급되기를 원했다. 그래서 이 책은 가급적 독자들이 쉽게 읽을 수 있도록 최대한 대중적 글쓰기를 지향했다. 물론 각주와 참고문헌 달기 등을 비롯한 학문적 엄격성을 준수하는 기본적인 노력은 게을리하지 않았다. 문제는 우리 두 사람 모두 늘 논문을 쓰는 사람들이어서 자꾸만 글이 어려워지는 경향을 쉽사리 억제하지 못했다는 것이다. 그러다 보니 이 책이 이것도 저것도 아닌 어설픈 모습이 된 것 같아 염려가 크다. '어렵지 않으려 했지만 결국은 쉽게 읽히지 않으면 어쩌나' 하는 걱정이 있다. 독자들의 너른 이해를 바란다.

2024년 6월 30일

김창환 이준우

서론:

서 론
공공신학과 복지선교

'공공신학에 기초한 복지선교'의 필요성과 특성

[서 론]

'공공신학에 기초한 복지선교'의 필요성과 특성

　이 책에서 지향하는 논의의 시작점과 지향점은 교회가 세상에, 지역에 뿌리내리고 있다는 사실에 둔다. 기독교의 전파와 그 결실로 맺어진 교회 공동체는 형성 초기부터 지금, 이 순간까지 그 무엇보다도 지역성이 중요하다. 즉, 그리스도인은 하나님을 예배하도록 부름을 받았지만, 그 부름은 하나님의 창조 세계 안에서 예수 그리스도가 그리하셨듯이 성육신 된 결과로 나타난다. 세속화가 급격히 진행된 오늘날에는 신앙과 교회의 존재 의미가 몹시 퇴색해 보여도, 교회가 지닌 성육신적 속성은 계속해서 정의, 평화, 평등 등을 구현하며 지역사회를 변혁하는 '공적' 자원으로 남아 있다. 그러므로 교회가 지역성을 고려하지 않고서 추상적으로 죄와 구원만을 반복해서 외치는 값싼 은혜의 성향만을 띤다면 교회의 복음은 '내 구원'만을 생각하는 이기주의 신앙을 낳는다.

　당연히 교회는 "주는 것이 받는 것보다 더 복이 있다(사도행전 20장 35절)."는 주님의 말씀을 명심하고 힘써 실천해야 하는 신앙공동체여야 한다. 이것은 구체적으로 도움이 필요한 사람들에게 실질적인 도움을 제공함으로써 그들을 섬기는 일, 지역사회 자체가 사람들 간의 건강한 연대의식과 자립 그리고 기쁨의 상호의존성 등으로 조성되게끔 해야 함을 뜻한다.

이미 세상은 교회의 타락과 오만을 더 이상 인내하지 않는다. 사회적 신뢰도 잃고, 빛도 잃은 오늘의 한국교회는 세상의 어둠이다.

너무 과한 표현인가? 빛과 소금의 역할을 충실하게 감당하는 교회들도 있는데 모든 교회들을 싸잡아 '어둠'이라고까지 하는 건 정말 심한 것 아닌가? 그런데 이는 교회나 교인의 관점에서 얘기하는 것이 아니다. 세상이 그렇게 본다는 것이다. 불신자들의 일반적인 시각이 그렇다는 것이다.

그래서 교회를 성찰할 때, 손봉호(2017: 100)의 지적은 따끔하면서도 여전히 유효하다.

"대형 교회의 목회자들이 금전적·성적 스캔들을 일으키고 한국 개신교를 대표한다고 자처한다는 몇몇 대형 교단들이 돈 선거로 회장을 뽑아 세상의 조롱거리가 되기도 했다. 예수를 믿는다는 사람들이 어떻게 불신자들보다 더 비도적적으로 행동할 수 있는지 의심이 생긴다. 그들이 과연 그리스도인인가?"

그리스도인이란 진리이신 주님을 믿고 따르는 사람이어야 한다. 진리가 참되고 영원하다고 믿는다면 그 진리를 따르는 그리스도인은 거짓을 버리고 그 삶이 하나님의 말씀을 따르는 거룩함으로 구별되어야 한다. 그리스도인은 진리로부터 나오는 분명한 삶의 원칙을 지녀야 한다. "그런즉 너희가 먹든지 마시든지 무엇을 하든지 다 하나님의 영광을 위하여 하라."고 하시는 고린도전서 10장 31절의 말씀대로 살아야 한다. 무엇을 하든 진리이신 주님의 영광을 위해 사는 사람들이 그리스도인인 것이다. 이렇게 살려고 애쓰고, 살아낼 때, 비록 실패와 좌절이 있다 해도 삶의 방향이 주님을 향해 있을 때, 그리스도인은 지킬 것과 포기할 것, 그리고 할 것과 하지 말 것을 제대로 구분할 수 있게 된다. 뿐만 아니라 자기 삶의 자리를 욕망이 아닌, 오직 진리로 진리의 삶을 살아가는 참된 그리스도인이 될 수 있다.

하나님의 나라는 영원한 생명과 진리 그리고 사랑 그 자체다. 그 하나님의 나라가 육신을 입고, 이 땅에 임하신 분이 곧 예수 그리스도이시다. 그러므로 참된 그리스도인의 시선이 집중되어야 할 지점은, 오늘도 살아 계시면서 하나님의 사랑과 공의를 바로 세워 가시는 예수 그리스도, 바로 그분이시다. 그리스도인들의 공동체인 교회는 예수 그리스도를 향해 가야 한다. 예수 그리스도를 향한 여정은 그 주님께서 세상을 향해 펼치셨던 가장 예수적인 삶으로 환원되어야 한다. 그 예수적인 삶은 무엇인가? 세상을 섬기는 것이었다. 세상 속에 사는 사람들의 고통과 눈물, 아픔을 씻어주는 것이었다. 치유와 회복을 사람들의 삶 속에 구현해 내는 것이었다. 영원한 하나님의 나라를 소유하게 하는 것이었다. 진정한 구원과 그 구원으로 인한 기쁨과 감격의 "샬롬!", 즉, 화해와 평화, 평안과 행복을 하나님 나라의 백성들이 누리는 것이었다(김세윤, 2020). 그것이 교회 공동체가 세상을 향해 선포했던 강력한 외침이었고 이는 고스란히 사람과 세상을 변화시키는 영향력으로 작용하였다.

그러나 오늘날 교회의 영향력은 현저히 약화되었다. 그 결과, 교세는 눈에 띄게 줄어들고 있다. 특히 뼈아픈 것은 수많은 젊은이들이 교회를 떠나고 있다는 사실이다.

교회는 새로운 세대들에게 더 이상 희망을 주지 못하고 있다. 그래서 교회의 미래는 암울하다. 유럽의 텅텅 빈 교회의 현실이 조만간 한국교회의 일상으로 다가올 일만 남았다.

절대 그렇게 되어서는 안 된다! 교회는 위기를 극복할 수 있을까? 잃어버린 사회적 신뢰를 되찾고 다시 세상의 빛이 될 수 있을까?

이 시대 교회의 위기는 윤리적 차원만이 아니라 지적·영적 차원에서도 복합적으로 나타나고 있기 때문에 위기 극복은 결코 쉽지 않다. 더욱이 보수 성향의 수많은 교회들은 사회적 불의로 인한 가난한 자와 약한 자의 고통에 무관심한 채 개인적·내면적 깨달음과 평안만을 추구하는 경향이 컸다. 강력한 개인구원적이며 내세주의적인 영성만을 추구하는 흐름이 주류 기독교로 세상에 뿌리내렸다(김근주, 2017; 기독교윤리실천운동, 2020). 물론 한국 교회의 경우 초기 기독교가 전파될 당시에는 사회계몽, 사회윤리 갱신, 교육, 의료 그리고 민족운동에 크게 기여하였다. 그러나 교회가 성장하면서 교회의 공적 참여를 개인적 신앙과 윤리, 그리고 전도와 선교의 관점으로 축소하여 다루어 왔다. 즉, 교회의 영적인 사역과 세속적인 사회참여를 이분화하여 영적인 면을 우선순위에 두며, 심지어 교회의 공적 역할을 거부하는 경향도 있었다(민경배, 1987; 박종삼, 2000; 김한옥, 2004; 김승호, 2014; 김은수, 2014; 이준우, 2024).

하지만 현대교회의 원형인 초대교회는 단순히 종교집단이기만 했던 것이 아니었다. 초대교회는 오늘날의 관점에서 봐도 파격적이면서 대단히 급진적인 사랑과 자유, 평등과 정의를 지향하는 대안적인 지역공동체였다(김창환, 2015; 뱅크스/신현기 역, 2017; 김창환, 김컬스틴/정승현 역, 2020; 김창환, 2021).

> "믿는 사람들이 다 함께 있어 모든 물건을 서로 통용하고, 또 재산과 소유를 팔아 각 사람의 필요를 따라 나눠 주며 날마다 마음을 같이하여 성전에 모이기를 힘쓰고 집에서 떡을 떼며 기쁨과 순전한 마음으로 음식을 먹고 하나님을 찬미하며 또 온 백성에게 칭송을 받으니 주께서 구원 받는 사람을 날마다 더하게 하시니라(사도행전 2장 44-47절)."

주목할 지점은, '온 백성에게 칭송을 받으니'와 '구원 받는 사람을 날마다 더하게'이다. 즉, 초대교회와 함께 하는 그리스도인들의 삶을 "보고" 사람들이 복음에 투신했다는 사실이다. 이들 그리스도인들의 신앙이 삶으로 실천되는 것에 의해 많은 사람들이 초대교회 공동체로 귀의하는 놀라운 변화가 일어났다는 것이다. 신자가 신앙을 삶으로 실천하는 것이 타인의 회심에 결정적으로 중요함을 극명하게 보여주었다. 회심의 과정에서 신자들의 삶에 대한 공감과 그에 따른 본받음이 그 어떤 것보다도 우선됨을 실증적으로 깨닫게 된다. 새로운 존재로서 살아가는 그리스도인을 보고, 또 다른 존재의 변화가 일어나는 것이다.

존재의 변화! 세속의 방식에서 거룩한 삶으로의 변화는 새로운 존재 양식으로의 탈바꿈을 전제해야 한다. 교회는 거룩한 변혁의 매개가 되어야 한다. 교회가 빛을 회복해야 한다. 교회가 빛이 되어야 한다. 교회가 빛 되신 하나님을 이 세상에 보여 드려야 한다. 어두운 세상에 하나님을 드러내는 역할은 교회 공동체의 일원인 예수 그리스도를 믿고 따르는 그리스도인의 몫이다. 세상 사람들이 빛으로 살아가는 그리스도인들을 보면서 하나님의 존재를 믿게 해야 한다(이형기, 2009; 이준우, 2019a; 김창환, 2021).

"아버지여, 아버지께서 내 안에, 내가 아버지 안에 있는 것 같이 그들도 다 하나가 되어 우리 안에 있게 하사 세상으로 아버지께서 나를 보내신 것을 믿게 하옵소서(요한복음 17장 21절)."

이것이 예수님의 사명이었기에 이제 그리스도인의 사명이 되는 거다. "네 아버지가 어디 있느냐?"라고 세상이 물을 때 그리스도인은 '빛의 삶'으로 대답해 주어야 한다. 어둡고 더러운 이 세상의 삶의 방식과 목표를 과감하게 거스르는 삶을 통해 빛이신 하나님이 계시다는 것을 드러내 보이는 것이 그리스도인이 지향해야 할 삶의 목표여야 한다(이준우, 2019a).

그런데 교회가 빛을 회복하는 일은 말 갖고는 안 된다. 말의 권위를 상실한 교회가 무슨 말을 해도 사회는 믿지 않는다. '행함'이어야 한다. '행함'이 있어야 한다. '행함'은 교회가 다시금 말씀의 능력을 이 세상에 발휘하는 역동적인 활동이며 이는 좁은 문을 거쳐 묵묵히 좁은 길을 걸어가는 말씀의 행함을 실천함으로써 가능하다. '좁은 문, 좁은 길'은 이웃과 지역사회와 공존, 공생하는 삶을 살아가면서 이 세상을 생명력이 가득 찬 곳으로 만들어가는 구체적인 실천 행위이기도 하다. 그와 같은 실천 행위는 교회가 지역사회를 대상으로 무조건적으로 행해야 할 사회복지실천으로 현실화될 수 있다(이준우, 2024a).

교회는 그리스도를 머리로 공동체를 이루고, 삶의 모든 영역에서 변화와 개혁의 책임을 져야 한다. 교회는 예언자적 사명으로 세상과 문화와 정치, 교육, 사회복지까지도 일깨워야 한다. 이것이야말로 하나님의 영역주권이라 할 수 있다. 그 이유는 하나님의 주권은 교회당 울타리 안에만 있는 것이 아니고, 삶의 모든 영역에 미치고 있기 때문이다(김창환, 2015; 2021). 인간 삶의 영역이 공공성을 띤다고 할 때, 교회는 공적 영역에서 공공선을 추구하는 데에 앞장서야 한다. 교회는 하나님 나라를 확장하는 선교적 교회로서 개인적, 교회 내부적 차원의 전도 활동을 포함하여 '공적 영역을 향한 교회(public-facing church)'가 되어야 한다(김창환, 2022: 14).

그러나 오늘날의 교회는 하나님을 향한 상승의 추구와 다시 하나님에게서 창조 세계로 향하는 회귀의 선순환에서 장애가 발생했음을 인정해야 한다. 초월적인 세계를 향한 갈망은 다시 현실 세계를 향한 사랑으로 연결되도록 교회는 하나님과 세상 사이를 연결하는 일에 전력해야 할 사명을 하나님으로부터 부여받았다. 당연히 교회는 초월적 시선으로 스스로를 돌아볼 뿐만 아니라 교회 밖 세상의 흐름과 현실까지도 면밀하게 들여다보면서 그 모든 상황을 해석하며 그에 따라 사회 참여적인 신앙으로 나아가야 한다. 만약 교회가 세상을 외면하고 교회 내부로만 에너지와 자원 등을 투입하는 자기 사랑에 갇히게 되면 교회는 세상으로부터 집단 이기주의와 배타주의에 매몰된 고립된 섬으로 이해될 수밖에 없다(볼프/김명윤 역, 2014).

반면 교회가 공적 영역에서 공공선을 추구하는 공공신학을 수용하여 목회 현장에 적극적으로 반영할 때, 목회자들과 기독교 사역자들의 설교와 교회 프로그램이 달라질 것이다. 설교는 공적인 진리를 선포할 것이고, 예배를 통하여 모든 이들을 향한 축복과 중보기도가 이루어질 것이다. 성서 공부와 소그룹 모임은 자기 자랑에 가까운 간증을 나누는 것을 넘어 지역의 상황과 이웃들을 고민하며 사랑으로 품기 위해 노력하게 될 것이다. 그동안 교회들이 수행해왔던 사회복지실천은 교인 수 증가와 자기만족을 위한 것이 아니라, 지역사회의 한 구성원으로 연약한 사람들과 함께하는 몸의 실천이 될 것이다(김승환, 2021).

공공신학에 기초한 복지선교 실천의 모색

이 책은 교회의 '사회복지실천'[2]을 통해 구현할 수 있는 그 '행함'의 원리와 실행을 '공공신학에 기초한 복지선교' 실천으로 찾아보려고 한다. 대화가 가능한 태도, 개방된 사고, 모두의 이익에 참여하고 봉사하려는 자세를 가지는 것이 교회의 '공공성 지향 태도'라고 한다면 사회 참여적인 방식에서도 교회는 성서적이면서도 창의적인 접근을 시도할 수 있다(볼프/박세혁 역, 2012). 바로 여기에서 **전문 사회복지실천이 '기독교적 가치관의 틀'을 통과하여 '복지선교'로 개념화되어 '복지선교' 실천이 대안적 '선교와 목회'의 일환으로 대두된다.**

이미 한국교회와 기독교는 이웃 사랑의 계명을 감당하기 위해 사회복지실천을 수행하고 있다. 그런데도 그 진정성에 대한 한국사회의 도전은 거세다. 교회 성장을 위한 기만적 활동이거나 중대형 교회의 이미지 관리 차원의 생색내기로 이해되기도 한다. 안타깝게도 한국교회의 사회복지실천이 성숙한 영성의 '외연화'된 성과가 아닌 교회성장과 지역사회로부터의 좋은 평판을 얻기 위한 기만적 행위의 전략으로 이해되는 경향이 크다. 심지어 일각에서는 교회의 사회복지실천을 교회와 기독교단체의 선교적인 기술(technology)로 평가하기도 한다(이준우, 2024a).

---

[2] '사회복지실천'은 전문적이면서도 권리적인 차원에서 대상자를 이해하는 법적이면서도 사회적 인가를 획득한 용어라 할 수 있다. 전통적으로 교회에서 빈번하게 사용해 온 '사회봉사'는 그 의미 자체가 봉사 대상자를 시혜적이고 자선적인 존재로 취급한다. 그래서 이 책에서는 '사회봉사'라는 용어 대신 '사회복지실천'으로 통일한다.

또한 고착화된 교회의 목회 구조에서는 영성이 아닌 종교성을 지나치게 강조하고 이를 하나님 사랑으로 포장하여 과도하게 몰입된 모습으로 나타난다. 그 결과, 세상에서 펼쳐지는 기독교 신앙의 모습은 '삶은 없고 말과 구호만 남은 교회 성장주의적인 전도' 일변도로 나타난다. 이는 여러 이단 종파의 공격적인 포교 행위와 전혀 다를 바 없다. 당연히 그리스도인은 전도해야 한다. 그러나 전도라는 행위가 한 영혼에 대한 사랑 없이 하나님의 말씀을 따르는 것이라면, 사람과 세상을 섬기는 모습이 없이 행하는 것이면 그것은 종교적 포교 행위 그 이상도 그 이하도 아니다. 오히려 교회를 세상보다 더 탐욕스러운 '게토' 또는 일종의 '카르텔' 같은 조직처럼 만들고, 전도를 이 조직을 확장하고 유지하는 유인책으로 여기는 것과 다름 없다. 그렇게 되면 세상에는 교회가 대단히 이기적이면서도 폐쇄적이고 배타적인 이익집단으로 비치게 된다(이준우, 2024a).

어느 순간부터 교회가 양적 성장을 위한 '전도'에는 힘을 쓰지만, 거룩하고 경건한 믿음 생활의 지극히 자연스러운 외적 증거 중 하나인 '사회복지실천'을 소홀히 하는 현실의 이면에는 심각한 "신학적 문제"가 자리 잡고 있다고 본다. 교회는 살아있는 신학 공동체이기 때문이다. 교회는 성서, 신학, 교리, 역사적 전통이 교인들을 지배하는 영적 공동체이다. 교회의 사역이 양적 성장을 향해 집중되는 현상은 교회가 수용하고 있는 성서, 신학, 교리, 역사적 전통 등이 그렇게 하게끔 이끄는, 이미 정해진 '신학적 사고의 틀'이 존재함을 말해준다. 특히 한국교회의 경우 목회자와 사역자의 성서관, 신학관, 교리관, 역사관 등을 종합한 신학적 바탕이 목회와 기독교사역에 절대적인 영향을 끼치고 있다. 그러니까 오늘날 교회의 현실을 형성한 가장 근원적인 토대는 신학인 것이다. 결국은 신학이 문제인 것이다(클레이튼/이세형 역, 2012: 6-7).

예수 그리스도의 교회는 신실하고 예언적인 사명과 역할을 공공신학에 근거하여 감당해야 한다. 억압받고 상처받은 사람들이 교회의 예배와 공동체의 친교, 선교와 봉사의 중심에 초대받고, 거기에 참여하면서 새로운 생명에로의 변형을 경험하면서 열정적인 재생을 고백할 수 있어야 한다. 그리스도인들이 유기체적인 교회의 살아있는 지체가 되어서, 역사와 우주

속에서 일하시는 하나님 나라 운동에 헌신적으로 참여하는 것이 공공 '신학하기'이다. 이런 견지에서 공공신학은 교회의 중심적인 활동이고 그것은 실제적인 공동체의 숨소리와 같은 것이다. 그러므로 지금 교회의 신학은 변해야 한다. 즉, 신학이 변해야 교회가 산다. 공공신학으로의 변화가 불가피하다. 공공신학은 교회에 대한 대사회적 신뢰도와 공신력을 회복하는 데에 크게 기여할 것이다. 공공신학은 교회의 인적·물적 자원을 내부 조직을 유지하고 확장하는 데에 몰입하는 자기중심적 차원을 넘어, 교회가 속한 지역의 필요를 채우는 적극적 노력을 가능케 하는 가치적 토대로 작용할 것이다. 공공신학은 복음에 내재된 사회적 책임을 교회로 하여금 극대화하도록 지지한다. 예수 그리스도의 사랑과 섬김, 나눔을 복음의 제일 사명으로 전환시키는 데에도 공공신학은 기여할 수 있다.

그렇다면 교회의 사회복지실천은 사회복지와 공공신학의 융합 영역으로서 그 특수한 영역을 어떻게 확보하면서도 근본적인 인간 생활의 다각적인 질문들에 접맥(接脈)될 수 있을 것인가?

기술이나 방법으로서만이 아닌 목회의 본질로서 사회복지실천이 교회 사역에 적용되어야 할 것이다. 교회가 지역사회에서 예수 사랑을 구현하는 가장 보편적인 활동으로서의 기독교사회복지를 실천하는 것이다. 기독교적 관점에서 사회복지실천의 도입은 급격한 교인 감소, 온라인콘텐츠 확산으로 온라인예배에 관심을 갖는 OTT('Over The Top'의 약자로, '셋톱박스, TV 등 단말기를 넘어서'라는 의미의 용어) 성도의 증가와 각자도생의 신앙인 등장, 직장 스트레스와 육아 문제로 교회의 약한 고리가 되고 있는 3040 세대의 개인 중심 신앙생활 현상 등에 따라 격변의 상황에 직면해 있는 교회(지용근 외, 2023)에게는 필수적인 과제가 된다. 더욱이 민주적 개입과 당사자 중심의 사회서비스를 강조하는 현대 사회복지실천은 '일반 사회의 문화가 공정과 소통, 수평적·참여적으로 변하고 있는데도 여전히 전통적인 권위주의 수직적 문화에서 벗어나지 못하고 있는 한국교회'의 현실에서 이를 타개할 묘안이 될 수 있다.

교회는 지지와 공감, 신뢰와 친절을 나누는 영적이며 실체적인 공동체로서 교회 내의 구성원과 교회 밖의 지역사회 모두를 향해 사랑과 섬김으로 일반 시민사회의 공동선 증진에 기여하고, 거룩한 공교회로서의 정체성을 회복해야 한다. 이제 교회는 이웃들과 성도들의 연대의식 함양을 통해 상호 의존성과 자기 주체성이 조화롭게 발현될 수 있는 소그룹 공동체 강화와 선교적 교회로의 탈바꿈이 절대적으로 요구된다. 이런 점에서 교회사회복지실천으로서의 복지선교는 교회로 하여금 교회됨의 의미를 성찰적으로 '재개념화'하고 교회 목회와 선교를 '재구조화'하는 접점이 될 수 있다. 나아가 교회의 선교적 사명을 시대적 언어와 사회문화적 소통 방식으로 전달할 수 있는 통로가 된다.

그런데 교회의 사회복지실천이 목회의 본질로서의 복지선교로 이뤄지기 위해서는 신학적 답을 찾아야 하는 새로운 과제에 필연적으로 직면할 수밖에 없다. 여기서 의문이 든다. 왜 사회복지인가라는 것이다. 사회복지가 무엇이기에 복지선교로 '재개념화'되고 동시에 '재구조화'되어 마침내 교회 목회의 본질로서 인식되어야 하는가이다.

모든 국민의 인간다운 생활을 보장하기 위하여 생활의 곤란한 문제를 개인·집단·지역사회 수준에서 예방하고, 보호하며, 치료하고, 회복하기 위한 민간 및 공적 개입 프로그램, 서비스, 제도 등의 총체적인 체계를 사회복지라고 정의할 때, 이러한 체계를 전문적인 방법으로 실천하는 통합적이며 종합적인 행위를 사회복지실천이라고 할 수 있다(이준우, 2021a).

이같이 제도화된 사회복지실천을 기독교적인 관점으로 재구성하면 "사회복지실천은 창조주의 창조 이념에 의해 지음받은 인간으로의 인간성 회복 운동"이라는 개념으로 정리할 수 있다. 즉 하나님의 형상으로서의 인간성을 회복할 수 있도록 인간 개인은 물론이고, 이 세상의 질서와 구조를 포함한 사회적 환경도 인간성 회복을 뒷받침할 수 있도록 변화시켜야 한다. 결국, 하나님께서 창조하신 인간과 세상 모든 만물을 회복시켜 나가는 것이 기독교사회복지실천의 핵심 사명이 된다(이준우, 2014; 2019a; 2019b, 2024). 이와 같은 기독교사회복지실천은 거룩한 공교회로서의 교회됨에 대한 본질적 회복을 이끌어내는 데에 핵심 기제로 작용될 만하다.

교회는 신자들을 위한 공동체이면서도 동시에 하나님이 창조하신 피조 세계 속에 하나님 나라의 통치를 완성해가야 할 사명을 부여받았다. 하나님께서 인간을 포함한 피조 세계의 모든 생명과 이 세상을 사랑하셔서 예수 그리스도를 보내주신 대속의 사건은 교회로 하여금 복음이 지향하는 공생의 가치와 공동선 추구에 대한 본질적 사명, 정의로운 세상을 이룩하기 위한 공정한 공동체로의 변화를 요구한다(홍창현, 2024: 941). 이에 따라 교회는 교회 내부 구성원의 영적·심리사회적 문제에 대한 세심한 목회적 돌봄은 물론이고 지구적 생명 공동체와 사회적 문제에까지 책임을 다하는 적극적인 노력을 기울여야 한다. 왜냐하면 공적 종교로서의 기독교가 보편적 진리를 펼치는 동시에 궁극적으로 잘 풀리는 인생에 대한 추구, 즉 창조 세계 모두의 번영(flourishing)을 추구해야 한다고 할 때, 그 번영은 세속의 개인적인 차원을 넘어서 지구적 번영, 바로 지구적 공공선(common good)이라 할 수 있기 때문이다(볼프/양혜원 역, 2017: 100-101). 이와 같은 지구적 번영을 실현하고 동시에 교회 내외의 다양한 삶의 문제들을 능동적으로 대처할 수 있는 가장 핵심적인 접근이 '사회복지실천을 공공신학적 관점에서 재구성한 복지선교 실천'이라 할 수 있다.

사회복지는 인간의 문제를 해결하는 사회제도로 기능한다. 오늘날 전 세계가 국가 복지 차원에서 이를 제도적으로 운영하려고 애쓴다. 그런데 현대사회 속에서 인간의 욕구들은 다차원적으로 분출하기에 그런 가운데서 아무리 사회제도로서의 사회복지가 확장되어도 한계가 존재한다. 개인과 가족, 지역주민 모두가 스스로 원하는 삶의 욕구가 충족될 때, 행복한 사회라고 말할 수 있다. 제도로서의 사회복지가 꿈꾸는 것은 인간의 행복이다. 아무리 예산을 투입하고 또 사회제도로서의 사회복지가 활발하게 이루어진다고 하더라도 문제는 인간이 **진짜 행복하냐 하는 거다.** 물질적 채움만 가지고는 그 어떤 사회복지제도라고 해도 인간의 행복을 보증해 줄 수 없는 것이다. 사회경제, 신체, 정신적인 모든 것을 아우르면서 인간의 본질적 행복을 실현하는 것은 사회복지 제도만으로는 불가능하다(이준우, 2024a).

잃어버린 하나님의 형상을 회복함으로써 인간이 스스로 자기 주체성을 발휘하며 당당하게 사회의 일원으로 살아가는 일이 담보되어야 한다. 하나님은 인간과 만물을 창조하실 때 당신 자신의 형상으로 만드셨다. 존엄한 존재로 창조하신 것이다. 모든 사람은 하나님의 형상을 입은, 하나님의 생명을 받은 자로서 하나님 나라의 시민권을 누릴 존재이다. 그러므로 인간은 하나님의 형상을 회복해야 한다.

그래서 교회의 사회적 책임은 인간이 하나님의 형상을 따라 창조되었다는 사실[3]에서부터 출발한다. 인간에게 하나님의 형상이 주어졌다는 것은 곧 우리 안에 하나님 사랑의 능력이 태초부터 주어졌다는 의미이다. 예수 그리스도를 믿고 구원의 은총을 누리게 되면 자연히 인간은 예수 그리스도를 닮아가는 하나님의 형상을 회복하는 삶을 살아가게 된다. 하나님의 형상대로 지음 받은 인간으로 회복되는 것이다.

이렇게 '하나님 형상으로의 인간성 회복'을 향한 활동이 기독교사회복지실천의 주요 내용이라고 볼 때, 기독교사회복지실천은 기독교와 사회복지실천이 융합하여 '기독교적 세계관과 정신을 가진 사람 또는 기관'이 다양한 생명 자원[4]들을 동원하여 취약계층을 돕고, 사회문제를 해결하며, 인간의 삶의 질을 향상하기 위해 실천하는 일체의 활동이 된다. 기독교의 핵심 사명이 생명을 돌보는 것이기에 기독교사회복지실천의 중심과제도 당연히 '생명 사랑을 기초로 한 하나님 나라 운동'이 된다. **생명을 위한 돌봄**이야말로 기독교 세계관의 핵심이면서 기독교사회복지실천의 가장 중요한 우선적 가치이기 때문이다(이준우, 2021b; 2024a).

---

[3] 창세기 1장 26-28절 "하나님이 이르시되 우리의 형상을 따라 우리의 모양대로 우리가 사람을 만들고 그들로 바다의 물고기와 하늘의 새와 가축과 온 땅과 땅에 기는 모든 것을 다스리게 하자 하시고 하나님이 자기 형상 곧 하나님의 형상대로 사람을 창조하시되 남자와 여자를 창조하시고 하나님이 그들에게 복을 주시며 하나님이 그들에게 이르시되 생육하고 번성하여 땅에 충만하라, 땅을 정복하라, 바다의 물고기와 하늘의 새와 땅에 움직이는 모든 생물을 다스리라 하시니라."

인간을 포함한 생명의 존엄성과 권리를 지키고 차별을 철폐하며 사회구조는 물론이고 거시구조의 미시적 토대인 거룩한 공교회로서의 교회 내 구성원의 삶의 문제까지 해결하려는 노력은 교회의 중요한 사명 중 하나이다.

한편, 하나님이 창조하신 이 땅을 바라보며 보시기에 매우 좋았다는 말씀(창세기 1장 31절)을 지속적으로 경험하기 위한 기독교사회복지실천으로서의 복지선교는 고아와 과부, 가난한 자 등 사회적 약자들에 대한 관심을 되찾는 일이다.

> "너는 이방 나그네를 압제하지 말며 그들을 학대하지 말라. 너희도 애굽 땅에서 나그네였음이라(출애굽기 22장 21절)."
> "너는 이방 나그네를 압제하지 말라. 너희가 애굽 땅에서 나그네 되었었은즉 나그네의 사정을 아느니라(출애굽기 23장 9절)."
> "고아와 과부를 위하여 정의를 행하시며 나그네를 사랑하여 그에게 떡과 옷을 주시나니 너희는 나그네를 사랑하라. 전에 너희도 애굽 땅에서 나그네 되었음이니라(신명기 10장 18-19절)."
> "과부와 고아와 나그네와 궁핍한 자를 압제하지 말며 서로 해하려고 마음에 도모하지 말라 하였으나(스가랴 7장 10절)."

4) 기독교적 관점에서의 생명 자원은 구원과 성화, 영생을 기본적으로 의미한다. 교회는 이와 같은 생명 자원을 가지고 있다. 이 생명 자원의 힘으로 취약계층이나 사회적 약자들이 이 땅을 힘 있게 살아가도록 돕는 것이 교회의 사명이 되어야 한다.

"하나님 아버지 앞에서 정결하고 더러움이 없는 경건은 곧 고아와 과부를 그 환난 중에 돌보고 또 자기를 지켜 세속에 물들지 아니하는 그것이니라(야고보서 1장 27절)."

더불어 그들을 향한 자유와 해방을 선포하는 일이다(홍창현, 2024: 951).

"주 여호와의 영이 내게 내리셨으니 이는 여호와께서 내게 기름을 부으사 가난한 자에게 아름다운 소식을 전하게 하려 하심이라. 나를 보내사 마음이 상한 자를 고치며 포로된 자에게 자유를, 갇힌 자에게 놓임을 선포하며 여호와의 은혜의 해와 우리 하나님의 보복의 날을 선포하여 모든 슬픈 자를 위로하되(이사야 61장 1-2절)."
"선지자 이사야의 글을 드리거늘 책을 펴서 이렇게 기록된 데를 찾으시니 곧 주의 성령이 내게 임하셨으니 이는 가난한 자에게 복음을 전하게 하시려고 내게 기름을 부으시고 나를 보내사 포로 된 자에게 자유를, 눈 먼 자에게 다시 보게 함을 전파하며, 눌린 자를 자유롭게 하고 주의 은혜의 해를 전파하게 하려 하심이라 하였더라(누가복음 4장 17-19절)."

그러면 어떻게 회복할 수 있는가? 어디서 회복을 할 수 있는가? 이미 답은 제시되었다. **잃어버린 하나님의 형상을 회복시켜 궁극적으로 인간의 참된 행복을 가져다 줄 수 있는 공동체인 교회의 변혁과 갱신이 그 해답**이다. 하나님께서 세워주신 소중한 공동체인 교회야말로 인간의 행복을 이뤄낼 수 있는 이 세상의 유일한 곳이다(이준우, 2014). 교회는 하나님이 통치하시는 새로운 세상의 가시적 예표이다. 교회는 장차 다가올 시대의 삶을 어떤 하나님 나라여야 하는지를 분명하게 세상에 보여주며 그와 같은 하나님의 나라로 세상을 초대하는 공동체가 되어야 한다. 이를 위해 교회는 현실의 삶에 참여하는 가운데 하나님의 통치가 회복될 미래를 지향하며 지금 이 세상의 현실을 하나님 나라를 향해 견인해가야 한다(고힌/박성업 역, 2012: 41-12, 362-363).

선교 공동체로서의 교회

교회는 하나님이 이미 하시는 일을 구현하며 그 일에 참여한다. 하나님이 무슨 일을 하시며, 어디에서 그 일을 하시는지를 교회는 끊임없이 하나님께 물어가며 하나님의 뜻에 순종해야 한다. 이를 위해 교회는 하나님이 이미 무슨 일을 벌이시는지 주의를 집중하여 하나님의 일에 동참하려고 최선을 다해야 한다. 그렇게 할 때, 비로소 하나님의 생명을 어떻게 구현하는지 알 수 있다(박재순, 2000; 노영상, 2018; 류준영, 2018).

교회는 선교하시는 하나님을 바라보아야 한다. 교회는 선교하는 공동체이기 때문이다. 선교는 창조를 회복하고 치유하시겠다는 하나님의 목적을 이루는 활동이다. 하나님이 선교를 이루어 가신다. 하나님은 선교하시는 하나님이시다. 하나님은 보내시는 하나님이시다. 하나님이 세상의 생명을 위해 하나님의 아들을 이 땅에 보내셨다. 자신의 아들을 성육신하게 하여 보내셨다. 동시에 하나님이 예수 그리스도를 통해 세상에 참여하셨다. 예수 그리스도 안에 드러난 하나님의 계시는 하나님이 보내시는 분일 뿐 아니라 그 무엇보다도 최우선으로 세상에 참여하시는 분이심을 발견하게 된다. 하나님은 보내시는 분임과 동시에 참여하시는 분이시다. 세상에 보내시고 참여하시는 선교적 하나님은 자신의 공동체인 교회를 세상 가운데 보내신다. 교회는 이 선교하시는 하나님의 정체성과 의도를 극명하게 반영하는 생생한 공동체다(박보경, 2008; 박종삼, 2016).

이렇게 교회를 선교 공동체로 보는 견해는 성서에 근거한다. 성서 전체가 선교적인 내러티브로 이뤄져 있다. 인간 역사 가운데 펼쳐지는 하나님의 선교 활동 목적을 계시하는 책이다(글라서/임윤택 역, 2016: 22). 성서는 하나님을 선교하시는 하나님으로, 교회를 선교하는 공동체로, 하나님의 백성을 선교하는 백성으로 제시한다. 더욱이 성서적 선교는 구속뿐만 아니라 창조에 나타난 하나님의 위대한 계획의 핵심이다. 하나님의 선교는 개인의 구원이나 교회의 구속만을 포함하는 것이 아니라 새 하늘과 새 땅에서 이루어지는 정의와 평화의 나라, 하나님 나라가 이루어지는 것을 의미한다(글라서/임윤택 역, 2016: 9).

하나님의 목적은 하나님의 형상을 반영하는 인간 본래의 정체성을 회복시키며 의롭고 평화로운 관계 안에 함께 사는, 생산적인 청지기로서 인간의 본래 소명을 회복시키는 것이었다(마이어스/정훈태 역, 2000: 81). 성서는 하나님의 백성들이 천지만물과 하나님의 온전한 화해를 함께 나누게 될 것(이사야 62장 1-4절; 에스겔 36장 36절)이라고 말하고 있다. 하나님은 압박받는 자, 가난한 자, 고아 그리고 과부들을 매우 친밀하게 대하신다. 특히 이사야는 우선순위를 강조한다. 정의를 실천하는 것이 첫째고, 그 다음이 희생제물과 예배라고 하였다(이사야 1장 11-17절). 이사야는 사회적 섬김이 따르지 않는 형식적인 종교 활동을 강하게 질책했다(이사야 58장 3, 6-7절). 더욱이 그리스도인들이 걸어가는 선교적인 순종의 길에 "가난한 사람들을 생각해야 함을 부탁"하는 말씀(갈라디아서 2장 10절)까지 주어졌다(글라서/임윤택 역, 2016: 256-257).

소외된 사람들을 향한 선교적 사명이야말로 예수 그리스도의 선교 사역에 있어서 본질이었다(보쉬/김병길 역, 1990: 67). 데이비드 보쉬에 의하면 예수님의 선교에는 세 가지 임무가 주어졌다. 첫째, 힘이 없고 비천한 사람들에게 힘을 더하여 주는 것, 둘째, 병 든 자들을 치유하는 것, 셋째, 영원히 '잃어버릴 사람들'을 구원하는 것이다(보쉬/김병길 역, 1990: 13).

그래서 예수 그리스도의 선교는 대상을 향해 그 대상을 들여다보고 정성을 다해 마음을 들이고, 그 대상의 미래를 소망으로 내다보는 긍휼을 실현하는 사역이었다. 그와 같은 선교 사역은 삶의 현장에서 타인의 기쁨에 기뻐하고, 타인의 아픔에 아파하는 공감과 함께 공생을 향한 복음의 공유 영역을 확장해 가는 역동적인 활동이다. 하나님은 인간과 공생하기 위해 공감하시는 하나님이시며, 인간이 죄를 지어 고통당하는 것을 불쌍히 여기는 바로 그 긍휼하신 하나님의 마음에서 선교가 시작되었다. 그러므로 그리스도인들은 하나님과 이 세상을 향해 공감하며 실제적인 공생을 할 수 있어야 한다. 당연히 하나님의 피조물이며 같은 형상으로 지음받은 다른 사람들을 존중하고 그들의 고통과 삶의 문제들에 공감하는 선교를 수행해야 한다.

교회의 선교에서 우선적으로 해야 할 것은 하나님이 이미 벌이시는 일이 무엇인지 살피는 작업이다. 교회의 일상은 이웃의 소리를 경청하고 삶을 관찰하며 그 안에 들어가 참여하는 일로 이뤄져야 한다. 그 가운데서 하나님의 백성은 과거 예수 그리스도가 행하셨듯이 매일의 일상을 살아가는 것이다. 즉, 요한복음 1장 14절의 "말씀이 육신이 되어 우리 가운데 거하시는" 것처럼 사는 것이다. 그렇게 살아갈 때 하나님의 백성은 하나님의 형상을 닮아가면서 예수 그리스도의 정체성을 갖게 된다(이준우, 2024a).

그런데 취약계층이나 사회적 약자들이 자신들이 가지고 있는 여러 가지 제약으로 인해 교회 공동체와 함께하지 못하는 일이 생기고 있는 것이 현실이다. 가령 장애를 갖고 있거나 노숙의 방식으로 살아가거나 마음이 아픈 이유 등으로 여러 면에서 사회와 함께하지 못하는 사람들을 향해서 교회가 이제는 환대하는 공동체로 전환하는 총체적 행위가 요구된다. 이러한 전환이야말로 선교의 한 형태인 것이다. 함께 예배하고, 함께 기도하며, 함께 찬양하는 가운데 열악한 삶의 문제를 교회 공동체가 함께 논의하며 해결해나가는 총체적인 행위는 분명히 선교이다.

마가복음 12장 33절은 이렇다. "또 마음을 다하고 지혜를 다하고 힘을 다하여 하나님을 사랑하는 것과 이웃을 자기 자신과 같이 사랑하는 것이 전체로 드리는 모든 번제물과 기타 제물보다 나으니이다." 히브리서 13장 16절도 의미심장하다. "오직 선을 행함과 나누어주기를 잊지 말라. 하나님이 이 같은 제사를 기뻐하시느니라." 심지어 미가 선지자를 통해서 하나님은 이미 강력하게 말씀하셨다. "사람아 주께서 선한 것이 무엇인지를 네게 보이셨나니 여호와께서 네게 구하시는 것은 오직 정의를 행하며 인자를 사랑하며 겸손하게 네 하나님과 함께 행하는 것이 아니냐(미가 6장 8절)."

교회는 당연히 사회적 취약계층까지도 품을 수 있는 선교 공동체가 되어야 한다. 교회 공동체는 사회적 약자들의 아픔에 전심으로 함께 해야 한다. 교회는 하나님의 뜻을 대행하는 사명을 수행하기 위해 이웃에게 가서 향후 하나님이 화해시키며 치유하시는 실제적인 사건을 직접 보여 주고 선포하라고 보냄을 받은 공동체다. 이 보내심에는 우리 이웃들 가운데서 일하시는 하나님과 동행하는 구체적인 실천 원리가 내재하여 있다. 교회는 절대로 서비스 제공자와 같이 대상자를 통제하거나 관리하는 형태를 취해선 안 된다. 교회 공동체에게 주어진 실천 원리는 지역사회에 사는 여러 사람들과 함께하면서 그들 가운데 거하고, 일하고, 먹고, 경청하고, 치유하는 일을 수행하는 것이다.

복지선교의 개념

이상과 같이 정리한 '선교의 틀' 속에 담긴 복음이 선교적인 실천으로 세상에 펼쳐지고, 이렇게 펼쳐진 선교와 사회복지실천이 창조적으로 결합하여 화학적 융합이 이뤄지면 그것이 복지선교가 된다. 그리고 그 복지선교는 성육신하신 예수 그리스도의 사랑과 섬김을 본받으려는 '신실한 마음과 행동'이 토대가 된다. 희생적인 예수 그리스도의 사랑을 모범으로 삼고 예수님처럼 애쓰고 수고할 때, 성령 하나님의 도우심과 '함께 하심'에 의해 사람과 세상, 지구는 하나님의 형상으로 회복된다. 결국, 복지선교라고 하는 것은 **인간 삶의 문제를 교회 공동체가 해결해가는 과정에서 모든 교회 공동체 구성원과 지역사회가 하나님의 형상을 닮아감으로 회복되어 행복한 존재로 살아가게끔 하는 '예수사랑 회복운동'**이 된다. 이렇게 복지선교가 수행될 때, 교회는 예수 그리스도의 모범을 추구하는 영성 공동체로서의 모습을 드러내게 된다(이준우, 2024a).

이제, 현대사회가 사회복지라는 제도 속에서 기능하고 있는 현실이 보편적임을 감안할 때, 전통적으로 교회가 복음의 실천으로 펼쳐왔던 '사회봉사 또는 사회선교' 활동 5)을, 일반 사회복지실천의 전문성과 기독교적 정체성을 융합하여 하나님의 형상 회복을 지향하는 성서적 관점의 기독교사회복지실천을 '교회가 수행하는 사회복지실천으로서의 복지선교'로 '재개념화'하고 '재구조화'해야 한다. 실제로 기독교사회복지실천은 교회사회복지실천6)인 복지선교를 수행함으로써 목회적인 성격을 보다 더 공고히 할 수 있다.

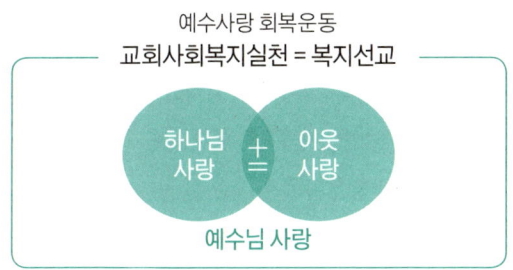

_____ 5) 기독교사회복지실천은 교회나 기독교 단체가 설립한 사회복지법인(기독교 NGO 포함)이 정부 보조금 혹은 지자체로부터 각종 지원을 받고 지역사회 속에서 사회복지실천을 수행하는 경우를 일컫는데 이때에는 어떠한 형태로든 직접적인 복음 전도는 주의해야 한다. 대신 철저하게 사랑과 섬김, 헌신과 희생의 기독교 정신으로 일관되게 사회복지실천을 감당해야 교회가 사회복지를 이용한다는 비판에서 벗어날 수 있게 된다(이준우, 2019a: 19-20).

_____ 6) 교회사회복지실천은 활동의 기반이 교회의 자원에 있다. 여기서 말하는 자원은 기독교 신앙의 핵심이라 할 수 있는 그리스도의 사랑에 대한 실천적 의지와 복음 전파를 통해 영육 간의 구원을 선포하고자 하는 선교적 의지, 이 두 가지를 일컫는다. 여기에 인적 자원, 즉 사회복지적인 관점을 가진 목회자, 교회사회복지실천가, 기독교적 가치관에 근거하여 일하는 사회복지사, 교회의 자원봉사 인력 등이 투입되어 지역사회의 복지 증진과 사회적 문제해결을 위해 행하여지는 모든 복지 활동을 가리켜 교회사회복지실천이라고 할 수 있다. 그리고 이와 같은 교회사회복지실천은 교회의 목회적인 관점으로는 복지적인 선교 실천으로 이해될 수 있다(이준우, 2019a: 18).

교회사회복지실천은 진정한 '하나님 사랑과 이웃 사랑'이 융합된 '복지선교'라 할 수 있다. 즉, 복지선교는 '하나님 사랑을 전하고 살아내는 <u>복음전도</u> + 체계적이고 전문적인 이웃 사랑의 행위로서의 <u>사회복지실천</u>'으로 제시할 수 있다. 이와 같은 복지선교는 사람과 세상, 지구를 하나님의 형상으로 회복시킨다. 여기에는 반드시 예수의 사랑이 전제된다. 하나님의 형상을 닮아 하나님이 창조하신 모든 피조물들이 아름답고 존귀하게 변화되기 위해서는 예수 그리스도의 사랑이 필요한 것이다.

그래서 교회의 복지선교는 지역에 있는 많은 사람의 생명을 살리는 획기적인 성과들을 이뤄낸다(사도행전 2장 44-45절). 교회가 생명을 살리는 사역을 한다는 것은 지극히 당연한 보편적인 모습이어야 한다. 왜냐하면, 기독교는 생명의 종교이기 때문이다. 기독교 역사는 그 시작부터 생명[7]을 살리기 위해 일하는 운동의 연속이었다(사도행전 4장 32-35절). 교회는 인간의 영혼을 구원하기 위해 적극적으로 선교운동, 전도운동 또는 복음운동 등을 전개해야 한다. 사회를 개선하거나 개인의 인권과 자유를 신장하는 활동, 그리고 환경을 보호하고 가꾸는 일 등도 감당해야 한다. 이 모든 활동이야말로 '예수 사랑 회복운동'으로서의 '복지선교'라 할 수 있다.

---

[7] 기독교적 생명이란 예수 그리스도 안에서 하나님의 계시를 통해서 주어진 삶이라 할 수 있다. 생명의 진정한 근원과 실재는 인간을 하나님의 종말론적 미래를 향해 부르신 예수 그리스도의 사건 가운데 놓여 있게 한다. 거기서 인간은 모든 존재와의 참된 연대 가운데 하나님과 함께 하는 생명의 의미를 깨닫고 누리며 하나님이 이루신 예수 그리스도의 부활의 새로운 삶을 누리는 자로서 새로운 생명을 드러낼 수 있게 되는 것이다. 이렇게 볼 때 생명은 하나님의 지속적인 창조의 역사 가운데 이루어지는 약속이며 동시에 영원한 내세를 향한 종말론적인 현재이다.

하나님께서는 모든 생명에게 자신의 약속을 지키고자 예수 그리스도 안에서 모든 것을 성취하시고 인간을 통하여 이 사실에 대하여 책임을 감당해야 할 존재로 부르신다. 동시에 성서는 하나님께서 간절한 심정으로 인간을 찾으시기 위해 지역사회를 향해 오심을 분명히 나타내고 있다. 그것은 "하나님이 세상을 이처럼 사랑하사 독생자를 주셨으니 이는 그를 믿는 자마다 멸망하지 않고 영생을 얻게 하려 하심이니라(요한복음 3장 16절)."는 말씀에서도 분명히 보여 준다. 예수님은 그의 공생애에서 많은 사람이 그에게 나아올 때, 항상 그들에게 자기 마을로 돌아가 봉사를 하도록 권면했다. 주님은 언제나 '인간을 발견하고 이해하기' 위하여 이 마을, 저 마을로 찾아다니며 사역하셨고, 인간구원을 이루셨다. 하나님이 친히 인간이 되시고 인간의 구속을 위해 인간들을 직접 찾아오신 예수 그리스도의 구원 사역은 그 자체가 성육신적인 사역이었다(이준우, 2024a).

특히 '인간을 발견한다는 것'은 인간이 하나님이 계획하신 대로 행복한 삶을 살고 있는지 또는 불행한 삶을 살고 있는지를 파악하는 일이다. 동시에 불행의 원인을 찾아내고, 그 원인을 해결하려고 인간의 삶에 동참하는 것이다. 인간의 문제에 대한 궁극적인 해답은 하나님께 있다. 그러나 **하나님께서는 해답을 실현하는 구속 사업을 위해 교회, 기독교 기관과 그리스도인들을 이 세상에 두셨고, 그들이 그리스도의 제자로서 인간들을 돕기 위하여 지역사회를 향해 나아가게 하신다. 바로 이것이 성육신하신 예수 그리스도를 닮아가고자 하는 복지선교가 된다.** 이와 같은 교회의 복지선교는 하나님과 깊은 사랑의 관계 속에서, 하나님과 함께, 하나님이 기뻐하시는 의를 성취하여 뜻이 하늘에서 이루어지듯 땅에서도 이루어지게 하는 성육신하신 예수 그리스도를 모범으로 삼고 예수님처럼 살아가려는 기독교 영성에 기초한 실천 활동이다.

교회는 하나님이신 예수 그리스도께서 사람의 몸을 입고 이 땅에 내려와 사람과 세상을 공감하며 동시에 인간의 삶을 공유하는 가운데에 세상 속에 참된 평안과 기쁨을 펼치시는 성육신하신 예수님을 따르려는 사랑의 헌신이 담보되어야 하는 공동체다. 그러므로 교회는 성육신하신 예수 그리스도를 따르는 기독교 영성에 기초한 복지선교를 추구해야 한다.

성육신하신 예수님처럼 살아가는 영성이란 한마디로 이 세상에서 예수의 모범으로 살아간다는 것이다. 예수님을 모범으로 삼는 교회의 복지선교는 단지 지원하고 후원하며 돕는 활동에 그치지 않고, 도움을 받는 사람들의 마음과 상황까지 고려할 뿐만 아니라 서비스 이용자와 그가 사는 지역사회를 행복하게 살아갈 수 있는 구조로 탈바꿈(transformation)시키고자 노력하는 활동이다. 이러한 노력에는 경제적·정치적·환경적·문화적·사회적 영역과 같은 거시적 차원이 포함되며 동시에 심리적·정신적인 영역도 아우른다(이준우, 2021b).

나아가 교회가 추구하는 성육신하신 예수 그리스도를 모범으로 삼는 복지선교는 지역사회를 하나님의 공의가 강물같이 흐르는 살기 좋은 세상으로 만들어가는 데에 그 궁극적인 목적을 두고 적극적으로 지역사회를 복지 친화적으로 재구성하는 전문적인 활동이기도 하다. 그런 면에서 교회의 복지선교는 창조 섭리에 나타난 '하나님의 형상'에로의 '인간성 회복 운동'이라는 관점에서 이루어지는 총체적인 활동이다.

공공신학의 필요성과 중요성

교회는 교회만을 위해 존재해서는 안 된다. 교회는 성서에 담겨진 지혜로부터 세상 변화를 향한 통찰을 찾아내고 이를 세상에 적용하여 하나님 사랑이 가득한 복된 사회를 만들려는 공적인 대화에 참여해야 한다. 교회의 복지선교는 지역교회의 '목회와 선교'가 교인 또는 기독교 영역에만 국한되는 것을 지양하고 공공의 영역으로 나아가 공적 담론을 통해 세상과 적극적으로 소통하는 것이 무엇인지를 나타냄과 동시에 그것의 궁극적 목표가 세상을 향한 섬김임을 실증적으로 보여주어야 한다(최경환, 2014; 성석환, 2019; 김창환, 2021).

동시에 복지선교를 실천하는 교회 공동체의 일원인 그리스도인들이 자신의 믿음 체계에 대해 오늘날도 여전히 왜 유효한지, 그리고 어떻게 적절한지 구체적으로 천명하여야 한다. 예레미야 9장 24절의 "자랑하는 자는 이것으로 자랑할지니 곧 명철하여 나를 아는 것과 나 여호와는 사랑과 정의와 공의를 땅에 행하는 자인 줄 깨닫는 것이라. 나는 이 일을 기뻐하노라. 여호와의 말씀이니라."고 하신 말씀대로 복지선교를 실천하는 근원적인 동기가 되는 '신학하기' 작업은 기독교 언어를 사용하고 성서 구절들을 인용하는 것으로 충분하지 않다 (윤철호, 2019; 이준우, 2024a). **기독교 메시지의 힘이 다시금 교회와 세상 속에서 변혁적으로 소통되도록 기독교 신학을 탈바꿈시키는 데에까지 진전되어야 한다.**

이미 종교개혁의 프로테스탄트 윤리가 복음의 공공성을 주장하면서 복음을 통해 세상을 변혁시킨 사례를 모범으로 삼아 오늘의 교회도 충실하게 따라야 한다. 존 칼뱅은 복음을 실제적인 인간 생활의 전 영역으로 확대하여 구체화하고자 노력하였다. 칼뱅은 '하나님의 절대 주권 사상'을 통해 삶의 전 영역에서 하나님 나라의 비전이 실현되어야 함을 강조하였다. 칼뱅은 이와 같은 역동적인 작업을 통해 기독교 공동체의 유기체적 결속을 사회 공동체의 개념으로 확장시켰다. 그에 따라 교회는 사람과 세상의 모든 삶의 자리에서 자유와 정의, 피조세계의 샬롬 등 공동선에 기여하는 복음 운동의 사명을 감당하였다(김미영, 2022: 736-739).

이렇게 복음의 공공성과 공동선에 천착하는 공공신학은 종교개혁의 프로테스탄트 윤리를 고스란히 계승하였다. 그런 차원에서 복지선교 실천을 통해 이뤄내려는 사회변혁을 이념적으로 뒷받침하는 신학의 과제로서 공공신학이 제시될 필요가 있다(이준우, 2019). 신학이 하나님 말씀인 성서의 가르침을 교회 전통의 도움을 받아 '지금-여기'의 상황에서 새롭게 들리게 하는 작업이라면 오늘 이 시대 교회에 가장 필요한 사명은 교회의 공공성 회복이라 할 수 있다(윤철호, 2016; 최경환, 2019).

불신자들과 신자 모두가 이 세상에서 살아갈 때, 교회가 우리 모두의 이웃이며 교회의 활동은 공적이며 사회적인 책무가 됨을 인정할 수 있어야 하는 것이다. 이 시대 신학이 해야 할 일은 사회와 소통하는 신학이어야 한다. 교회가 위치해 있는 지역사회에 대한 인식은 없고, 오로지 교회의 안위와 이익만을 생각하는 경직된 사고와 교회의 전통과 문화의 두꺼운

담을 걷어내어야 한다. 대신 경계는 부드럽게 하되, 예수 그리스도가 계신 말씀의 중심은 견고하게 하는 새로운 목회 패러다임으로의 전환이 강력하게 요구된다(김승환, 2021).

이와 관련된 한 가지 대안으로, **성서적 관점 하에 사회복지실천을 활용하여 세상을 향한 복지선교적인 교회 목회를 '공공신학 하기'로 풀어내는 창의적인 접근**이 필요한 것이다. 실제로 '공공성'이라는 개념 없이 정치, 경제, 문화, 교육, 언론, 종교 등을 생각하기 힘들어진 현대 사회에서 교회 내외적으로 공공신학이 이바지할 수 있는 바는 몹시 크다. 공공신학이 가지고 있는 개방성과 대화의 능력은 오늘날 교회의 사명과 역할을 재발견하도록 도울 것이다. 공공신학이 정의와 평화를 위한 하나님의 말씀을 일반 언어로 번역해냄으로써 그리스도인들과 불신자들이 함께 공공선을 추구하도록 상호 소통과 협력을 끌어낼 수도 있을 것이다. 공공신학이야말로 하나님 나라를 선포하고, 끊임없이 하나님 나라를 지향하는 교회의 사명 가운데 이루어지는 학문이자, 교회가 다른 여러 세속적 집단과 함께 공공의 영역에 참여할 때 요구되는 실천적 지혜를 형성해주는 유용한 활동이다(김창환, 2021).

하나님 나라를 갈망하고 현실 속에서 그 나라를 성취하려는 성서적 신앙에 뿌리를 두고 있는 기독교 신학은 '이해를 추구하는 신앙'에 머물지 않고 '행동을 추구하는 신앙'의 모습을 보이게 된다(김창환, 2021: 10). 신학자들은 기독교 윤리, 정치신학, 기독교 세계관 운동 등을 통해 기독교적 실천을 도모하는 다양한 작업을 해왔지만, **공공신학은 특별히 '공적인 대화와 상호비평'에 참여함으로써 신학적 토론과 실천의 장을 교회뿐만 아니라 공공의 영역에까지 확장**시킨다. 이로써 공공신학은 사사화(privatization)된 신앙과 현대사회의 위기를 함께 극복하는 데 요구되는 공적 논제에 신학적인 관점과 실천적 지혜를 제시한다(성석환, 2019; 윤철호, 2019; 최경환, 2019).

공공신학의 성격

공공신학이란 "이 세상에 하나님 나라를 이루기 위하여 성서의 지혜를 바탕으로 공동의 선을 추구함으로써 공적 영역에서 신학의 비평적이고, 반영적이며, 합리적인 참여"를 수행하는 과정이자 그 자체다(김창환, 2021: 9). 이에 '공공신학 하기'를 성공적으로 수행하기 위해서는 교회 공동체가 공론의 장에 참여하는 다중의 목소리를 경청하고 다양한 방법론을 포용하는 실천적 지혜, 그리고 서로를 관용하면서도 변화와 성숙을 위해 오래 기다릴 줄 아는 인내를 지속적으로 견지해야 한다(Hollenbach, 2003).

그러므로 공공신학을 이해하기 위해서는 '공론 장(public sphere)' 개념의 이해가 필요하다. 이때, 위르겐 하버마스(Jürgen Habermas)의 '공론 장' 이론이 유용하다(Habermas, 1991). 하버마스가 '공론 장'의 주요 특징으로 꼽는 의사소통, 합리성, 공개성, 접근 가능성은 공공신학의 방법론으로서 활용된다. 다만, 고민되는 지점은 이성과 합리성이 전제되는 '공론 장'에 신앙으로 작동하는 교회가 어떻게 참여하고 기여할 것인가의 문제이다. 이것이 공공신학의 핵심적인 과제가 된다(김창환, 2015; 2021).

이렇게 '공론 장' 개념을 강조하다가 보니 공공신학이 신학적 방법론이 아닌 사회학적·정치학적·과학적 방법론만을 의지한다는 오해가 일어나곤 한다. 그러나 공공신학이 신학을 포기하면 더 이상 공공신학이 될 수 없다. 즉 공공신학은 기독교 전통의 기반 위에서 성서적 지혜로 논의되어야 한다. 당연히 공공신학은 민주주의 사회라고 하면 '공론 장'에서 개인의 기독교적 신념이 표현될 수 있어야 함을 강조한다. 동시에 교회가 '공론 장'에 참여하여 불신자들과 대화하기 위해서는 기독교 신앙을 그들이 이해할 수 있게끔 잘 설명해야 한다. 즉 기독교적 가치와 신념에 뿌리를 둔 신앙의 언어를 세상에서 이해 가능한 언어로 제시하기 위해서는 여러 학문 분야의 지식을 참조해야 한다. 타 학문 영역에서 통용되는 지식을 사용하여 합리성을 갖춰야 하는 것이다. 그래야만 불신자들도 그리스도인의 목소리에 귀 기울일 수 있다. 이렇게 과학, 경제학, 정치학, 사회학, 의학, 법학 등 세상의 여러 학문 영역 간의 소통과 간학문적 연구를 통해 신학을 개진한다는 점이 다른 신학들과 공공신학을 구별해주는 독특한 특성이다(성석환, 2019; 최경환, 2019).

한편 공공신학은 기존의 시스템을 악으로 보지 않는다. 그에 따라 기존의 시스템을 붕괴시키고 약자를 위한 완전히 새로운 시스템을 건설하려고 하지 않는다. 오히려 기존 시스템의 장점은 인정하고, 동시에 잘못된 부분은 점진적으로 개혁해야 한다고 주장한다. 따라서 급진적·혁명적·폭력적 방법을 거부하고, 민주적이며 점진적인 방법을 추구한다. 공공신학은 또한 '정치질서'를 사회의 질서와 통합을 위한 최상위 제도로 보지 않는다. 다시 말해, 복음의 증거가 특정 정치 프로그램으로 간단히 전환된다고 여기지 않는다(김창환, 2021).

그 결과, 공공신학은 정치에 직접 참여하는 방식을 지양하고, 정치적 압력을 행사하는 이익단체처럼 행동하지도 않는다. 오히려 그보다는 논의를 위한 만남을 성사시켜 적극적인 대화를 유도하거나, 사회적 이슈를 형성하는 것에 더 주목한다. 이때, 공공신학은 예언자적 속성을 지니기 위해 노력한다. 공공신학에 의하면 교회는 예언자의 역할을 적극적으로 감당해야 한다. 여기서 예언자는 혁명가가 아니다. 구약성서에서 왕과 백성들을 향해 끊임없이 조언하며 하나님의 길로 인도했던 예언자처럼 교회는 하나님의 관점으로 세상 속에 만연해 있는 거짓들을 바로잡아야 한다. 따라서 공적 삶에서 일어나는 일들에 대해 경고하고, 비평적으로 조언해야 한다. 아모스, 이사야, 예레미야, 나단 선지자가 그 모델이 될 수 있다. 그들은 인간의 행동이 노골적으로 불공정하고 하나님의 계명에 모순됨이 명확할 때, 열정적으로 예언자적 사명을 수행하였다(윤철호, 2016; 최경환, 2019).

또한 공공신학이 지향하는 성서에 대한 바른 이해는 삶의 체험에서 이뤄진다. 하나님의 말씀이 읽혀지고 교육되며 그 말씀에 순종하며 그 말씀대로 살아가면서 체험된 말씀의 진리들 가운데, 핵심적인 성서의 메시지는 그리스도인들로 하여금 가난한 사람들과 연약한 사람들에게 깊은 관심과 적극적인 행동을 갖게 할 뿐만 아니라 그들의 편에 서도록 이끈다. 아울러 사회적 문제들을 세상의 사람들과 소통하면서 성서적 지혜로 해결해 나간다. 그리스도인들이 가난한 사람들과 사회적 억압과 혐오, 편견과 배제 속에 있는 약자들의 편에 서게 될 때, 성서는 바르게 이해되고 세상에 성서의 진리가 '공론 장'을 통해 현실화되는 것이다(Kim, 2014).

공공신학에서의 성서를 읽고 이해하는 작업은 복음 자체의 내용, 즉 가난한 자에게 복음을 전하며 포로되고 압제받는 자를 자유롭게 한다는 말씀(누가복음 4장 18절)과 일치하여야 한다. 또한 공공신학은 누가복음 1장 53절의 "주리는 자를 좋은 것으로 배불리셨으며 부자는 빈손으로 보내셨도다."는 말씀처럼 '주리는 자'의 형편을 옹호하시며 '부자는 빈손으로 보내시는' 살아계신 하나님의 명령에 대한 순종을 강조한다.

이에 오늘 현대사회의 경제적 불의와 사회적 차별과 배제, 혐오를 바로잡고 사회정의를 세우라는 명령이 성서의 중심 사상임을 깨달아야 함을 공공신학은 도전한다. 그리스도인의 사회적 책임이 예수 그리스도의 죽음을 통해 주어지는 하나님의 은혜를 믿는 믿음의 핵심 요체가 됨을 알아야 한다고 공공신학은 '공론 장'이라는 과정을 통해 교회와 세상을 동시에 일깨운다.

실제로 초대교회에서 이웃에 대한 책임은 기독교 공동체 영역을 초월하여 확대되었음을 깨달아야 한다(뱅크스/신현기 역, 2017). 특히 은혜의 표현임과 동시에 기독교 신앙의 기초인 사랑은, 하나님께서 모든 사람에게 부여하신 존엄성을 근거로, 모든 사람의 인권을 소중히 여기도록 이끄심을 보게 된다. 성서적 사회정의는 사랑의 연장이어야 한다. 이러한 사회정의는 압제받는 사람들을 향해 공평하게 시행되어야 한다(성석환, 2019). 공공신학은 자본주의가 극대화된 첨단 과학기술 문명세계 한 가운데서 교회가 놓치고 있었던 '생명존중과 인간사랑'이라는 성서적 가치를 다시 회복하자는 '신학하기' 작업이다.

하나님의 나라와

제 1 장
공공신학과 복지선교

'공공신학에
　　　　기초한 복지선교'
　　　　　　　실천

[제1장]

하나님의 나라와
'공공신학에 기초한 복지선교' 실천

공공신학이 공적인 삶 속에서 교회의 위치와 사회적 형식, 그리고 사회 속에서 교회의 역할을 다루면서 교회가 주도적으로 사회와 소통하는 '공론 장'이 되게끔 뒷받침하는 것(Kim, 2014; 최경환, 2019)이라고 할 때, '하나님 나라' 개념은 공공신학에서 매우 중요하다. 이에 교회가 수행해야 할 '공공신학에 기초한 복지선교' 실천의 성서적·신학적 기초를 하나님 나라의 관점에서 고찰해본다.

하나님 나라와 사회복지

예수님은 하나님 나라가 "너희 안에('within you'-KJV)" 있다고 하셨다. 이 말씀은 "너희들 사이에('among you'-Jerusalem Bible)" 있다고도 번역될 수 있다. 이 두 가지 의미는 모두 하나님 나라에 합당하다고 볼 수 있다(유장춘, 2003a). 사람 "안에" 세워지는 하나님 나라를 복지선교적인 관점에 적용한다면 마음에 이루어지는 평안과 기쁨, 행복, 용기, 확신, 희망, 그리고 만족 등 심리적으로 경험되는 천국으로 이해할 수 있을 것이다. 사람들 "사이에" 세워지는 하나님 나라는 사람과 사람 사이에 이루어지는 화해, 친밀, 평화, 용서, 자비, 사랑 그리고 감사와 섬김 등 관계적 또는 사회적으로 경험되는 천국이라 할 수 있다. 전자를 '심상천국'이라고 한다면 후자는 '지상천국'이라 할 수 있을 것이다. 이러한 하나님 나라에 대한 경험은 '천상천국' 즉 다가오는 영원한 종말적 하나님 나라의 현재적인(here & now) 경험이다. 그리스도인들은 하나님 나라를 '심상(心上)'과 '지상(地上)'에서 경험하다가 마침내 종말에 이를 때, '천상(天上)'에서 온전히 그리고 영원히 누리게 되는 것이다(이준우, 2017).

이러한 하나님 나라에 대한 성서의 교훈은 '사회복지학'과 폭넓은 영역에서 밀접한 관계를 갖는다. 사회복지학은 심리사회적 영역에서 복지를 추구하는 학문이다(유장춘, 2018). 어떻게 사람들이 더불어 평안하고, 행복하게, 살아가게 할 것인가? 이러한 질문들에 응답하기 위하여 과학적이며 사회제도적으로 접근하는 것이다. 그래서 사회복지학은 심리학, 사회학을 비롯한 다양한 사회과학적인 지식을 근거로 하여 사람 '속에' 담겨진 심리적 문제를 제거하고, 더 나아가 사람과 사람 '사이에' 일어난 다양한 사회적 문제를 해결하는 길을 찾아나가고자 하는 것이다. 이를 위해서 보호(care)와 회복(cure)과 변화(change)의 3C를 추구한다. 이 세 가지는 심리적인 영역이나 개인적인 영역과 같은 미시적(micro) 영역에도 적용되지만, 지역사회의 조직이나 국가의 정책, 제도와 같은 거시적(macro) 영역에도 모두 적용된다(이준우, 2017).

성서는 예수 그리스도의 십자가를 통한 구속으로 말미암아 하나님의 자녀 된 사람의 가치관과 상태를 하나님 나라로 말하고, 종말론적으로는 하나님에 대한 의지가 완성되는 것으로 하나님 나라를 설명한다. 그러므로 천국은 참여해야 하고(마태복음 22장 9절), 정복해야 하며(마태복음 11장 12절), 대가를 지불해야 하고(마태복음 13장 44절; 19장 24절), 자격을 갖추어야 얻을 수 있는(마태복음 5장 20절) 노력의 대상이다. 사회복지는 사회의 모든 구성원이 복지를 누릴 수 있도록 제도적으로 보호받을 권리를 갖는 동시에 각각의 개인이 참여하고, 결정하며, 때로는 쟁취해야 할 책임과 의무도 요구한다. 하나님 나라에 속한 하나님의 백성에 대한 하나님의 지극한 관심과 사랑도 사회복지가 추구하는 '역할 및 기능'과 다르지 않다.

특히 하나님의 나라는 전적으로 하나님의 주권 아래 세워지는 영역이면서 동시에 모든 그리스도인들이 그 주권을 인정하고 순종함으로써 이루어지는 하나님 중심의 세계다. 사회복지는 지식적이고 기술적으로, 스스로 참여하고 변화하며, 성취해야 할 인간 중심의 광범위한 노력이라고 할 수 있다. 하지만 사회복지가 끊임없이 발전하고 성장함에도 불구하고 사회복지가 추구하는 궁극적인 목표에는 언제나 이르지 못하는 것이 현실이다. 서구 복지선진국은 말할 것도 없고, 지속적으로 사회복지 예산을 증액시키고 있는 한국사회에서 여전히 나타나는 많은 사회문제와 높은 자살율, 낮은 삶의 만족도와 같은 자료들을 통해 볼 때 사회복지의 한계는 분명하게 입증되고 있다(김성이 외, 2022).

그러므로 사회복지는 하나님 나라를 향한 기독교적 신앙의 목표와 사회복지의 방법적 전문성을 함께 추구하는 통합적 노력을 지향해야 한다. 인간의 웰빙(well-being)이 과학적이면서 방법적인 접근만으로는 불가능하다는 전제 아래 기독교 세계관에 근거한 영성적 접근을 통합하고 개인(individual)에서 시작하여 지역사회(local), 그리고 더 나아가 세계(global)를 변화시키려 하는 적극적인 하나님 나라 운동을 지향한다는 점에서 사회복지학이 하나님 나라 개념과 통합될 때, 그와 같은 사회복지는 '복지선교'의 모습으로 그 독특한 차별성을 갖게 된다(이준우, 2014; 2017; 2019a; 2024a).

교회의 복지선교적인 사명과 공공신학의 신학적 근거

교회는 본래 예수 그리스도와 함께 시작되었고 성령강림 사건을 통해서 태동된 은사공동체이다(사도행전 2장 1-13절). 그것은 교회가 성령과 함께 하는 신앙공동체라는 것을 의미한다. 교회의 교회됨은 성령 하나님의 임재하심을 통해서 역동적 신앙과 체험적 신앙을 회복할 때 가능하다. 그러므로 교회는 성령의 임재하심을 사모하는 은사공동체로 거듭나야 한다. 성령 충만함이 없는 교인은 소명감이 없고 구원에 대한 확신이 없기 때문에 미지근한 신앙생활을 한다. 따라서 교인들은 말씀의 선포, 성서연구, 기도모임, 사회복지실천 등을 통하여 하나님을 만나는 영적 체험을 풍성하게 해야 한다.

성령의 은사는 이미 성령강림 사건을 통해서 하나님의 백성들에게 주어졌으며 하나님 나라의 실현을 위해 세상의 권세와 싸우는 영적 무기로써 세계를 향한 선교와 사회복지 실천의 행위를 통해서 나타나야 한다. 교회는 하나님 나라의 사역을 효율적으로 실천하기 위해서 다양한 성령의 은사를 활용해야 한다. 특히 교회의 직무는 종교적 권력이 아니라 예수 그리스도가 위임한 하나님 나라의 사역과 관련되어 있기 때문에 성령의 은사에 따라 정해져야 한다. 특히 성령의 은사와 교회의 직무는 매우 밀접하게 관련되어 있다.[8]

---

8) "은사는 여러 가지나 성령은 같고 직분은 여러 가지나 주는 같으며 또 사역은 여러 가지나 모든 것을 모든 사람 가운데서 이루시는 하나님은 같으니(고린도전서 12장 4-6절)", "네 속에 있는 은사 곧 장로의 회에서 안수 받을 때에 예언을 통하여 받은 것을 가볍게 여기지 말며(디모데전서 4장 14절)", "그러므로 내가 나의 안수함으로 네 속에 있는 하나님의 은사를 다시 불일듯 하게 하기 위하여 너로 생각하게 하노니(딤후 1:6)", "내가 너를 그레데에 남겨 둔 이유는 남은 일을 정리하고 내가 명한 대로 각 성에 장로들을 세우게 하려 함이니(디도서 1장 5절)"

성령의 은사는 소명을 통해서 직무가 되며, 직무는 소명을 전제하기 때문에 은사에 근거를 두고 있다. 성령의 은사는 근본적으로 평등한 것으로 모든 은사는 봉사를 위해 존재한다. 아울러 성령의 은사가 직무의 다양성과 통일성을 규정한다.[9] 그래서 교회는 교인들의 은사를 잘 파악하여 그들이 자신의 은사에 따라서 하나님 나라 사역을 위하여 일할 수 있도록 해야 한다.

여기에서 복지선교의 소중성과 유용성을 교회가 적극 활용해야 한다. 복지선교는 하나님 나라를 이뤄가게끔 교회를 '교회되게 하는 본질적인 사역'으로서 자리매김될 수 있다. 교회가 세상과 마주하는 접촉과 접속의 통로로서 복지선교는 큰 역할을 수행할 수 있다. 특히 복지선교 실천은 '교회'라는 '공급자 중심'의 사회적 섬김이 아니라 섬김의 대상인 지역사회와 세상 사람들의 목소리에 귀 기울이며 적극적으로 소통하여 궁극적으로는 실제적인 그들의 필요와 욕구에 초점을 맞춰야 한다.

---

[9] "너희는 그리스도의 몸이요 지체의 각 부분이라. 하나님이 교회 중에 몇을 세우셨으니 첫째는 사도요 둘째는 선지자요 셋째는 교사요 그 다음은 능력을 행하는 자요 그 다음은 병 고치는 은사와 서로 돕는 것과 다스리는 것과 각종 방언을 말하는 것이라. 다 사도이겠느냐 다 선지자이겠느냐 다 교사이겠느냐 다 능력을 행하는 자이겠느냐 다 병 고치는 은사를 가진 자이겠느냐 다 방언을 말하는 자 이겠느냐 다 통역하는 자이겠느냐(고린도전서 12장 27-30절)", "이와 같이 우리 많은 사람이 그리스도 안에서 한 몸이 되어 서로 지체가 되었느니라. 우리에게 주신 은혜대로 받은 은사가 각각 다르니 혹 예언이면 믿음의 분수대로, 혹 섬기는 일이면 섬기는 일로, 혹 가르치는 자면 가르치는 일로, 혹 위로하는 자면 위로하는 일로, 구제하는 자는 성실함으로, 다스리는 자는 부지런함으로, 긍휼을 베푸는 자는 즐거움으로 할 것이니라(로마서 12장 5-8절)."

그런 점에서 사회적 '공론 장'을 마련해서 세상과 소통하는 일은 교회의 필수적인 과업이라 할 수 있다. 이때, 공공신학은 복지선교의 버팀목이 된다. 공공신학의 신학적 근거가 '하나님께서 이 세상을 창조하시고 그 세상 가운데 하나님의 사람으로 하나님 나라 공동체, 하나님의 나라를 만드신 창조'에 그 뿌리를 두고 있기 때문이다. **"생육하고 번성하여 땅 위에 충만하라(창세기 1장 28절)."는 말씀이 없이 인간이 혼자였다면, 공공이라는 단어 자체가 이 땅에 존재하지 않을 것이다.** 생명은 관계적 특성을 가진다. 하나님께서는 창조하신 그 순간부터 생명들로 공동체를 형성하셨다. 그 생명들의 공동체가 하나님 나라가 되게 하셨다. 그러기에 하나님은 자신의 하나님 나라를 공적 영역으로 시작하셨고, 하나님 나라의 사랑의 통치 가운데 그 백성들이 함께 더불어 행복하게 살아가기 위한 다양한 규범들과 원리들을 성서 전체를 통해서 가르쳐 주셨다.

그 중에서도 대표적으로 모세오경의 경우는 이스라엘 공동체를 모델로 제시하면서 하나님에 대한 신앙과 이웃에 대한 사랑이 밀접한 관계를 맺으며 공적인 삶 속에서 상호보완적이고 의존적으로 살아가는 규범들이 기록되어 있다. 예언서에는 하나님의 사랑이 이웃사랑으로 실천되지 않았을 때, 특별히 가난하고 소외된 이들에 대한 처우를 사랑으로 하지 않았을 때 하나님의 공의로운 심판이 예고되었다. 또한 지혜 문학에서는 공적 영역에서 적용되는 하나님의 지혜와 인간의 보편적 지혜를 연결하여 설명한다. 복음서는 앞서 지속적으로 계시하신 말씀의 본체가 예수 그리스도라는 육신으로 이 땅에 오셔서 직접 삶을 통해 공적 영역에서 하나님 사랑과 이웃 사랑이 어떻게 실현되는지 보여주셨다(이형기 외, 2010, 29-30).

기독교는 하나님께서 사랑으로 세상을 창조하시고 인간을 사랑하셔서 그들을 구하시기 위해 직접 인간 세상 가운데 들어오신 사랑의 이야기로 시작된다. 이러한 사랑의 하나님을 믿는 신앙을 갖고, 동시에 이 사랑을 받은 사람은 하나님 사랑의 통치 아래 있는 하나님의 나라를 살아간다. 하나님 나라에서 이뤄지는 하나님의 통치는 형이상학적이거나 내세적이지 않고, 이 세상 가운데서 역사하시는 실제적인 사랑의 구현 즉, 하나님 사랑과 이웃 사랑으로 드러난다(볼프/김명윤 역, 2014: 42). 그러므로 교회는 하나님 나라의 도래를 위하여 선택받은 종말론적 백성으로서 이 세상에서 이웃 사랑을 지향하는 예수 그리스도의 사역을 실현하는 공동체가 되어야 한다. 즉 교회는 세상 모든 삶의 영역에 하나님의 사랑과 정의를 선포하는 종말론적 은사공동체가 되어야 한다.

이런 측면에서 **복지선교란 세상 사람들이 하나님 나라의 통치를 받고 공공영역에서 복된 인생을 살게끔 하나님 나라를 확산하는 운동이다.** 하나님 나라에서 모든 사람들은 남녀노소, 빈부격차, 장애와 비장애 등 그 어떤 조건과 기준으로도 평가할 수 없는 귀한 구성원으로 존재한다. 하나님께서는 그 어떤 모습의 사람들이라도 차별하지 않으셨고, 모든 사람들을 한 사람의 개성으로 인정하시고 사랑과 섬김의 대상으로 삼으셨다. 이 세상의 모든 공공영역에서 여전히 하나님의 선하신 뜻이 구현되게끔 **교회는 공공신학적인 관점에서 성서의 지혜를 활용하여 복지선교를 역동적으로 실행**해야 한다.

하나님 나라 운동과 복지선교

예수님께서 사역을 처음 시작하시면서 제일 먼저 선포하신 말씀은 "하나님 나라가 가까이 왔다."는 것이었다. 예수님께서는 처음 공생애를 시작하실 때뿐만 아니라 부활하신 이후에도 제자들에게 '하나님 나라의 일'에 대해서 말씀하셨다(사도행전 1장 3절). 예수님은 길이나 시장에서, 회당이나 성전 또는 가정집에서 하나님 나라에 대해 말씀하셨고, 제자들에게 기도를 가르칠 때에도 "당신의 나라가 임하옵소서."라고 기도할 것을 가르치셨다(마태복음 6장 10절). 심지어 사람들이 의식주를 위해 애쓰듯이 삶의 모든 영역에서 하나님 나라를 찾고 갈구하라고 하셨다(마태복음 6장 33절). 예수님의 복음은 하나님 나라를 선포하는 것이었고, 이런 맥락에서 복음화는 하나님 나라를 이루고자 노력해나가는 모든 활동, 즉 하나님 나라 운동이라고 할 수 있다.

예수님의 공생애 핵심 주제는 하나님 나라의 구현, 즉 하나님 나라 운동이다. 하나님 나라가 눈물과 탄식과 고통이 가득한 이 땅에 온전히 구현되게 하는 것, 이것이 바로 메시야로 이 땅에 오신 예수님의 핵심 사명이셨다. 예수님께서 선포하셨던 하나님 나라는 죄와 사탄의 통치 세력이 무너지고, 공의와 사랑과 평화가 구현되는 하나님의 왕적 통치가 이루어지는 영향권을 의미하였다(김세윤, 김회권, 정현구, 2013: 247-255). 그리고 그 영향권이 확대되어가는 활동이 바로 하나님 나라 운동이라 할 수 있다.

그렇다면 선교는 무엇이며 복지선교는 또 무엇인가? 선교가 예수님의 복음을 전하는 것이고, 예수님께서 전하고자 하는 복음의 본질이 '하나님 나라'라고 한다면 복지선교 또한 하나님 나라를 구현하시고자 하셨던 예수님의 사역 원리에 기초해야 한다(누가복음 7장 21-23절; 17장 14절; 18장 42절; 마태복음 8장 3절; 9장 30절; 마가복음 7장 35절; 8장 25절; 요한복음 9장 7절). 따라서 복지선교는 모든 사람이 그 어떤 차별과 배제, 혐오 없이 하나님의 피조물로서 온전한 평화를 누리고 하나님께 찬양과 영광을 돌리며 행복하게 공존하는 하나님 나라를 실현하는 것이다.

창조주 하나님은 악인과 선인, 의로운 자와 불의한 자를 차별하지 않고 모든 생명체의 생존에 절대적으로 필요한 햇빛과 비를 공급해주시는 생명의 하나님(마태복음 5장 43-45절)으로서 모든 사람들에게 한없는 사랑을 주시는 분이시다. 그래서 예수님은 제자들이 편협한 이웃 사랑의 범주를 뛰어넘어 약자와 죄인과 원수까지도 포괄하는 하나님의 '큰 사랑'을 본받을 것을 촉구하신다(마태복음 5장 48절). 예수의 하나님 나라는 지상 모든 인간의 구원과 행복과 평화를 지향한다. 하나님의 형상대로 지음받은 모든 인간은 이 땅에서 하나님의 자녀로서 하나님을 믿으며 행복하게 살아갈 권리를 지니고 있다.

선교는 일차적으로 사람들에게 복음을 전함으로써 수행된다. 복음이 전파되는 곳에 생명과 빛이 전파된다. 사람들은 복음을 통해 구원받은 하나님 나라의 구성원이 된다. 예수님을 통해 이미 도래하였고, 주님이 다시 오실 그때, 완전하게 이루어질 그 하나님 나라의 백성이 되는 것이다. 이때, 거듭난 하나님 나라의 백성으로서의 삶을 사는 사람들은 영적 구원뿐만 아니라 세상에서의 행복한 삶을 위해서도 구체적인 노력을 기울일 수 있게 된다. 하지만 개인의 수고만으로는 그들이 원하는 진정한 행복을 얻기 어려울 수도 있다. 잘못된 사회제도나 미흡한 사회복지, 경제적 불평등과 차별과 배제 등의 현실이 사람들을 고통받게 할 수 있다(이준우, 2014: 48).

여기에서 사람의 영적 구원과 복지문제(신체·심리·사회·직업 등)를 해결하는 전인적인 복지선교가 나타나야 한다. 선교는 상호 연관되는 영적 구원과 복지, 이 두 개의 큰 축이 통합되는 순간 '복지선교'로 거듭나게 된다. 사람의 영적 구원과 신체적·물질적(복지) 욕구(needs)가 동시에 충족될 수 있는 길이 열리게 된다. 그래서 선교를 '복음전도'와 '사회복지실천'을 융합시킨 '복지선교'라는 하나의 고유명사화 아니 새로운 용어[10]가 필요하다.

하나님 나라를 실현해나가는 활동을 하나님 나라 운동으로 볼 때, 하나님 나라 운동으로서의 복지선교는 하나님 나라를 구현하기 위한 "복음전도+사회복지+교육+재활+사회행동+등등"으로 정의할 수 있다.

---

[10] 복지선교라는 용어 속에는 "복음전도와 회복, 재활, 사회행동을 포함하는 사회복지실천의 개념을 종합함은 물론이고, 궁극적으로 복음전도를 비롯한 이 모든 선한 행위들은 '선교적인 실천 속에서 하나다'라는 의미"가 담겨있다. 다시 말해서 복지선교는 실천적인 선교행위를 통해서 사람들의 진정한 영적·심리적·정신적·신체적·사회적·경제적·교육적·직업적 복지를 실현함과 동시에 잘못된 사회구조를 바꾸는 노력까지 수행하는 것이다.

예수님의 사역은 하나님 나라 선포에 기초를 둔 복지선교였다. 다시 말해 하나님 나라 운동으로서의 복지선교를 실천하셨다는 것이다. 물론 성서에는 복지선교라는 용어가 없다. 그렇지만 복지선교로 볼 수 있는 예수님의 사역은 얼마든지 찾을 수 있다. 그중에 대표적인 것을 꼽으라면 "치유"를 들 수 있다. 예수님은 하나님 나라 선포와 치유를 병행시켰다(김세윤, 김회권, 정현구, 2013: 232-252). 왜냐하면 예수님의 치유는 그가 선포하는 하나님의 구원 통치가 실현되고 있음을 증거하는 것이기 때문이었다. 그래서 예수님의 치유는 그가 선포하는 하나님 나라의 구원이 실재가 되게 하는 사건이었던 것이다. 예수님께서는 제자들을 선교를 위해 파송할 때도 하나님 나라의 복음을 선포하고 축귀와 병 고침의 사역을 하도록 명령했다(마가복음 6장 14-15절; 마태복음 10장 7-8절; 누가복음 10장 9절).

제자들의 성공적인 하나님 나라의 복음 선포와 축귀 및 치유 사역은 곧 하나님의 통치가 사단의 통치를 패퇴시켜가는 과정이었다(김세윤, 2020). 그러므로 성서에서의 치유란 거시적이며 포괄적인 의미로 이해해야 한다. 즉 하나님의 구원의 통치가 가져오는 치유는 육신의 병고를 제거하는 것만으로 이해해서는 안 되고, 다양한 고난들[11]의 해소까지를 포함하는 것으로 이해해야 한다. 따라서 치유란 부정적으로 말하면 모든 고난의 제거, 긍정적으로 말하면 사람들을 온전케 하는 것을 말한다(김세윤, 김회권, 정현구, 2013: 243-259).

바로 이와 같은 예수님의 하나님 나라 선포와 치유는 하나님 나라 운동으로써의 복지선교라고 볼 수 있다. 하나님 나라의 복음을 받아들인 성서에 나오는 많은 사람들은 하나님과의

---

11) 여러 심리적 병들, 관계에 있어서의 갈등, 경제적 빈곤, 정치적 억압, 심지어는 자연의 재해까지도 포함하는 다양한 고난들을 말할 수 있다.

올바른 관계를 회복해서 하나님께 의지하고 순종하는 관계로 들어가게 된다. 예수님께서는 하나님 나라를 선포하면서 동시에 치유하셨는데 그 치유는 죄인들을 회개시켜 하나님의 통치를 받게 하고, 그리하여 그들로 하여금 하나님과 이웃과 샬롬(평화)의 상태 속에서 살게 한 것이다(김세윤, 2020).

신약의 복음서들은 예수님께서 몇몇 병자들을 신체적으로 치유한 사건들을 부각시키는 경향을 나타낸다. 하지만 복음서들을 자세히 보면, 예수님의 하나님 나라 선포를 통한 구원의 사역은 단지 장애인들과 환자들을 치유하는 것에 국한되는 것이 아니라 주로 죄인들을 사단의 통치에서 불러내어 하나님 나라에 들어가게끔 한다. 그리하여 그들의 삶이 온전케 되도록 하는 것이었다(마가복음 2장 17절; 누가복음 19장 10절).

결국 하나님 나라의 복음을 제대로 선포하면 포괄적인 의미로의 치유가 일어나게 되어 있다. 그 치유는 하나님 나라의 구원의 현재적 현상 또는 현재화이다. 즉 예수님의 능력 있는 말씀과 기적행위들은 하나님 나라가 현재 실현되고 있음을 가시화시켜주는 표현들이다. 비록 하나님 나라는 믿음의 눈을 가진 사람들에게만 보이는 감추어진 실재이기는 하지만, 권세 있는 말씀이 선포되며 귀신들이 내어 쫓기며 각색 병든 사람들이 치유함을 받는 것은 하나님 나라가 현재 세상으로 뚫고 들어오는 실재라는 것을 보여준다(마태복음 12장 28절; 누가복음 11장 20절).

이렇게 말씀과 기적행위들은 모두 하나님 나라가 현재 우리들 가운데 활동하고 있음을 보여주는 가시적 표현들이다. 그러나 기적행위들은 말씀과 독립된 어떤 것이라기보다는 예수님의 말씀 사역에 종속되는 기능을 갖는다. 예수님께서 세상에 오신 것은 단지 기적이나 베풀기 위해 오신 것이 아니라 하나님 나라의 복음을 선포하기 위해 오셨다. 하나님 나라에서의 하나님의 통치는 이 세상에서 실현되어야 하며, 그 결과 현재와 미래 모두에서 구원이 일어나야 한다. 그 구원은 인간을 위한 구원이면서 동시에 구원받은 인간을 통한 더 큰 세상의 구원이다. 이 구원이 사회적 약자와 고통 받는 사람들을 향할 때, 그것이 바로 하나님 나라 운동으로서의 복지선교가 된다.

하나님 나라 관점에서의 '공공신학에 기초한 복지선교' 실천

공공신학은 이 세상을 하나님의 나라로 본다. 이미 도래하였으나 여전히 아직 완성되지 않은 하나님 나라를 이 세상에 보다 더 확장시키기 위한 적극적인 대응이 공공신학이 추구하는 핵심이다. 그러므로 공공신학은 공적 상황과 관계성을 갖고 그 상황에 적절하게 대처하며 필요시에는 바람직한 방향으로 **변화시켜나가도록** 성서적 지혜를 최대한 발휘하는 데에 초점을 모은다.

공공신학에서 다루는 문제는 교회 공동체가 공적 영역에서 복음의 가치관을 어떻게 공유하는 가이며, 이것은 같은 사회공동체의 시민으로서 사회에 어떻게 기여하는지에 대한 신학적인 고민이다. 이는 개인 윤리나 기독교 공동체 내에서의 윤리가 아닌 넓은 사회와 연관된 나눔을 말하며, 교회의 정체성과 역할에 관한 신학의 재정립을 다루는 것이다. 또한 교회와 사회에 깊이 뿌리 내린 양극화의 문제와 이원론적인 도식을 극복하는 데 중점을 둔다(김창환, 2021).

남아프리카공화국의 공공신학자인 존 드 그루시(John de Gruchy)는 신학의 목표는 지식적으로 연구하고 습득하여 이해에 이르는 것에 머물지 않고 행동으로 신학의 배움이 드러나야 한다고 강조하며, 신학을 '배우는 것(reading theology)'이 아니라 '신학 함(doing theology)'으로 표현한다. 그는 '신학 함' 혹은 '신학을 실천함'은 기독교 사고와 실천이 서로 연관을 지으며 신학적 조명이 기독교 공동체의 중심적인 삶이 되어야 하고, 신학의 해석학적인 과제는 현 상황에서의 분석을 통해서 성서를 조명한다고 보았다(Gruchy, 1994: 2-14). 공공신학은 이러한 과제를 이해하며 신학이 어떻게 양극화된 교회와 공공 영역을 연결하는 촉매제가 될 것인지를 탐구한다. 공공신학은 교회만을 대상으로 했던 신학 담론의 장을 더욱 확대하여 하나님 나라의 관점에서 교회의 공공성과 공적 역할을 다루는 신학의 시도와 그로 인한 신학의 결과물들이 기독교 공동체들에 의해서 이해되고 실천으로 옮겨지게끔 애쓴다.

공공신학에 기초한 공적 교회는 그리스도 중심의 사도적 교회의 일원으로서 믿음의 공동체가 함께 만드는 공공성의 문제, 특히 공적 질서에 관심을 가지는 교회이다(Marty, 1981: 170). 공적 교회의 토대가 되는 공공신학은 기독교 신앙을 바탕으로 개인과 사회의 공적 생활을 해석하며, 또한 개인의 신앙을 공적인 질서에 접목시키는 작업을 지속적으로 수행한다(Marty, 1981: 98-99). 그러다 보니 공적 교회가 정치적이 되거나 신앙적인 면에서 벗어나는 것에 비판이 있을 수 있다. 하지만 이것은 충분히 극복할 수 있으며, 공적 교회는 이를 위해서 공적 생활에 대한 하나님의 계시와 복음의 원칙에 의거해서 사회에 기여할 수 있는 중요한 계기를 마련한다(Marty, 1981: 163-166).

필립 얀시는 '교회 공동체의 기초는 화목하게 하시는 하나님의 사랑이며, 그것은 국적, 인종, 계급, 나이, 성별의 모든 차이를 뛰어넘는다.'고 했다. 여기서 얀시는 공통점이 먼저이고 각자의 차이점은 나중이라고 강조한다. 그 결과 공통점을 중심으로 공동체가 형성될 때, 그 공동체는 하나님의 가족으로 탄생한다고 했다. 그 가족 안에서 연합은 결코 획일성이 아니고, 다양성은 결코 분열이 아니라고 천명하였다. 심지어 얀시는 세계 역사상 유대인과 이방인, 남자와 여자, 종과 자유인이 대등한 자격으로 모인 최초의 기관이 교회임을 제시하였다(얀시/윤종석 역, 2010: 26-27).

이렇게 얀시가 말한 교회의 모습이야말로 공적 교회의 모범이 된다. 얀시는 교회의 선교적 사명에는 자기가 속한 동네의 필요를 채우는 것을 반드시 포함해야 한다고 했다. 교회 안에 가지각색의 사람들이 서로 잘 지낼 수 있는 이유 중 하나는, 공동체에 속한 모든 사람들이 단결하여 함께 지역사회를 섬겼기 때문이라는 것이다. 글을 읽을 줄 모르는 학생들을 위한 '개인 문해교육 봉사'를 교회가 수행하는 일이며 교인인 변호사가 지역주민들을 함부로 대하는 경찰과 집주인들에 맞서고자 회사를 그만두고 법률 지원센터를 만들어, 공영 주택단지의 저소득층 주민들에게 무료 변호를 하는 사역을 지속적으로 감당하도록 교회가 돕는다든지, 한 부모 가정을 지원하는 일, 오랫동안 교회의 노인 프로그램을 해오는 일들이었다

(얀시/윤종석 역, 2010: 28-31).

위르겐 몰트만(Jürgen Moltmann)은 지역사회에서의 공적 연관성 없이 그리스도인의 정체성은 없으며, 신학의 기독교적 정체성 없이 공적 역할을 담당하지 못한다고 선언한다(Moltmann & Kohl, 1999: 5-23). 또한 신학이 하나님 나라에 근거한 것과 같이 공적·비평적·예언적 희망을 실현하기 위해서 신학이 공적 신학이 되어야 한다고 주장한다. 당연히 신학은 지역사회 안에서 소외된 존재와 가난한 자들을 위해서 정치적이 됨으로써, 동시에 존재하는 지역사회의 종교적·도덕적 가치관을 비평적으로 생각함으로써, 그리고 논리적이고 이성적인 인지를 통해서 하나님 나라를 위한 그리스도에 대한 신뢰의 보편적 관심을 표현하여야 한다(Moltmann & Kohl,, 1999: 13-29).

몰트만이 주장하는 공공신학은 하나님 나라를 위해서 빈곤과 소외된 계층을 위한 사회에서의 비평적이고 예언적이며 반성적이고 논리적인 신학의 추구를 의미한다(김창환, 2021). 이러한 몰트만의 공공신학에 기초한 교회 개념은 필립 얀시의 교회 공동체 이해와도 크게 다르지 않다. 얀시의 자기 고백적 주장은 울림이 크다(얀시/윤종석 역, 2010: 21-42).

> "교회가 존재하는 주된 이유는 … 중략 … 하나님을 예배하는 것이다. … 중략 … 전체적으로 성경은 하나님을 기쁘시게 하는 삶을 분명히 강조하고 있으며, 예배의 핵심도 결국 그것이다. … 중략 … 그동안 기독교의 예배에 별로 달라진 것은 없으며, 인종 통합은 여전히 먼 얘기다. 정부와 기업이 과거의 불평등을 시정하고자 소수민족 우대 정책과 쿼터제를 실험하는 동안, 교회가 소수민족의 참여를 높이기 위해 그런 정책을 도입했다는 말은 들어본 적이 없다. … 중략 … 라살은 내게 폭넓은 다양성의 맛을 처음 보여준 교회였다. 일요일 아침이면 자원봉사자들이 무료로 식사를 지어 제공했는데, 그 비스킷과 햄 냄새는 예배에 큰 영향을 주었다. 많은 노인들이 식후에 남아 예배를 드렸던 것이다. 노인들의 절반은 흑인이고 절반은 백인이었다.

추운 날 아침이면 거리의 노숙자들도 아침을 먹으러 들어오곤 했고, 때로 좌석에 벌렁 드러누워 예배 시간 내내 드르렁드르렁 코를 골기도 했다. 물론 회중 가운데는 노스웨스턴이나 시카고 대학교 같은 명문 대학의 박사 과정에 재학 중인 대학원생들과 의사와 변호사들, 고등 교육을 받은 전문직 종사자들도 있었다. … 중략 … 은혜는 받을 자격이 없는 사람들에게 임하는 것이며, 내게는 아돌퍼스가 은혜의 산 증인이 되었다. 평생 그 누구도 에너지와 관심을 쏟지 않았던, 가족도 없고 직장도 없고 안정도 없었던 그에게, 교회는 유일하게 안정을 주는 곳이었다. 거부당할 짓만 골라서 한 그를 교회는 받아주었다."

특히 공공신학은 하나님 나라를 이뤄나가는 가운데에 자유민주주의, 자본주의 경제 및 세속화된 소비사회와 같은 '현대의 공공생활의 특징이 되는 관습'과 '기독교적 신념'이 교차하는 특정한 공간을 규정하고 마련하는 것이다. 그 공간은 궁극적으로 하나님의 나라로 세워져 가는 교두보가 된다. 그 결과, 공공신학이 끊임없이 관심을 기울이는 지점은 대중과 교회 사이의 공통적인 영역을 형성하며, 기독교와 세속주의의 단순한 연결이 아닌, 두 영역 사이에서 다양한 방법에 대한 상호 비평적 분석을 추구하는 데에 있다. 무엇보다도 깊은 신앙적 신념에서 나오는 비평적 연구는 현대 사회의 문화적·지적·영적 삶을 매우 풍요롭게 해줄 수 있다고 믿기 때문에 신학은 공동체적이고 공적인 활동이어야 하며, 실제로 신학이 신앙에 바탕을 두었지만 비평적인 관점에서 다양한 삶의 영역에 기독교적 가치를 설득력 있게 설파하고 소통함으로 계속 영향을 줄 수 있어야 한다(Thiemann, 1991).

이런 맥락에서 '세상 속의 교회와 교회 밖의 세상' 간의 공유 영역을 '하나님 나라'로 확장해 가기 위한 실천적 방향으로서 존 드 그루시(Gruchy, 2007: 26-41)의 '공공신학 실천을 탐구'하기 위한 일곱 가지 원칙은 교회 공동체의 정체성과 중요성을 이해하는 데에 매우 중요한 지침이 된다(김창환, 2021).

① 기독교를 우선시하는 것이 아니라 그리스도인들이 공동의 선을 위해 중요하다고 믿는 가치들을 공적으로 '증거'하려고 해야 한다.

② 기독교 전통에 익숙하지 않은 사람들이 접근할 수 있고 그 자체로 설득력 있는 공통의 언어 개발을 요구한다. 이러한 언어는 공적 토론을 할 때 신앙의 전통과 관련된 언어이며 기독교 회중에게도 이해되는 이중 언어여야 한다.

③ 공공 정책 및 문제에 대한 정보에 입각한 지식을 요구하고, 문제의 기본을 파악하며, 이에 대한 예리한 분석적 평가와 신학적 비평을 포함해야 한다.

④ 다양한 학문과의 융합적인 방법으로 발전시켜야 하며 추구하는 신학의 내용과 과정이 서로 깊이 연결되어 있는 방법론을 사용해야 한다.

⑤ 상황에 의한 피해자와 생존자의 관점과 정의 회복에 우선순위를 부여한다. 그것은 권력자에 대항하여 약자들의 편에 서고, 성서의 예언자적 전통에 영감을 얻어 권세에 대항해서 진리를 말하는 것이다.

⑥ 성서적·신학적 성찰을 통해 의식적으로 양육되고 정보를 소유할 뿐 아니라, 그들이 위치하는 환경과 관련하여 자신의 지엽적인 관심뿐 아니라 넓은 지경을 또한 염두에 두며 예배의 풍요로운 생활을 공유하는 신앙의 공동체를 필요로 한다.

⑦ 정의와 '온전함'을 추구하는 한편, 인류의 풍요로운 삶을 대적하는 권세에 대한 저항을 통해 사람과 창조물과 함께 하나님의 생생한 체험을 가능하게 하는 영성이 필요하다.

이렇게 하나님의 나라 관점에서 바라본 공공신학의 실천 지침은 복지선교 실천을 현실화하는 데에 도움이 된다. 특히 지역사회의 다양한 자원들과의 연계와 협력을 이뤄내는 데에 유용한 원칙으로 활용되기에 적합하다. 하나님 나라 관점에서의 '공공신학에 기초한 복지선교' 실천은 교회와 지역사회의 자원들 간의 '상호연계 협력'으로 이뤄질 수 있다.

하나님은 사귐과 연합을 전제하는 상호 관계를 개방적으로 진행하신다. 하나님은 개인과 사회를 연결하고 상호 결합해서 자신의 의를 성취하시고 하나님 나라를 완성해 가신다.

하나님은 개인이 언제나 관계의 연결망 안에 있게끔 하시고, 동시에 사회는 개인의 연합과 참여의 상호 결합이게끔 하신다. 이것이 하나님의 뜻이다. 이렇게 될 때에 개인과 사회는 병들지 않고 건강할 수 있다. 그러므로 개인과 사회는 서로 연합하고 상호 관계적이어야 한다. 당연히 연합과 참여의 관계에 기초하여 세워진 형제자매의 인간 공동체만이 진정한 교회가 된다(이준우, 2019a).

그 결과, 연결망으로서의 교회는 다른 사회적인 조직들과도 효과적으로 연계해야 하고 협력적인 연합활동을 수행해야 한다. 그 상호연계의 협력적 사역은 하나님의 사랑으로 끈끈하게 맺어지고 지속되어야 한다. 각각의 개인과 집단, 조직들 간의 소통방식은 사랑이어야 한다. 하나님의 사랑과 삶과 인격적 관계의 상호작용은 모든 사회적 기준과 조건의 차이와 차별을 넘어 인간의 상호 인격적이며 사회적인 관계에 반영되어야 한다. 사실, '상호연계'에 기초한 협력적인 복지선교의 이념은 공공신학적인 원리이며 이는 실제적인 복지선교 실천을 수행함으로써 체계화 될 수 있다.

이렇게 하나님 나라의 관점에서 이뤄지는 공공신학적인 복지선교 실천은 그리스도인들로 하여금 세상 사람들로부터 사회적 신뢰와 인정을 받게 하는 생활방식으로 자리 잡게 된다. 전 세계가 실시간으로 '초 연결' 되어 있고, 인류 대다수가 거대 도시에서 살고 있는데도, 현대인은 외롭다. 인류 역사상 오늘날처럼 외로움의 빈곤이 만연했던 시대는 아마 없었을 것이다. 물론 국가가 인간 개인을 보호하고 돌보고 있긴 하다. 하지만 모든 것은 최소한의 원칙에 따른다. 국가 경제가 아무리 비약적으로 발전한다 해도 국민 생활에서는 사회복지와 경제 안정이 제대로 이뤄지기란 쉽지 않다. 결과적으로 서로가 서로에게 책임을 느끼며 돌보는 관계적 공동체는 거의 상실되어 버렸다. 분단과 한국전쟁과 군사독재와 돌진적 근대화의 격랑에 부딪치면서 한국의 전통적 공동체 문화와 가치가 빠르게 침식되었고 특히 일상화된 경제적 위기와 긴장으로 인해 신자유주의적 생존경쟁과 각자도생의 가치와 방식이 사람들의 삶과 정신을 지배하면서 '사람들 간의 관계성'은 점점 사라지게 되었다. 관계성의 상실은 따뜻한 공동체성의 회복을 열망하게 한다. 사회는 사회적 또는 공동체적이어야 한다.

'공공신학에 기초한 복지선교' 실천은 사람들 삶의 본질적이면서도 근원적인 가치의 회복을 위해 상호 연대적이면서 동시에 상호 연계적인 관계 중심의 공동체성을 함양하는 데에 주목한다. 진정한 인간관계가 없는 세상 속에서 교회 공동체는 설령 국가나 세속 사회가 사회적 관계성을 잃더라도 사랑의 나눔과 섬김이 있는 가장 사회적인 것의 최후 의지처가 되어야 한다. 이는 예수 그리스도를 따르는 사명의 핵심이다. 예수 그리스도가 가장 먼저 한 일은 하나님의 나라 즉 하나님의 공동체를 이루는 것이었다. 예수는 하나님 나라 공동체를 통해 당시의 정치권력과 종교권력이 파괴한 사회를, 하나님의 자녀들이 서로를 돌보는 관계 지향적인 사랑의 공동체로 회복한 것이었다. 이런 맥락에서 '공공신학에 기초한 복지선교' 실천은 보편적인 신학적·공적 표현을 단지 구호로 선언하는 게 아니다. 구체적으로 수행하며 구현하는 '실제'가 되어야 한다. 그와 같은 복지선교는 현실의 맥락을 담아내야 한다. 그래야만 복지선교는 '눈에 보이는 복음'이 된다.

그런데 생생한 삶의 맥락 속에서 하나님 나라를 지향하는 복지선교 실천을 공공신학적인 관점에서 이뤄내려면 인간의 힘으로는 안 된다. 성령님의 도우심이 절대적으로 필요하다. 로마서 14장 17절에서 사도 바울은 "하나님의 나라는 먹는 것과 마시는 것이 아니요 오직 성령 안에 있는 의와 평강과 희락이라."고 했다. 사도 바울은 성도들의 신앙생활에서 무엇이 본질이며 무엇이 가장 중요한 일인지를 소개한다. 하나님의 나라는 오직 성령 안에서 의와 평강과 희락을 이루는 데 있다는 것이다. '의'라고 번역된 헬라어 '디카이오쉬네(δικαιοσύνη)'는 하나님의 말씀에 순종하고 하나님과 바른 관계를 맺어 바른 삶을 드러내는 것을 말한다. 그리스도인은 거짓을 행할 수 없다. 그리스도인은 불의와 함께 할 수 없다. 왜냐하면 그리스도인은 의를 이루는 사람이기 때문이다.

그런데 의는 "의" 자체만으로 드러나게 되면 너무 예민하거나 타인을 정죄함으로 사람들

간의 관계를 악화시키기 쉽다. 그래서 하나님의 '의'는 반드시 평강을 수반한다. 거짓된 사람에게 거짓에서 떠나도록 권면할 수 있다. 불의한 사람의 불의를 고발할 수도 있다. 그러나 그것으로 끝나는 것이 아니라 진리 안에서 평강을 맺어야 한다. 그때, 그리스도인 개인의 '의'는 하나님의 '의'가 된다. 그리스도인은 늘 사랑의 바탕 위에 서 있어야 한다. 그렇지 않으면 그 의가 결코 평강으로 연결되지 않는다. 나아가 하나님의 의를 드러내고 삶 속에서 타인과 더불어 진정한 평강이 드러난다면 그것들이 희락의 열매로 이어져야 한다. 평강을 뜻하는 헬라어 '에이레네(εἰρήνη)'는 사람과의 관계 속에서만 이루어지는 것이 아니다. '에이레네'는 사람들 사이에서 이루어지는 것이기는 하되 사람과 하나님이 바른 관계를 맺을 때 하나님으로부터 주어지는 것이다. 하나님으로부터 '에이레네'가 주어질 때는 그 '에이레네' 속에 반드시 진리의 기쁨과 생명의 기쁨이 있다.

    문제는 아무리 열심히 기도한다고 할지라도, 의와 평강과 희락이 하루아침에 이루어지지 않는다는 것이다. 삶 속에서 하나님의 의가 드러나기 위해서는 많은 훈련이 필요하고 평강의 관계를 맺기 위해서도 많은 시간이 요구된다. 그뿐 아니라 모든 것이 희락의 열매로 거두어지기 위해서도 마찬가지다. 인간의 노력만으로 절대 이루어지지 않는다. 그래서 17절은 "오직 성령 안에"라고 한다. 사람들이 성령 안에 있을 때에만 사랑의 바탕 위에 설 수 있고 의와 평강과 희락을 이룰 수 있고 그때 비로소 사람들이 두 발로 서 있는 그곳이 하나님의 나라로 확장되어 갈 수 있는 것이다. 이렇게 의와 평강과 희락을 이뤄가는 사람들이 만들어가는 하나님 나라는 진정한 의와 평강과 희락으로 가득 차게 될 것이다. 달리 말하면 하나님의 나라는 의와 평강과 희락을 누리는 사람들로 세워진다.

    하나님의 나라를 이뤄가려고 역동적으로 수행하는 '공공신학에 기초한 복지선교' 실천에서 가장 핵심이 되는 요소는 성령님의 임재하심과 함께하심이다. 성령님이 역사하시는 복음은 신자들이 세상 곳곳에 퍼져서 그들이 가난하고 소외된 사람들을 대하는 방식을 바꿔 놓고, 갇힌 자를 해방시키며 하나님의 형상으로 지음받은 모든 사람의 가치와 평등을 열정과 헌신으로 추구하게 한다. 동시에 하나님의 피조물을 돌보는 선한 청지기로서의 책임을 장려하고, 교회 공동체 내의 가족들뿐만 아니라 주위 사람들과 사회적 약자들, 전 세계의 취약한 사람들을 자신의 이웃으로 '재정의'하게 한다.

결국 **하나님 나라를 확장해가는 '공공신학에 기초한 복지선교' 실천은 사람과 세상의 존재 방식 자체를 바꾸어 놓는다.** 힘없는 이웃과 친밀하게 연결됨을 예수님과 만나는 기쁨과 동일시할 수 있기까지 이끈다. 하나님 나라의 복음은 사람들의 삶과 그들의 사회 모두를 변혁시킨다. **'공공신학에 기초한 복지선교'는 그 하나님 나라의 복음으로 충만한 사람들의 존재 방식이자 삶 그 자체**다.

하나님 나라를 지향하는 공공신학적인 복지선교의 모범: 남서울은혜교회

홍정길 목사가 담임으로 목회했을 때의 남서울은혜교회 사례는 본 장에서 제시하는 하나님 나라를 지향하는 공공신학적인 복지선교의 모범이라 할 수 있다. 공저자 중 한 사람인 이준우(2017)[12]가 쓴 <장애인과 함께 가는 교회>에 의하면, 남서울은혜교회는 훌륭한 담임목사(홍정길)와 그를 돕는 신실한 부교역자들, 그리스도인으로서 말씀대로 바르게 살려고 노력하는 교인들, 이 삼박자가 어우러져 아름다운 교회 공동체를 이루었다.

---

[12] 이준우(2017)는 1997년 10월부터 2012년 12월까지 남서울은혜교회에서 교육목사, 부목사, 협동목사로 사역하면서 남서울은혜교회의 다양한 활동 및 사역의 방식을 심도 있게 관찰하고 경험할 수 있었다.

담임목사의 성서적 목회 철학과 '한 영혼 한 영혼'을 향한 사랑과 구령의 열정은 뜨거웠다. '장애인과 함께 하는 교회'를 지향하며 지역사회와의 적극적인 소통과 설득 그리고 순전하게 세상을 섬기려 했던 목회 모습은 교인과 세상 모두를 감동시켰다. 6천여 명의 교인이 모여 예배하는 큰 교회였지만 교회 소유의 부동산은 거의 없는 교회, 하지만 교회 안에는 장애인과 비장애인이 함께 일하는 멋진 빵집과 커피숍이 있었다. 한해에 100여 회의 음악회가 열리며 장애인들을 지원하기 위한 공연이나 무대에 설 기회를 가지지 못했던 장애인과 무명의 예술인들을 위한 다채로운 행사도 진행되었다. 미술 전시회가 1년 365일 내내 있는 교회이기도 했다(이나경, 2012: 7).

동일한 공간인데, 월요일부터 토요일까지는 주로 자폐성 장애인들을 위한 특수학교인 밀알학교가 되며 주일에는 남서울은혜교회의 예배와 교회교육의 현장이 되었다(남서울은혜교회 10주년 특별위원회, 박영숙, 2006). 72개의 교실에는 언제나 가르침과 배움이 있었다. 일주일 내내 지역사회 주민들이 자유롭게 이용하는 교회일 뿐만 아니라 600여 명의 장애인이 비장애인들과 함께 공동체를 이룬 교회였다. 장애인을 대상으로 인생에 도움이 되는 신앙교육과 상담, 치유 프로그램을 준비해서 실행하는 교회였다. 지역주민들로부터 늘 칭송받는 교회이기도 했다.

남서울은혜교회는 자폐성 장애학생들을 위한 특수학교가 턱없이 부족했을 때, '사회복지법인 밀알복지재단'과 협력하여 '밀알학교'를 설립하고, 그 모든 것을 재단에 기부한 교회, 그리고는 정작 교회는 매 주일마다 밀알학교의 공간을 빌려서 예배를 드렸다. 목회의 최우선 가치가 '장애인과 함께 하는 교회'였기에 장애인선교단체인 '한국밀알선교단'과 협력하여 '장애인과 비장애인의 통합예배', '통합적 신앙교육', 다양한 '영성 활동의 통합적 접근' 등을 개발해서 공유했다. 특히 '밀알복지재단'과는 장애인의 자립적인 삶을 실현하기 위한 구체적인 직업재활 사업들을 선구적으로 발굴하여 실행했다. 굿윌 사업과 밀알장애인사업장, 강남구직업재활센터 등 한국의 장애인복지실천 현장에서 획기적인 것으로 평가 받았던 일들을 일구어 내었다. 더욱이 장애인의 권리를 교회 내에서부터 확고하게 보장하는 것을 하나님의 뜻으로 알고, 당사자 중심의 장애인 사역의 가치를 실현하려고 애썼던 교회였다(이준우, 2017).

바로 이런 면에서 '사회복지법인 밀알복지재단'과 대표적인 장애인선교단체인 '사단법인 한국밀알선교단'을 헌신적으로 뒷받침하면서 동시에 자체적인 장애인 '복지목회와 복지선교'[13]를 수행하는 '남서울은혜교회의 장애인 사역' 사례(남서울은혜교회 장애우위원회, 이준우, 2008: 14-20)는 한국교회가 한국사회로부터 낙인찍힌 부정적인 모습들을 어떻게 극복할 수 있는지에 대한 실질적인 함의를 제공해 준다. 더욱이 충분히 교회 단독으로도 장애인 사역을 할 수 있음에도 보다 더 잘 할 수 있는 전문 기관과 연계 협력하여 효과적이면서도 효율적인 최상의 장애인복지선교를 구현하고자 혁신적인 사역을 실행했다는 점에서 남서울은혜교회 사례는 한국 장애인복지선교 현장에 시사하는 바가 크다. 즉, 남서울은혜교회와 '사단법인 한국밀알선교단' 및 '사회복지법인 밀알복지재단' 간의 상호협력에 기초한 다양한 장애인 사역들은 하나님 나라를 지향하는 공공신학적인 복지선교 실천의 모범이 되기에 충분하다.

한국교회의 일반적인 경향은 개교회가 독자적으로 사역을 하는 것이지만 남서울은혜교회의 경우는 전문적인 장애인선교와 복지를 수행하고 있는 선교단과 복지재단과의 연계를 기반으로 하였다. 그 결과, 교회는 자체의 선교단과 복지재단을 설립할 막대한 경비를 절약할 수 있었고, 선교단과 복지재단은 안정적으로 물적·인적 자원을 지원받을 수 있게 되었다. 특히 '사회복지재단'과 종교기관인 '교회 및 선교단'이 연계한다는 것은 한국적인 상황에서는

[13) 여기서의 '복지선교'는 '복음전도+사회봉사 및 사회참여'를 말하며, '복지목회'는 '지속적인 돌봄(care)+양육'으로 정의된다(이준우, 2014).

매우 이례적이라 할 수 있다. 무엇보다도 상호연계와 협력이 각각의 기관들 사이에서 활발하게 이루어지기 위해서는 상생과 나눔, 그리고 조화를 소중하게 생각하는 가치가 뒷받침되어야 한다. 소유의 방식에서 공존의 방식으로의 전환을 이뤄낼 수 있는 연계 활동을 현실화시킬 수 있는 능력이 담보되어야 한다(이준우, 2019a).

일반적으로 개교회 중심적인 목회 형태로 고착되어버린(이준우, 2014: 18-52) 한국 교계의 풍토 속에서 '남서울은혜교회'가 '교회-선교단-복지재단' 간의 상호연계와 협력을 기반으로 하는 장애인복지실천을 시작하고, 적극적으로 수행할 수 있었던 원동력은 홍정길 담임목사의 목회 철학의 독특성에 있었다. 홍정길은 단 한 번도 공공신학이라는 말을 하지 않았지만 그의 생동적인 목회 가운데에서는 공공신학의 가치와 원칙이 면면히 흐르고 있었다. 이준우(2017)가 발굴하여 제시한 홍정길 목사의 주일 예배 설교에서 그의 공공신학적인 시각을 풍성하게 발견한다. 이는 앞서 언급했던 존 드 그루시(Gruchy, 2007: 26-41)가 주장한 '공공신학의 실천적인 일곱 가지 원칙'과도 부합한다.

"… 밀알학교가 준공되었습니다. 그 많은 헌신과 눈물의 사연이 깊이 깔려 있는 바로 그 위에 아름답게 지어졌습니다. 그래서 우리는 너무 많은 일을 해 놓은 것처럼 포만감에 젖어 있습니다. 마침내 해내고야 말았다는 기쁨과 감격에 가득 차 있습니다. 모든 결론이 났고, 우리의 최선이 열매로 맺어졌다고 스스로들 감탄하고 있습니다. 그러나 이것은 결코 끝이 아닙니다. 끝이 아니라 새로운 시작입니다. 하나님의 영광스런 부름을 향해서 높이 뛰어야 할 도약대 하나를 마련한 것에 불과합니다. 이 땅에서 자폐성 장애로 고통받는 무수한 사람들이 치유되고, 하나님을 만나고, 하나님의 형상을 회복하는 영광스러운 일에 밀알학교가 사용되어야 할 것입니다. … 중략 … 장애인들의 고통 너머를 자세히 살펴보면 그 장애인들과 함께 사는 부모들의 깊은 비탄이 있습니다. 가족들이 소리 없이 흘리는 눈물이 있습니다. 이곳 밀알학교는 바로 그들의 한숨과 눈물을 씻어

주는 장소가 되어야 합니다. … 중략 … 이 땅에서 장애 때문에 고통받는 무수한 장애인들에게 구주되시는 예수님이 드러나는 장소가 되어야 합니다. 이곳 밀알학교에 오면 예수님의 사랑이 어떤 것인가, 예수님의 공의로우심이 얼마나 놀라운가를 몸 전체로 배우게 되어야 합니다. 여기까지 참 잘 왔습니다. 그리고 주님께서는 앞으로도 잘 가게 해 주실 것입니다. 아직도 우리에게 그 종점은 멀고 가야할 길은 많이 남았지만 우리가 하나님 앞에서 밀알학교를 바른 학교로 세워갈 때, 이 땅의 다른 장애인들이나 다른 장애인시설들이 아름답게 자라나는 계기가 될 것입니다. 또 사회가 섬겨야 할 대상 중에 귀한 섬김의 대상인 장애인들을 향해 한국교회가 앞서 달려 나가는 새로운 전기를 마련할 것입니다(1997년 7월 14일 밀알학교 건물 준공 후 기념 주일예배 시 홍정길 목사의 설교 내용 녹취 일부)."

"남서울교회를 개척하고 얼마 되지 않아 교인들 중에 자폐 아이를 키우는 가정이 있다는 것을 알았습니다. 그 분들의 삶이 얼마나 힘든지 알게 되었습니다. 자폐 아이의 부모들은 지옥 같은 생활을 할 때가 종종 있습니다. 그들의 안타까운 모습을 지켜보면서 늘 어떻게 도와야 하나 고민했습니다. 한 엄마는 이렇게 기도했습니다. '하나님, 내가 숨이 끊어지기 전에 우리 아이부터 먼저 데려가 주세요.'라고 말입니다. 제발 이 기도만은 그치게 해달라고 기도했습니다. 그러면서 특수학교를 만들어야겠다는 소망을 가지게 되었습니다. 그리고 소망은 이제 우리 눈앞에 현실로 주어졌습니다. 모든 일이 하나님의 은혜입니다. 남서울교회에서부터 지금 남서울은혜교회까지 우리는 예배드리는 공간을 포함해 어떤 부동산도 소유하지 않으며 교회 안에 어떤 단체도 갖지 않는다는 원칙을 가지고 있습니다. 수십 년 목회를 하다 보니 소유가 있는 곳에 갈등과 반목, 다툼이 있다는 것을 알게 되었습니다. 가지니까 싸우는 겁니다. 교회는 평안과 평화의 전당이어야 합니다. 가지기를 두려워해야 합니다. 무엇이든 소유하면 소유의 노예가 됩니다. 무엇이든 시작해서 어느 정도 커지게 되면 나누어 흘려 보내야 합니다.

우리가 예배당을 짓는 대신 특수학교를 하나님 앞에 드리면 하나님께서는 너무도 기뻐하실 것입니다. … 중략 … 그리고 학교의 운영은 전문가들이 해야 합니다. '밀알'은 참 소중합니다. '밀알'에서 학교를 잘 운영하도록 우리가 도와야 합니다. … 중략 … 매주일 예배드리기 위해 의자를 깔아야 하고, 예배가 끝나면 월요일부터 공부하게 될 우리 학생들을 위해 의자를 다시 정리해야 합니다. 번거롭고 불편합니다. 하지만 불편하게 사는 것이 축복입니다. 크리스천은 손해 볼 줄 아는 사람입니다. 주님도 그러셨잖아요. 이사야 53장 5절에 '그가 징계를 받으므로 우리는 평화를 누리고 그가 채찍에 맞으므로 우리는 나음을 받았도다.'라고 나옵니다. 크리스천에게는 그런 희생이 필요합니다. 그러므로 불편하게 사는 것이 좋습니다(1997년 11월 2일 밀알학교에서 진행된 주일 예배 시, 홍정길 목사의 설교 내용 녹취 일부)."

홍정길 목사의 설교 속에 내재된 목회 철학은 분명 **공공신학이 강조하는 공존과 공생, 공감의 가치와 상통**한다. 복지선교 실천의 토대가 되는 공공신학을 정리하는 작업이 왜 중요한지를 목회자의 목회 가치와 원칙이 실제 목회로 구현되는 현상을 통해 확인하게 된다. **담임목회자의 목회 이념이 목회 실천으로 현실화될 때, 그것은 세상을 변혁시키는 강력한 힘이 된다.** 남서울은혜교회가 실증적으로 보여주었다.

세상에서도 쉽지 않다고 단정했던 장애인과 비장애인의 통합 예배, 통합 신앙교육, 통합 목장활동, 지역사회 주민과의 사회적 통합을 향한 교회 공간 개방 등등 … 통합 목회와 지역사회와의 능동적인 소통과 사회통합을 향한 적극적인 활동들이 장애인복지선교라는 도구에 의해 멋지게 실현되었다. 전문적이고 모범적인 선교단체와 사회복지재단과 상호연계 협력하여 이 모든 복지선교 실천이 최대한의 효과성과 효율성을 발휘하여 성공할 수 있었던 핵심 요인은 무엇인가?

바로 홍정길 담임목사의 사람과 세상을 향해 열린 사고와 행동이었다. 그는 장애인을 향한 긍휼 사역을 그리스도인들이 지금 이 시대에 지향해야 할 공동의 선이라고 확신했다.

그래서 그는 기독교 전통에 익숙하지 않은 사람들도 충분히 접근할 수 있고 그 자체로 설득력 있는 공통의 이슈를 '자폐성 장애인들을 위한 특수학교인 밀알학교 설립'으로 설정하였다. 밀알학교를 설립하면서 **그의 설교와 그리스도적인 메시지는 공공영역에서 사랑과 섬김의 언어로 힘을 발휘했다.** 지역주민의 반대를 이겨낼 때도 강력한 언어적 논리가 그의 설교에서 뿜어져 나왔다. 어느 누구도 그의 설교를 종교적인 말이라고 하지 못했다.

특수학교가 절대 부족했던 한국의 특수교육과 사회복지의 현실에서 교회 자원을 중심으로 해서 헌신된 밀알학교의 설립은 **신자와 불신자 모두에게 공동의 관심사를 표현하는 언어적 메시지로 작용**하였다. 이는 당시 한국의 공공적인 교육과 사회복지 정책 및 문제에 대한 정보를 꿰뚫고 있었던 의제를 가장 그리스도적으로 해결하려는 노력이 되었다. 홍정길의 목회신학은 사회적 약자까지도 포용하는 '한 영혼의 소중성'을 추구하는 데에 집중하면서 특수교육과 사회복지 분야의 전문가들과도 연계하여 탁월한 목회 전략과 방법들을 활용하는 것으로 이어졌다.

당연히 남서울은혜교회는 장애인 당사자의 교육적·사회복지적·영적 권리를 보장하려는 데에 모든 사역을 집중하였다. 그러면서 동시에 '공 예배'부터 장애인 차별이 일어나지 않도록 최선을 다했다. 소수의 청각장애인을 위해 '공 예배' 때, 수어통역서비스를 제공하였으며 시각장애인을 위한 점자성경 준비 및 음성지원서비스를 1997년 밀알학교 설립과 함께 혁신적으로 실행하였다. 지체장애인들을 위한 평일 활동지원서비스도 이 시기에 이뤄졌다. 현재 활동지원서비스가 시행되기 전이었음을 감안하면 정말 파격적인 사역이라 할 수 있다. 나아가 장애인 당사자의 주체적인 자립을 향한 장애인 권리 보장이 이뤄지기 위해 교회의 표어 자체를 '장애인과 함께 하는 교회'로 천명하였다. 이는 더 이상 교회가 장애인을 시혜적이거나 자선적인 대상으로 보지 않고, 비장애인과 함께 예배하고 신앙 생활해야 할 동등한 주체임을 명시한 것이었다.

하나님의 은혜와 '공공신학에 기초한 복지선교' 실천

제 2 장
공공신학과 복지선교

[제2장]

하나님의 은혜와 '공공신학에 기초한 복지선교' 실천

오늘날 세상은 자본을 중심으로 움직인다. 인류는 고단하다. 이윤 극대화가 목적인 자본의 생산 기제에 따라 노예처럼, 기계처럼 일하며 사느라 마음과 몸이 소진된다. 아이러니하게도 이렇게 지친 심신을 치유하고 위로하느라 또다시 유·무형의 상품을 소비한다. 결과적으로 자본이 이윤을 창출할 기회를 다시 제공한다. 인간은 생산을 통해서만이 아니라 소비를 통해서도 자본을 지탱하느라 미친 듯이 열심히 산다. 살아남기 위해 견뎌야 하는 과로와 스트레스 그리고 아무리 노력해도 안 된다는 허무감과 좌절감이 우울과 불안의 모습으로 사람들에게 닥쳐온다. 비인간화와 인간부재, 인간의 존엄성이 훼손되거나 유린되는 경우가 자본의 유무에 따라 비일비재하게 일어난다. 심지어 인간의 생명까지도 자본의 논리 앞에서는 후순위로 밀려난다.

예수님께서 선포하고 실천하신 하나님 나라 복음의 핵심은 사람과 세상의 생명을 살리는 것이다(이준우, 2024a). 그러므로 교회가 마땅히 선포하고 실천해야 할 '생명의 복음'이 하나님의 은혜로 세상에 널리 전해져야 한다. 교회는 이 생명의 복음을 새롭게 하고 모든 시대와 문화에 속한 사람들에게 이 '복된 소식'을 전해야 한다. 교회의 선교적 사명은 '생명의 복음'을 하나님의 은혜의 통로를 통해 세상에 전하는 것이다. 생명이 있는 모든 피조물과 더불어 특히 하나님의 형상으로 지음 받은 인간은 충만한 생명으로 부르심을 받았다. 충만한 생명이란 바로 하나님의 생명을 하나님의 은혜 가운데에 나누어 받는 것이다(윤철호, 2019: 255).

하나님은 우주의 창조주이시다. 하나님은 신자와 교회만의 하나님이 아니다. 하나님은 교회는 말할 것도 없고 교회 밖의 세상 한 가운데로 나아가 역사하신다. 온 세상의 주관자이신 하나님은 근본적으로 '은혜의 하나님'이시다(Stackhouse, 1991; 1997). 이 하나님의 은혜가 세상의 모든 영역을 이끌어가는 궁극적인 힘이 된다. 하나님의 은혜는 사람과 세상을 변화시키도록 교회와 그리스도인들에게 힘을 부여하는 하나님의 능력이 발휘됨으로 나타난다(Volf, 2011).

그런데 교회는 사람과 세상을 변화시키는 힘을 잃어버렸다고 비난받고 있다. 오랫동안 교회생활을 해도 삶의 목적이나 가치관, 정직성, 성품, 태도, 행동 등 인간을 구성하는 중요한 부분들에는 뚜렷한 변화가 없어서 세속의 사람들과 별 차이가 없다는 것이다. 오히려 탐욕스럽고 독선적이며 더 나아가 위선적이라는 평가와 함께 안티커뮤니티가 확대되어가는 양상을 목격하고 있다. 세상을 바꾸기는커녕 오히려 세상의 근심걱정거리로 교회가 전락한 것 아니냐는 모욕적인 비난을 받기도 한다(이준우, 2014; 2019a; 2024a).

이 세상과 세상 속에서 살아가는 사람들에게는 하나님의 은혜가 필요하다. 하나님의 은혜로, 사람이 예수를 믿고 거듭나서 하나님의 자녀로 태어나고[14] 성령으로 충만하여

---

14) 요한복음 1장 12절 "영접하는 자 곧 그 이름을 믿는 자들에게는 하나님의 자녀가 되는 권세를 주셨으니"

예수 그리스도의 인격과 성품으로 성장하면15) 하나님의 형상으로 지어진 참 인간을 회복하여 예수의 삶을 살아가게 될 것이다. 이상적인 교회는 이런 사람들이 모여 이루어진 또는 이루어가는 공동체이다. 이러한 공동체는 예수가 인격적으로 경험되는 공동체이며 하나님 나라의 기쁨과 감격이 경험되는 공동체다(유장춘, 2009). 오늘이라는 역사적 현장에 공동체로서 다가오신 예수를 통해 사람들은 하나님을 만나고 하나님의 나라를 경험하게 되는 것이다. 이러한 공동체야말로 공공신학적인 복지선교가 지향하는 이상적 복지사회라 말할 수 있다.

하나님의 은혜에는 두 가지 측면이 있다(김세윤, 2020). 첫째, 은혜는 구원받은 자녀들을 향하신 하나님의 능력, 즉 그리스도의 구속을 실행하신 하나님의 능력으로 말미암은 '칭의'와 '죄 사함'의 사역이다. 그러므로 그리스도인의 삶과 모든 행위는 예수 그리스도의 은혜에 기초하고 있다. 둘째, 은혜는 믿음의 사람 안에 있는 하나님의 능력, 즉 성령을 통하여 믿는 사람들을 회개하도록 만드시고 변화시키실 뿐만 아니라 성화의 길로 나아가게 만드시는 것이다. 믿는 사람들 안에 계시는 하나님의 능력으로서의 은혜는, 믿음의 사람들로 하여금 스스로의 힘으로는 할 수 없는 것들을 할 수 있도록 힘을 공급해준다. 성령은 믿는 사람들로 하여금, 공적 영역에서 적극적인 활동을 수행하는 것을 포함하여 하나님의 지혜를 발휘할 수 있도록 능력을 주신다. 왜냐하면 은혜는 "의로 말미암아 왕 노릇함으로써 영생에 이르게

---

15) 에베소서 4장 13절 "우리가 다 하나님의 아들을 믿는 것과 아는 일에 하나가 되어 온전한 사람을 이루어 그리스도의 장성한 분량이 충만한 데까지 이르리니"

(로마서 5장 21절)"하기 때문이다.

그래서 은혜는 하나님께서 그리스도를 통하여 행하신 일을 믿는 사람들도 자신이 처한 현실 속에서 행해야 할 것을 요구한다. 그리스도인은 그리스도 안에 나타난 하나님의 능력을 의지해야 한다. 믿음의 사람들은 그리스도의 죽음이라는 엄청난 대가를 치루고 은혜를 받았기 때문에, 이 은혜는 믿는 사람들의 모든 인간관계 속에서 구체적으로 나타나야 한다. 당연히 공공 영역에 참여하는 그리스도인의 활동은, 구원 사역에 나타난 하나님의 은혜에 관한 성서의 가르침에 기초한다. 그리스도인의 공적 활동은 십자가와 함께 실현된 구속의 사건과 함께 시작된다.

은혜의 사회적 책임성

은혜를 받는다는 것은 그만한 책임이 따른다는 것을 의미한다. 아모스 3장 2절을 보자.

"내가 땅의 모든 족속 가운데 너희만을 알았나니 그러므로 내가 너희 모든 죄악을 너희에게 보응하리라 하셨나니"

이스라엘을 이집트로부터 구출해내신 하나님의 은혜는 빈번하게 사회적으로나 경제적으로 힘없는 사람들에게 정의를 구현하라는 명령의 근거로 언급된다. 신명기 24장 17절과 18절도 보자.

"너는 객이나 고아의 송사를 억울하게 하지 말며 과부의 옷을 전당 잡지 말라. 너는 애굽에서 종 되었던 일과 네 하나님 여호와께서 너를 거기서 속량하신 것을 기억하라. 이러므로 내가 네게 이 일을 행하라 명령하노라."

이렇게 여호와 하나님께서 은혜로 정의를 베푸셨기 때문에 그들도 다른 사람들에게 정의를 은혜와 같이 베풀어야 했다. 신약에서도 이와 같은 구약의 정신을 고스란히 계승한다. 그리스도의 죽음과 부활을 통해 나타난 하나님의 특별한 은혜로 인해 그리스도인은 사회적 배제와 혐오, 억압과 불의를 개선하고 해소하는 일에 적극적으로 참여해야 했다. 특히 고린도후서 8장과 9장은 은혜의 사회적 성격을 제시한다. 고린도후서 8장 9절은 이렇게 기록되어 있다.

"우리 주 예수 그리스도의 은혜를 너희가 알거니와 부요하신 이로서 너희를 위하여 가난하게 되심은 그의 가난함으로 말미암아 너희를 부요하게 하려 하심이라."

구원의 자녀들을 사랑하신 하나님의 은혜는 가난한 사람들에게 은혜를 펼치는, 믿는 사람들의 공적 행위로 나타나야 한다는 것이다. 구체적으로 사도 바울은 그리스도인의 공적 사명으로 예루살렘 교회 안에 있는 가난한 자들을 위한 모금을 독려한다. 고린도후서 8장과 9장은 고린도에 도착해서 모금을 할 계획을 갖고 있었던 바울의 마음을 오롯이 드러내 준다. 그와 같은 바울의 심정은 고린도후서 8장 1절과 2절에 잘 나타난다. 바울은 마케도니아 여러 교회에 베푸신 주님의 은혜에 대해 말한다. "그들은 큰 환난의 시련을 겪으면서도 기쁨이 넘치고, 극심한 가난에 쪼들리면서도 넉넉한 마음으로 남에게 베풀었습니다."라고 했다. 즉, 바울은 자신이 전해준 복음을 받아들이고, 복음대로 살아가는 사랑하는 믿음의 제자들의 모습을 보면서 모든 그리스도인들이 이런 담백하고 조촐한 복을 누릴 수 있게 해달라고 간구했던 것이다.

이렇게 바울에 의하면 그리스도인들에게 베푸신 하나님의 은혜와 그 은혜를 받은 그리스도인이 가난한 사람들에게 제공하는 은혜는 동일한 구조와 성격을 갖고 있었다. 믿는 사람들이 제공하는 은혜가 하나님의 은혜와 동일한 내용의 것이어야 한다는 사실은 앞서 언급했던 고린도후서 8장 서두에 나타난다. 즉, 사도 바울은 마케도니아 교회들에게 주신 하나님의 은혜에 대하여 말했던 것이다(고린도후서 8장 1절).

이 은혜로 인해 마케도니아에 있는 그리스도인들은, 그들 자신도 환난의 많은 시련 가운데 있었음에도 풍성한 연보를 할 수 있게 되었다(고린도후서 8장 2절). 그들은 각자의 능력에 따라 하라는 사도행전의 말씀보다도 초과하여, 그들의 능력 이상으로 넘치도록 헌금하였다. 그들은 사도 바울에게 모금 계획에 자신들도 참여시켜줄 것을 간절히 요구하였다(고린도후서 8장 4절). 그들은 "이 은혜와 성도 섬기는 일에 참여"하도록 간절히 기도했다. 하나님께서 그들에게 은혜를 베푸셨으며, 그들은 은혜에 동참함으로써 가난한 사람들의 물질적 필요를 채우기 위한 헌금에 동참하였던 것이다.

주는 자와 받는 자, 은혜를 베푸는 자(하나님)와 은혜를 받는 자(그리스도인들) 모두에게 은혜라는 단어가 사용되었다. 은혜를 베푸는 자의 은혜는 선물이었으며 그 은혜를 받는 자의 은혜는 감사였다. 이때, 그리스도인에게 있어서의 은혜는 하나님의 능력이었다. **하나님의 은혜가 그리스도인들 안으로 흘러 들어갔고, 그것은 다시 그들이 가난한 사람들에게 은혜를 제공하는 행위로 환원**되었다. 하나님의 은혜로운 행위는 단순히 그리스도인들의 단회적인 반응을 자극하는 것이 아니라 그들이 지속적으로 반응하여 그 반응이 삶의 존재 방식으로 자리 잡을 수 있는 능력까지 창출하였다. 하나님의 은혜로운 행위는 믿음의 사람들이 반응을 보여야 하는 이유가 됨과 동시에 은혜가 일상화되고 생활양식으로 고정화된 반응이 될 수 있는 능력도 되었다.

그리스도인들에게 하나님의 은혜가 넘쳐났고, 동시에 그 풍성한 은혜로 인해 모든 선한 행동들이 지속적으로 나타났다. 이 은혜는 하나님이 주신 은혜였다. 더 나아가 그들의 후한 연보를 받은 가난한 사람들은 그들에게 베푸신 "하나님의 지극한 은혜를 인하여" 그리스도인들을 호의적으로 여기게 되었고, 마침내 그리스도인의 삶을 동경하였다. 결국 그 은혜는 하나님께서 주시는 것이지만 가난한 사람들은 그것을 고린도 교인들의 헌금을 통하여 발견하였다. 그들이 나눠주고 제공할 수 있는 자원들은 하나님께서 공급하셨다(고린도후서 9장

10-11절). 사실상 모금하는 일에 하나님께서 직접 개입하여 활동하신 것이다. 은혜의 원천 되신 하나님께서 은혜를 창출하셔서 은혜의 과정(모금)을 이끄신 후 그 은혜가 필요한 사람들에게 은혜로 제공(지원)되게끔 하셨다.

은혜의 특권과 의무

바울은 갈라디아서 6장 6절에서 "가르침을 받는 자는 말씀을 가르치는 자와 모든 좋은 것을 함께 하라."고 하면서 10절에 나오는 대로 "그러므로 우리는 기회 있는 대로 모든 이에게 착한 일을 하되 더욱 믿음의 가정들에게 할지니라."는 말씀으로 그의 권면을 마친다. 여기서 "착한 일을 한다."는 말은 다른 사람들을 도와주는 구체적인 행위들을 의미한다. 바울은 기독교공동체 안에서, 특히 말씀을 전하는 사람들에게 '타인을 돕는 착한 일을 할 것'을 권면한다. 더욱이 10절의 전반부에 제시된 것처럼 사랑은 '모든 이'를 향한 것이었다. 이렇게 교회의 특별한 필요를 '사랑을 실천하는 행위'로 강조한 것은 사회 전체를 향한 그리스도인의 책임을 전제한다.

이와 같이 하나님의 은혜를 받고 누리는 그리스도인들은 그리스도 안에서의 형제자매를 사랑해야 할 뿐만 아니라 교회 밖의 세상과 세상 사람들도 사랑해야 할 책임이 있다. 데살로니가전서 3장 12절의 "또 주께서 우리가 너희를 사랑함과 같이 너희도 피차간과 모든 사람에 대한 사랑이 더욱 많아 넘치게 하사"와 데살로니가전서 5장 15절의 "삼가 누가 누구에게든지 악으로 악을 갚지 말게 하고 서로 대하든지 모든 사람을 대하든지 항상 선을 따르라."고 하신 말씀에 그리스도인들은 주목해야 한다. 즉, 그리스도인들은 자신들과 가까우며 또한 그리스도인들을 의지하고 있는 사람들을 특별히 사랑해야 함과 동시에 모든 세상 사람들에 대해서도 동일하게 사랑해야 할 책임을 가진다.

　하나님의 은혜를 받은 사람들은 하나님께서 그리스도인들을 위하여 행하신 것처럼 그리스도인들이 선을 행해야 하는 사람, 즉 연약하고 압제받고 궁핍한 사람들에 대해 긍휼과 공감의 태도를 견지해야 한다. 무엇보다도 그리스도인들은 예수 믿기 이전의 과거 자신의 처지를 기억해야 한다. 즉, 로마서 5장 6절의 "우리가 아직 연약할 때에 기약대로 그리스도께서 경건하지 않은 자를 위하여 죽으셨도다."라는 말씀을 잊어서는 안 된다.
　예수 그리스도를 믿고 구원의 자녀가 되면 죄로 인해 끊어졌던 하나님과의 관계가 회복된다. 그때 믿음의 사람들은 하나님의 은혜 안에 들어간다. 로마서 5장 2절 상반 절이다. "또한 그로 말미암아 우리가 믿음으로 서 있는 이 은혜에 들어감을 얻었으며" 은혜가 믿는 사람들에게 임한다고도, 주어진다고도 하지 않고, 아예 은혜 속에 믿는 사람들이 들어간다고 기록되어 있다. 구원받은 사람들이 은혜의 영역 안에 거하는 것이다. 그래서 그리스도인은 은혜의 세계 속에 살고 은혜의 삶을 살아야 한다.
　하나님으로부터 은혜를 받는다는 것은 주님의 말씀이 구원받는 사람들에게 주어지는 것을 뜻한다. 그 말씀이 믿는 사람들의 심령 속에 들어올 때 그 말씀의 의미에 눈이 뜨이게 된다. 이것이 바로 은혜다. 말씀은 생명이고, 구원이다. 말씀과 믿는 사람의 관계가 깊어지면 깊어질수록, 바로 그 믿음의 사람이 살아내는 삶을 통해 말씀이 성육신된다. 말씀이 육신을 입고 거룩한 삶으로 드러나게 된다. 말씀이 믿음의 사람을 계속 변화시켜 그 삶이 예전보다 더 진지해지고, 더 거룩해지고, 더 실재가 되어 간다. 그 결과, 보이는 것만이 아니라 보이지 않는 것까지도 바라보게 된다.
　또한 은혜를 받았다는 것은 하나님으로부터 칭찬과 격려를 받았음을 의미한다. 인간은 누구나 진정으로 자신을 성찰하면 절망할 수밖에 없다. 자기 자신을 잊고 살아갈 때는 스스로 그럴듯해 보이지만 말씀을 펴놓고 자기 속을 들여다보면 썩고 어둡고 흉측한 것뿐임을 깨닫게 된다. 그런데 이와 같은 인간들을 하나님께서 격려해 주신다. 이것이 하나님의 은혜다.

그래서 은혜를 받은 사람에게 하나님께서 주시는 특권과 의무는 로마서 5장 2절 하반 절이 가르쳐 준다. "하나님의 영광을 바라고 즐거워하느니라." **은혜를 받는다는 것은 위로부터 임하는 하나님의 영광을 누릴 수 있는 특권이 주어지고 더불어 하나님의 영광을 삶 가운데 드러내야 할 의무가 생기는 것**이다. "하나님의 영광을 바라고"라는 말은 미래에 하나님의 영광이 도래하는 것을 간절하게 바란다는 의미다. 그리고 "즐거워하느니라."는 현재에 하나님의 영광을 마음껏 누린다는 의미다. 즉, 삶 속에서 현재에도 하나님의 영광을 보고, 또 미래로부터 계속 다가오는 하나님의 영광을 보는 것이다. 은혜의 세계로 들어가게 되면 믿음의 사람이 보는 도처에서, 만나는 모든 일에서 하나님의 뜻이 보이기 때문이다. '영광'에 해당하는 헬라어 '독사(δόξα)'는 언제든지 좋은 방향으로 계획되고 이루어지는 '뜻'을 의미한다. 무슨 일을 당하든지 그 속에서 하나님의 선하신 뜻이 보이는 것이다.

이와 같은 그리스도인들에게 베풀어주신 하나님의 이 은혜로 인해 그리스도인들은 위선이나 미워하는 마음이 없이 궁핍한 사람들, 연약한 사람들을 돌보게 된다. 만일 하나님께서 그리스도인들을 대하는 것과 같은 차원으로 그리스도인들이 가난한 사람들을 바라본다면, 그들의 가난은 자업자득이고 그에 따라 고난 받아 마땅하다는 편견에 가득 찬 생각은 더 이상 가질 수 없게 된다.

그리스도인의 존재 가치가 '예수 그리스도 안에서의 하나님의 행위에 근거하는 것'이라면, 가난한 사람들보다 그리스도인들이 우월하다는 주장은 절대로 할 수 없게 된다. 바울에 따르면 그리스도인들 '한 사람 한 사람'은 비참한 상태로부터 구원을 받은 사람들이다. 하나님의 은혜는 이 사회 안에서 그리스도인들이 계급, 인종 및 성별에 따르는 기득권을 누리기 위하여 그것들을 합리화하려는 노력을 포기하도록 한다. 이 **은혜를 받은 사람들은 사회문화적 상황과 경제, 정치 등 세상의 삶에 대한 새로운 의식과 관점을 갖게 된다**. 그리스도인들은 더 이상 자신이 속한 사회 계층의 이익만을 대변하지 않게 된다.

하나님의 은혜로 이뤄지는 공공신학적인 복지선교의 생명 지향성

그리스도인들이 하나님의 은혜를 깨닫고 그 은혜를 세상 가운데에 복지선교로 펼쳐갈 때 하나님께서는 사람과 세상을 선하게 이끄심으로 풍성한 은혜를 더해 주신다. 성서는 하나님의 은혜가 임하면 선한 삶 속에 거하게 됨을 증거한다. 로마서 12장 9절 하반 절의 "선에 속하라."고 권면하신 그 말씀에서 과연 선한 삶이란 무엇인지를 생각하게 된다. 흔히 선한 삶은 단지 좋은 삶이라고 여겨진다. 실제로 세상은 좋게 보이는 것을 굉장히 중요하게 생각한다. 빛나는(?) 피부와 매력적인 외모, 값비싼 머리 손질, 확실한(?) 지방 제거와 돈 들인(?) 성형 등이 부각된다. 미모와 아름다운 외관을 높이 평가한다. 또한 이 세상은 좋은 느낌을 추구한다. 쾌감을 즐기려고 한다. 기분을 좋게 만들어 주는 것이면 어떻게든 그것을 하려고 한다. 돈이 많은 것도 좋은 삶으로 본다. 돈을 소유하는 것이 높이 평가된다. 돈이 많은 사람이 선호된다.

하지만 이렇게 세상에서 말하는 좋은 삶을 성서는 선하다고 보지 않는다. 성서는 '선함으로, 즉 선하고, 선을 행하는 것으로' 가득 찬 삶이 진정으로 행복하고 좋은 삶이라고 말한다. 선한 사람이 되어 선한 세상을 만들어가는 삶을 성서는 강력하게 요구한다. 창세기 1장은 하나님이 천지를 창조하신 내용을 기록하고 있다. 하나님은 자신이 창조하신 모든 것을 보시고 그것들이 보시기 좋았다고 말씀하셨다. 그 이유는 창조 세계가 하나님이 그것을 창조하신 목적을 성취했기 때문이다. '선'은 목적을 성취하는 것을 의미한다. 즉, 하나님이 우리에게 의도하신대로 된 상태를 말한다.

하나님은 목적을 가지고 인간들을 만드셨다. 하나님이 인간들을 향해 의도하신 대로 살아갈 때, 그 삶은 의미 있는 삶이 된다. 하나님이 인간들에게 하게 하신 일을 인간이 할 때, 인간은 진정한 행복을 누리게 된다. 그렇다면 하나님은 어떤 선한 일을 위해 인간들을 창조하셨는가? 에베소서 2장 10절은 "우리는 그가 만드신 바라 그리스도 예수 안에서 선한 일을 위하여 지으심을 받은 자니 이 일은 하나님이 전에 예비하사 우리로 그 가운데서 행하게 하려 하심이니라."고 말한다. '선한 일'이란 '하나님이 전에 예비'하신 일이다. 하나님께서는 창세전에 모든 인간들의 삶에 목적을 두셨다. 인간들로 하여금 하나님의 그 목적 속에서 살아가게 하시는 하나님의 계획이 바로 '선한 일'이다. 인간들은 선한 일을 '통해' 구원받은 것이 아니라 선한 일을 하기 '위해' 구원받은 것이다. 그리스도인의 삶의 방식은 선함의 방식이어야 한다(김세윤, 2020).

그렇다면 왜 선해야 하는가? 선한 삶의 방식을 통해 어떤 유익을 얻게 되는 것인가? 선한 삶을 살 때, 건강한 자존감을 가지게 된다. 선을 행하고 선한 사람이 될 때 인간들은 자신에 대해 좋은 느낌을 받게 된다. 그 이유는 하나님이 창조하신 목적대로 행하고 있기 때문이다. 그 느낌은 이기적인 쾌락을 추구하는 사람들이 느끼는 만족보다 훨씬 더 깊은 만족이다. 오래 지속되는 건강한 자존감은 보기 좋은 외모에서 나오는 것이 아니다. 아름다운 외모는 시간이 지나면 곧 시들기 때문이다. 또 좋은 느낌에서 나오는 것도 아니다. 무엇을 하든지 언제나 기분 좋게 느껴지는 것은 아니기 때문이다. 재물을 소유하는 것에서 기인하는 것도 아니다. 물질적인 소유물들은 종종 오늘은 여기 있다가 내일이면 사라지는 것들이기 때문이다. 지속되는 자존감은 선을 행하고 선한 사람이 되는 것에서 나온다. 이 모든 모습들이야말로 생명의 풍성함이 나타나는 현상이다. 생명이 충만하고 그 생명이 하나님 보시기에 좋은 상태로 지속되는 현실이 바로 하나님이 인간들을 만드신 목적이다.

또한 선한 삶을 살게 되면 복을 받는다. 창세기 5장 1절과 2절을 보면, 하나님께서 복을 주신다고 했다. 하나님께서 사람을 창조하시던 바로 그 날 사람에게 복을 주심으로 사람은 비로소 사람으로 존재할 수 있었다. 이처럼 복은 사람을 사람 되게 하는 은총이며 능력이다. 바꾸어 말하면 하나님의 복이 없이는 누구도 사람답게 살아갈 수 없다. 안타깝게도 세상 사람들은 복을 너무 물질적으로만 본다.

복을 가리키는 히브리어 '바라크(ברך)'에는 '번영' 혹은 '번성'의 뜻이 내포되어 있고 성서 역시 이를 뒷받침한다. 아브라함이 하나님의 복을 받음으로 창대하여졌고, 이스라엘이 하나님의 복으로 번성했다. 그러나 번영 혹은 번성은, 복이란 히브리 단어가 지닌 의미 중 가장 하위 개념에 지나지 않는다. 복이란 단어는 훨씬 더 심오한 뜻을 지니고 있다. '복'은 첫째, 바른 길로 인도되다. 둘째, 무릎을 꿇다(예배/기도). 셋째, 아름답다는 뜻을 지니고 있다. "진정한 복은 물질이 아니라 더불어 사는 사람들 간의 행복에 있다고 성서는 강조한다(차정식, 2009; 김진섭, 정진호, 김우현, 2013).

그런데 문제가 하나 있다. 인간의 본성은 선하지 않다는 것이다. 인간은 이기적인 본성을 가지고 태어났다. 이사야 53장 6절은 "모든 사람이 다 제각각 자기 멋대로 자신이 가고 싶어 하는 길을 가고 자기 스스로 신이 되고 싶어 한다."고 말한다. 오직 하나님 한 분 만이 본성적으로 선하시다(마가복음 10장 18절). 인간은 모두 죄를 범했고 하나님의 영광에 이르지 못한다(로마서 3장 23절).

사도 바울도 이 사실을 잘 알고 있었다. 로마서 7장에서 바울은 어느 모로 보나 자신은 선을 행할 수 없다고 말한다. 선을 행하고는 싶지만 그럴 능력이 없다고 말한다. 선을 행하고 싶을 때에도 선을 행하지 않고, 악을 행하지 않으려 할 때에도 악을 행하게 된다고 말한다. 이로써 인간이 선하기 때문에 하나님이 인간들을 구원하신 것이 아니다. 예수 그리스도의 자비와 긍휼의 은혜 때문에 예수님께서 인간들을 구원하셨다. 예수 그리스도의 구원 사역 덕분에 하나님은 인간들을 선하다고 선포하실 수 있게 되었다(래버튼/하보영 역, 2014). 인간의 선은 하나님께로부터 온 선물이다. 인간은 선을 이룰 수도 없고 취할 수도 없다. 인간에게는 그럴 자격이 없다.

성서는 그리스도의 구원 사역을 '칭의'라고 부른다(김세윤, 2020). 그것은 예수님이 인간들을 위해 하신 일 때문에 하나님이 인간들에게 괜찮다고 말씀하시는 것을 뜻한다. 그리스도인이 예수 그리스도를 신뢰할 때, 하나님은 그리스도인에게 새로운 본성을 주신다. 이것이 거듭남이다. 그리고 하나님은 인간들에게 선을 행하려는 마음뿐만 아니라 그것을 행할 수 있는 능력도 주신다. 빌립보서 2장 13절은 "너희 안에서 행하시는 이는 하나님이시니 자기의 기쁘신 뜻을 위하여 너희에게 소원을 두고 행하게 하시나니"라고 말한다. 하나님은 그리스도인들에게 옳은 일을 하고자 하는 열망과 능력을 주신다. 그것이 그리스도인들이 스스로 그리스도인임을 알 수 있는 한 방법이다.

결국 하나님의 은혜와 능력으로 그리스도인들은 선한 사람들로 재창조된다. 그리고 선을 행할 수 있는 능력을 덧입게 된다. 하늘의 소망을 바라보며 그리스도의 십자가 희생을 믿고 살아가는 그리스도인들이 선에 매달리려고 노력하면 주님께서 힘을 주시고 능력을 주신다. 도저히 사랑할 수 없는 원수까지도 사랑하라고 명령하신 예수님의 삶을 따라가는 바로 그 '선'을 그리스도인들이 실천할 수 있게 된다. 이기적인 삶의 한 가운데에서 이타적인 삶을 이루어가고자 하는 의지와 신념 그리고 그에 따라 행하는 선한 삶을 이루어가게 된다. 이와 같은 그리스도인들의 선한 삶은 사람과 세상을 상호 의존적이며 상호 소통적이고 서로 사랑 안에서 공생하도록 생명력을 활성화시킨다.

그래서 하나님의 은혜로 주어진 믿음의 공동체에서 나누는 아름다운 신자들의 교제는 악한 세상에서 선한 삶을 살아가도록 격려하기 위한 것이다. 나눔과 격려가 가능한 것 자체가 하나님의 은혜다. 그리스도인으로 살아간다는 것이 쉬운 일은 아니다. 그러나 영원한 가치가 있는 일이다. 선을 행하며 산다는 것은 어렵다. 그렇지만 거기에는 보상이 따른다. 갈라디아서 6장 9절은 "우리가 선을 행하되 낙심하지 말지니 피곤하지 아니하면 때가 이르매 거두리라."고 말한다.

하지만 모든 체계가 시장화 된 현대 자본주의 사회에서 돈에 지배되지 않는 사회적 공공성이 남아 있는 영역은 거의 사라져버렸다. 그래도 불과 20~30여 년 전, 과거만 해도 시장과 시장 아닌 곳이 어느 정도 구분되어 있었다. 경제적 이익 추구를 최우선적 가치로 삼지 않아도 되는 삶의 영역이 존재했었다. 예를 들면, 정치나 교육이나 복지나 종교나 예술과 같은 인간 삶의 영역은 자본과 시장의 논리로부터 상대적으로 자유로웠다. 그러나 지금은 사회의 모든 영역이 시장으로 탈바꿈했다. 학교는 경쟁력 있는 산업 역군을 양성하는 직업학교로 전락

했다. 학생의 인격 함양보다 좋은 대학과 돈 많이 버는 취업역량 형성과 강화에 더 열중한다. 첨단과학 기술의 발전으로 모든 일상이 디지털화된 세상에서 이제 인간은 언제 어디서나 일하고 경쟁하며 살아간다. 치열한 입시경쟁, 취업경쟁에서 살아남은 생존자들은 더 비싸게 더 잘 팔리는 상품이 되기 위해 끝없이 자기 계발에 골몰한다. 노동 유연화라는 이름으로 강요된 고용 불안정이 초래한 무한경쟁 현실 때문이다. 사람들은 조만간 AI와도 경쟁해야 할지도 모른다는 불안을 안고 산다. 그러니 살아남기 위해서는 자신의 능력을 최대치로 끌어올려야 한다는 강박에 사로잡힐 수밖에 없다. 이러한 자기 계발 경쟁의 파괴적 결과는 극단적 개인주의다. 지금 이 세상에서의 성공과 실패는 철저히 개인의 책임이다. 사회적·구조적 문제로 인한 고통도 경쟁력 있는 상품이 되지 못한 개인의 탓으로 치부된다.

이렇게 이기적인 세상 가운데서 이기적인 인생을 살아갈 수밖에 없는 연약한 사람들이 예수님을 믿고, 그분이 주시는 힘과 능력으로 악을 미워하고 선을 향해 살아가도록 진정성 있는 복지선교를 수행해야 할 때가 된 것이다. 이를 위해 그리스도인들은 '거짓 없는 참된 사랑(위선적이지 않는 사랑)'을 누리면서 형제를 진정으로 사랑할 수 있어야 한다. 우애할 수 있어야 한다. 서로 존경할 수 있어야 한다. 소망을 갖고 기뻐하며 환란과 어려움을 감내할 수 있으며 기도에 힘쓸 뿐만 아니라 믿음의 형제자매들과 필요한 것들을 함께 더불어 즐기며 그리스도인 자신에게 있는 건강과 능력으로 도움이 필요한 지체들을 섬길 수 있어야 한다. 선한 자존감으로 당당하게 하나님께서 그리스도인 각자에게 목적하시는 그 복된 삶을 온전하게 감당할 수 있어야 한다. 그렇게 할 때, 교회 안과 밖 그리고 이 세상이 생명력이 넘치는 행복한 삶의 터전이 될 수 있음을 믿고 그리스도인들은 오늘도 최선을 다해야 한다.

> "사랑에는 거짓이 없나니 악을 미워하고 선에 속하라. 형제를 사랑하여 서로 우애하고 존경하기를 서로 먼저 하며 부지런하여 게으르지 말고 열심을 품고 주를 섬기라. 소망 중에 즐거워하며 환난 중에 참으며 기도에 항상 힘쓰며 성도들의 쓸 것을 공급하며 손 대접하기를 힘쓰라(로마서 12장 9-13절)."

하나님의 은혜로 선한 삶을 추구하는 복지선교의 독특성은 '생명 지향성'으로 귀결된다. 하나님의 은혜가 있기에 모든 존재는 생명을 부여받고 그 생명을 유지해간다. 하나님의 은혜는 모든 생명이 상호 존중하며 서로 즐기며 함께 기뻐하게끔 한다. 그 자체가 바로 선이며 선한 삶이다. 하나님께서 보시기 기뻐하시는 상태가 선한 것이며 선한 삶이라는 사실이다. 하나님의 은혜 가운데 이뤄지는 복지선교는 하나님의 생명들이 풍성한 기쁨으로 행복하게 살아가고 살아지게끔 하는 실천 행위이다. 하나님의 선을 지향한 결과는 사람과 자연, 궁극적으로 세상의 모든 생명이 온전하게 보존되고 지속되는 모습으로 나타난다. 그와 같은 하나님의 은혜로 이뤄지는 복지선교는 하나님의 능력이 극대화되는 실천 현장을 형성한다.

그렇다면 하나님의 은혜 속에서 실현되는 공공신학적인 복지선교는 어떻게 실천할 수 있을까? 하나님의 은혜로 창출되는 하나님의 능력을 통해 교회의 공공성과 복음의 공적 능력을 회복해야 가능할 것이다. 교회가 사회적 '공론 장'에 참여하여 생명 존중과 생명 사랑의 사회가 되게끔 기여해야 한다. 여전히 고자세적인 태도와 비합리적인 언어로는 세상 사람들과 대화할 수 없다. 그러므로 교회는 기독교 신앙과 가치를 세상의 언어로 번역하여 겸손한 자세로 '공론 장'에 참여하는 노력을 기울여야 한다.

물론 문제는 아무리 교회가 다수의 사람들과 함께 논의를 한다고 해도 모두 선한 결론에 도달하는 것이 아니라는 것이다. 각 개인은 선한 의도를 지닌다 해도, 집단이 선한 조직이 되기는 무척 어렵다. 각자의 욕구와 권리가 실현될 때, 그 합이 보편적 진리와 선을 향할 수 있도록 방향을 제시해야 한다. 공공신학이 목표로 하는 공공선은 모두의 생명을 더욱 번성하게 하는 보편적 선을 의미한다. 교회만의 이익을 대변하는 것이 아니라, 인류와 창조 세계 전체가 창조주의 본래 목적과 뜻을 따라 각자의 존속과 행복을 향해 일어설 수 있도록 돕는 것이다. 교회가 묵묵히 복지선교를 통해 세상과 함께 공동선을 추구해갈 때, 하나님의 은혜는 풍성하게 임한다. 하나님의 은혜가 흘러넘치는 현장은 생명력으로 가득 찬다. 흘러넘침은 세상으로의 흘러넘침을 의미한다. 세상과 사람들에게 하나님의 은혜가 흘러가는 것이다.

하나님의 은혜로 이뤄지는 공공신학적인 복지선교는 생명을 귀히 여기고, 생명을 경험하며, 생명을 돌보고, 생명을 누리는 관계적이며 실천적인 생명의식을 가져야 한다(유장춘, 2002). 그렇다면 성서에서 말하는 생명은 무엇인가?

첫째, 생명은 존귀하다. 하나님이 만드셨고, 하나님의 형상을 소유하였기에 생명은 존귀하다. 더욱이 하나님께서 보시고 심히 좋아하셨기 때문에 생명은 소중하다.

둘째, 생명은 독립적이고 자율적이며 자유로우면서도 상호의존적일 뿐만 아니라 전체성을 갖는다. 식물과 동물들은 모두 각기 종류대로 지어졌다. 생명은 정체성의 보존, 즉, 독특하고 특별한 하나의 개체로서 존재한다(맹용길, 1995: 9). 생명은 자유롭다. 독립적인 것과 자유로운 것은 서로 통한다. 선악을 알게 하는 나무는 생명에 자유가 있다는 상징적인 조처였다. 그 자유는 죽느냐 사느냐의 문제보다 더 중요한 것이었다. 하나님은 죽을 수도 있는 선택의 자유를 인간에게 부여하셨다. 생명의 자유로움이 생명의 가능성이다. 생명은 상호의존적이다(심광섭, 2004). 사람과 자연을 비롯한 모든 생명들은 다른 모든 생명들과 연결되어 있으며 모두 상호의존적이다. 생명은 다른 개체들과 공존(co-existence)의 형식으로 살아간다(맹용길, 1995). 개체의 독립적 정체성은 이 공존의 세계 속에서 철저히 기능적이고 체계적인 것이다. 그러한 면에서 생명은 전체성을 갖는다.

셋째, 생명은 하나님의 소유이며 하나님의 창조성을 계승한다. 하나님은 생명을 만드셨고, 하나님이 주관하신다. 흙으로 돌아가게 하시는 분은 하나님이시다. 생(生)은 생(生)으로서 명(命)이다(함석헌, 1989: 321). 생명은 창조적이다. 창조의 하나님은 그 창조의 사역을 공유하시고 또 위임하기까지 하셨다(스토트/박영호 역, 1994). 하나님의 창조는 하나님의 생명을 나누는 일이다. 생명 나눔은 창조자적 자유의 실현이다. 창조주 하나님의 창조주다운 형상을 지닌 인간은 생명을 실현하고 나누며 돌보는 자유롭고 책임있는 존재이다(박재순, 2000: 30).

생명 사랑 운동으로서의 공공신학적인 복지선교

하나님의 은혜로 선한 삶을 추구하는 가운데에 수행되는 공공신학적인 복지선교는 결국 생명 사랑의 운동으로 승화된다. 생명 사랑 운동으로서의 복지선교는 다음과 같은 몇 가지 모습으로 제시될 수 있다.

'복음화' 실천

생명 사랑 운동으로서의 복지선교는 '복음화' 실천으로 나타난다. '복음화' 실천은 생명이 영이라는 개념에 근거한다. 영적인 입장에서 죽음의 문제는 하나님을 향한 죄와 불순종의 문제이고 따라서 회개와 믿음으로 영생의 구원을 얻는 것이 생명의 길이다. 이러한 '복음화' 실천은 하나님과 인간 사이의 관계회복이라는 탈사회적이고 초역사적인 관점에서 접근하면서도 동시에 영적인 문제가 매우 현실적이며 구체적인 삶의 장면을 경험하는 현상임을 전제한다. 이에 '복음화' 실천은 하나님의 말씀과 구원의 진리를 선포하고, 교육하며, 예배와 기도 그리고 신앙 고백적인 자기 헌신을 요구한다. 중생과 거듭남, 믿음으로 의롭다함을 얻음, 영성과 성화 등이 중요한 이슈가 된다.

의료, 건강, 구호 분야에서의 역동적 실천

생명 사랑 운동으로서의 복지선교는 의료, 건강, 구호 분야에서 역동적으로 이뤄진다. 생명 사랑 운동으로서의 복지선교는 영적인 생명을 가장 중요시하지만 몸을 위한 돌봄을 등한히 하지 않는다. 몰트만(Moltmann/이신건 역, 2003: 90)은 "복음 선포와 마찬가지로 환자 치유는 돌입해 오는 하나님의 나라에 관한 예수의 가장 중요한 증언이었다."고 했다. 예수님의 공생애 사역에서 더 많은 시간과 노력이 "모든 병과 모든 약한 것"을 고치시는데 사용되었다. 질병과 굶주림으로부터 오는 영양의 결핍은 생명의 문제이고 이러한 몸의 문제에 대하여는 의료, 건강, 구호 분야에서의 적극적인 실천 개입 등을 통한 치유와 공급과 보호가 요구된다. 더 나아가 낙태, 자살, 안락사 등 몸의 생명을 죽이는 문제를 방지하고 개입하는 문제도 몸을 위한 생명 사랑으로서의 복지선교에 해당된다.

호스피스 임종사역

생명 사랑 운동으로서의 복지선교는 호스피스 임종사역으로 나타난다. 호스피스는 환자와 그 가족이 "삶을 긍정적으로 받아들이며 죽음을 삶의 자연스러운 일부분으로 받아들임으로써 죽음에 대한 두려움에서 해방될 수 있도록 하여 말기환자들의 남은 생을 가능한 한 편안하게 유지하고 질적인 삶을 살도록 도와주는 것(이광재, 2003: 14)"이다. 이러한 활동은 일종의 돌봄에 관한 철학으로서 가치지향적인 서비스 전달로 가능해진다. 이러한 호스피스 임종사역은 인구구조가 고령화되고 성인병이 증가하여 만성적 말기환자의 숫자와 수명이 늘어가는 한편, 생활수준 및 인권의 향상으로 존중받는 치료에 대한 기대가 높아짐에 따라서 그 필요성이 높아지고 있다. 이에 복지선교의 일환으로 수행되는 호스피스 임종사역이 크게 대두될 필요가 있다.

직업을 통한 하나님의 선교

생명 사랑 운동으로서의 복지선교는 직업 현장에서 구현되는 하나님의 선교로 나타난다. 생명의 문제는 하나님의 주권에 속한다. 하나님의 주권을 인정하고 그 주님 되심에 순종하는 것이 선교라고 할 때, 선교는 그리스도인들의 모든 삶의 현장에서 실행된다. 가령 그리스도인 의사가 크게 수고하며 성실하게 수술하여 환자를 치료했을 때 환자와 의사는 모두 하나님께 감사한다. 생명에 대한 치료는 하나님의 주권아래 있음을 잘 알고 있기 때문이다.

그런 차원에서 의사는 하나님의 치료사역의 동역자로서의 사명을 잘 감당한 것이다. 그리스도인 의사의 정성어린 신실한 치료 행위가 선교가 될 수 있는 것이다.

이것이 '하나님의 선교'의 개념이다. 한 신앙인 농부가 성실하게 농사를 지어 풍성한 소출을 얻었을 때 그 농부는 하나님께 감사한다. 곡식의 성장과 열매 맺음은 하나님의 주권임을 신앙 안에서 고백하는 것이다. 농부는 곡식을 자라게 하시고 열매 맺게 하시는 하나님의 사역에 동참하고 동역한 것이다. 목사가 하나님의 영혼을 살리는 사역에 동역하듯이 의사는 하나님의 몸을 살리는 사역에 동역하고, 농부는 하나님의 자연을 살리는 사역에 동역한다(유장춘, 2003b). 이 모두가 생명을 살리시는 하나님의 사역에 동참하는 것이라는 관점을 받아들일 때, 생명 사랑의 공공신학적인 복지선교는 하나님의 은혜 가운데서 직업을 통해서도 실현될 수 있다.

생태학적 지속가능성의 원칙

하나님이 창조하신 아름다운 세상을 보존하기 위해서는 지역사회가 생태학적 지속가능성 원칙에 기초해야 한다. 생태학적 원칙들은 결과보다 과정 중심의 방식으로 지역사회를 성숙시킬 수 있게 도와주는 원칙이다. 그런 의미에서 생태학적 지속가능성의 원칙들은 효과적인 생명 사랑 운동으로서의 복지선교 실천을 위해서도 중요하다. 특히 지속가능성은 생태학적 접근의 본질적 요소를 이룬다. 그 어떠한 생명 사랑 운동으로서의 복지선교 실천도 지속가능성의 범주 내에서 이루어져야 하며, 그렇지 않을 경우 그것은 현재의 지속 불가능한 질서를 강화할 뿐이고, 장기적으로 존속되기도 어려울 것이다.

생명 사랑 운동으로서의 복지선교 실천이 하나님의 창조 섭리에 따른 사회·경제·정치적 질서를 구축하려는 시도를 담고 있으려면, 무엇보다도 그 조직과 과정이 지속가능한 것이어야 한다. 또한 지속가능성은 재활용하기 어려운 자원의 사용을 최소화하고 가능한 한 사용하지 않을 것을 요구한다. 즉 생명 사랑 운동으로서의 복지선교 실천은 재활용할 수 없는 자원에 대한 의존을 최소화하고, 이를 재활용할 수 있는 자원으로 대체할 것을 목표로 해야 한다. 가령 자동차에 대한 대안으로서 자전거 사용 촉진, 자연 자원을 약탈하지 않는 경제개발 프로젝트의 선택, 건설 재료로 고령삼림 목재를 사용하지 않는 것 등을 내용으로 하는 프로젝트와 전략이 추구되어야 하는 것을 들 수 있다.

지속가능성은 또한 오염 물질의 배출을 최소화할 것을, 자연 자원을 보존하고 가능한 한 재활용할 것을 요구한다. 지속가능성은 비료 유출과 같은 오염을 최소화하고, 지역사회 기반의 재활용 구조를 구축한다는 점에서 생명 사랑 운동으로서의 복지선교 실천의 핵심 원칙에 부합한다. 재활용 프로젝트는 공식적인 지원이 없더라도 상당수의 지역사회에서 즉각적으로 실현이 가능하다는 점에서 생명 사랑 운동으로서의 복지선교 실천의 현실적인 출발점이 될 수 있는 중요한 방안이다. 또한 재활용 프로젝트는 지역사회 수준의 계약 관계를 구축하고 광범위한 참여를 이끌어낼 수 있는 이상적인 기제를 제공한다는 점에서 지역사회에 예상치 못한 이익을 가져다 줄 수 있다.

또한 생명 사랑 운동으로서의 복지선교는 창조의 섭리에 순응하는 구체적인 자연생태 보호운동으로 나타난다. 몰트만(Moltmann/이신건 역, 2003: 114)은 7년마다 돌아오는 안식년의 휴경(레위기 25장 26절)을 통해서 "땅의 영성"을 볼 수 있다고 주장한다. 오직 땅만이 식물과 동물을 "맺는 자(창세기 1장 11절; 24절)"라고 일컬어진다.

사실 '생태'라는 용어는 '환경'이라는 말이 인간중심적 사고를 함의하고 있기 때문에 인간을 자연의 일부로 보려는 의식으로 인해 중요해졌다. 본래 생태학에서 말하는 생태계란 모든 생명체들이 먹이 사슬의 균형을 이루며 살아가는 자연적 공간을 의미하는 것이다(유장춘, 2003b). 생명이 서로 연결된 전체성을 갖는다는 관점에서는 생태환경을 돌보고, 삶의 또 다른 터전인 문화적 환경을 개선하며, 생명을 보호하기 위하여 생태와 조화된 경제운동을 일으키는 것들도 모두 큰 틀에서 복지선교라 할 수 있다. 왜냐하면 생태계의 오염과 파괴를 막으면서 훼손된 환경을 보호하고 살려 일으키는 데에는 건강한 문화운동, 창조의 질서에 일치하는 생산·영·농·경제운동을 전제로 하지 않고는 불가능하기 때문이다.

　이렇게 삶을 지지하는 생명의 터전을 생산하고 유통하고 함께 살아가기 위해 교회는 생명사랑 운동으로서의 복지선교를 두 개의 경로로 수행할 수 있다.
　첫째는 생태교육이다. 이는 기독교신앙과 생태운동이 결합된 교육운동이다. 복지선교적인 생태교육은 교회 안과 밖의 사람들로 하여금 자연생태를 보호하는 생명운동을 열정적으로 수행하게끔 이끈다(유장춘, 2002). 생태교육은 교육으로만 끝나서는 안 된다. 실제로 지역사회의 자연생태를 보살피는 작업을 수행하는 것을 포함한다. 생태교육을 통해 교회와 지역사회가 우선 교회부터 시작하여 교회 주변과 지역 전반에 걸쳐 깨끗하게 청소하며 오염된 부분을 복원하고 아름다운 환경과 예술적 공간을 연출할 필요가 있다. 나아가 교회 주변이나 동네에 흐르고 있는 하천을 깨끗하게 하는 일, 산림녹화, 도로주변 정리, 하수처리 및 쓰레기 관리 등에 관심을 기울이며 정결한 자연생태를 보호하려고 애써야 한다.
　둘째는 생명의식을 함께 소유한 사람들이 구성하는 생태친화적인 주거공간의 마련에 적극 동참하는 것이다. 이러한 주거공간의 개념을 '생태마을(Eco-village)'이라고 하는데 생태마을은 지속 가능한 삶을 위한 대안공동체 운동으로 주목할 만 하다. 이는 친환경적이고 생태친화적인 생활을 실제로 실행하는 것이다. 이와 같은 생태마을로서의 복지선교적인 공동체들은 친환경적이고 생태친화적인 삶을 지향한다. 이현필 선생의 동광원, 함석헌 선생의 씨알농장, 김용기 장로의 가나안농군학교, 원경선 선생의 풀무농장, 장일순 선생의 한살림, 임락경 목사의 시골집, 김인수 목사의 민들레 공동체, 이재영 장로의 오두막 공동체, 강동진 목사의 보나팜 등은 생명이 중심이 되는 생태친화적인 농업과 경제체제를 추구하는 독특성을 지닌다(유장춘, 2004).

화해와 평화에의 참여

현대 사회의 비극은 만연하는 소외, 고립, 단절, 차별, 주변화, 방치, 대립 등의 문제로부터 야기된다. 몰트만(Moltmann/이삼열 편, 1992: 68-69)은 현대사회의 고통의 뿌리가 본질적으로 사회적 고립, 관계의 단절에 있다고 했다(유장춘, 2003). 그래서 화해와 평화의 문제는 개인의 내부라는 지극히 미시적인 영역에서부터 시작되어 가족 구성원 사이에서, 단위 교회 내에서, 지역사회에서, 더 크고 넓은 민족이나 국제 사회에서도 이루어져야 할 뿐만 아니라 인류와 자연 사이에서도 이루어져야 한다.

그런데 성서에서의 '평화' 개념을 살펴보면 구약에서는 '샬롬(שלום)'이라는 히브리어 단어를 사용하고 신약에서는 '에이레네(εἰρήνη)'라는 단어를 사용한다(Butler, 2004: 1261-1262). '샬롬'이라는 말은 '샬렘(완전하다, 건전하다)'이라는 말의 명사형으로서 '완전하다, 건전하다, 완성하다, 마치다, 회복하다, 보답하다'라는 뜻의 '쇼람(שלם : shaw-lam)'을 기본어근으로 하고 있다. 성서는 그리스도를 인류에 샬롬(평화)을 가져다줄 "평화의 왕"이라고 부른다(에베소서 2장 14절). 신약에서 사용된 '에이레네'라는 단어는 '평안'이라고 요한복음 14장 27절에서 번역되었다.[16] 이는 '평강, 평화, 화평'이라고 번역되기도 한다. '결합하다'라는 뜻의 '에이로(eiro)'에서 파생된 단어로 '평화, 번영, 하나가 됨, 고요, 안식, 다시 하나가 되다'라는 의미를 가지고 있다(Butler, 2004: 1261-1262). 에이레네(εἰρήνη)는 단순히 서로가 평화로운 관계(relationship)나 평화를 유지하려는 태도(attitude)를 말하기보다는 오히려 평안 그 자체인 완성적 의미에서의 상태(state)를 의미한다고 볼 수 있다. 즉 결합되어(eiro) 하나(μονογενης)가 된 상태를 말하는 것이다(유장춘, 2008).

---

[16] "평안을 너희에게 끼치노니 곧 나의 평안을 너희에게 주노라. 내가 너희에게 주는 것은 세상이 주는 것과 같지 아니하니라. 너희는 마음에 근심하지도 말고 두려워하지도 말라(요한복음 14장 27절)."

한편 성서적 관점에서의 '평화'는 '화해' 또는 '일치'와 같은 바른 관계들 속에서 누리는 생명의 충만함으로 볼 수 있다. 동시에 성서는 평화가 정의의 열매임을 가르친다. 정의는 하나님과 인간, 인간과 인간, 인간과 자연 사이에 바른 관계가 세워지는 것을 뜻한다. 따라서 정의 없이는 평화가 없으며, 평화가 없이는 생명도 없다. 하나님은 세상 만물이 공생과 상생을 누리며 생명의 그물망을 형성하기를 원하신다. 그러므로 그리스도인들은 평화와 화해를 기뻐하시는 하나님의 샬롬, 즉 화해와 평화를 이루시는 하나님의 일에 동참해야 한다.

화해와 평화에 참여하는 공공신학적인 복지선교는 '평화를 지향하는 교육과 토론의 공론 장'을 통해 효과적으로 이뤄질 수 있다. 공공신학적인 복지선교 차원에서 실행되는 화해와 평화를 지향하는 교육과 토론의 '공론 장'은 첫째, 현실에 대한 비판적인 질문, 둘째, 비판의식 함양과 계몽적 기능의 인지를 향한 토론, 셋째, 갈등과 분쟁 등의 원인 규명, 넷째, 해결책 모색, 다섯째, 비폭력적 방법 추구, 여섯째, 민주주의적인 삶의 실현을 위한 노력, 일곱째, 약한 쪽 편들기 등과 같은 이슈들로 구성된다.

특히 화해와 평화를 추구하는 복지선교 실천은 권리를 박탈당하거나 또는 사회적 배제와 차별을 받거나 심지어 사회적 혐오의 대상이 된 사람들의 편에 서는 것을 훈련하는 데에 집중한다. 보다 더 거시적으로는 사회적 폭력과 취약계층을 위협하는 사회정책, 민주적 기본권의 유보, 국가들 간의 분쟁과 전쟁, 국가 내부에서의 사회적·경제적 삶의 기회의 불평등한 분배 등에 대해 분명한 반대의 입장을 취할 수 있는 능력을 함양하는 것이다. 그래서 화해와 평화를 향한 복지선교적인 '공론 장'은 약한 쪽에 우호적이다. 이러한 '공론 장'은 저개발과 폭력의 원인들과 그것들을 야기한 장본인들을 기탄없이 거론하고, 그 과정들에서 이익을 보는 특권층과 고난을 짊어지는 자들을 구분하여 밝혀내기 때문이다.

하나님의 은혜로 이뤄지는 공공신학적인 복지선교의 공동체성

하나님의 은혜로 이뤄지는 공공신학적인 복지선교는 세상 속에 살아가는 사람들의 마음에 소속감과 연대감, 집단의식과 공동의 뜻을 담아낸다. 다양한 삶을 살아가는 구성원들 사이에 '우리'라는 공동체성이 담겨지게끔 하는 것이다. 이 세상에서 가장 크게 상실한 부분이 '우리'로 대변되는 따뜻한 공동체성이다. 세상에 사는 많은 사람들이 개인적인 관심을 따라 파편화되어 서로 간의 벽이 세워진 채, '우리' 의식이 해체된 삶을 살아가고 있다. 그들을 묶어주는 것은 법이나 이익일 뿐이다. 법이나, 이익이나, 규정을 뛰어넘는 인격적인 관심과 배려, 이웃과 함께 나누는 인정, 공생적 책임감, 공동운명체로서의 정체성과 소속감 등이 오늘날에 와서 크게 약화되었다.

공공신학이 예수님이 선포하셨던 그 복음의 본질을 예수님 당시의 사회문화적 배경 속에서 찾아, 오늘 이 시대 삶의 장면에 '공론 장'을 형성하는 데에 유용하다면 공공신학적인 복지선교는 세상이 잃어버린 공동체성을 회복하는 데에 전력해야 할 필요가 있다. 이를 위해서 교회는 먼저, '세상'에 대한 성서적 이해를 분명하게 한 후 하나님의 은혜 가운데서 생명의 복음을 선포하고, 그 복음을 실천하기 위한 구체적인 복지선교를 감당해야 한다.

그런데 예수님 당시의 사람들은 압제와 폭력, 소외, 혐오, 고난, 절망과 슬픔 등으로 나타나는 다양한 사회문제들을 보면서, 그 배후에는 악한 세력이 존재한다고 생각했다. 이렇게 인간 역사에 짙게 드리워져 있는 악의 세력, 즉, 악한 권세는 사회구조를 통해 역사한다. 하나님께서는 골로새서 2장 15절의 "통치자들과 권세들을 무력화하여 드러내어 구경거리로 삼으시고 십자가로 그들을 이기셨느니라."고 하신 것처럼 악한 사회구조의 실체를 밝혀 드러내시고 십자가로 승리하셨다. 사실 악은 개별적인 개체들의 행동 차원을 넘어 사회적이고 정치적이며 제도적인 질서와 그에 따른 생활방식, 통칭하여 '거시 사회구조'인 '세상

(cosmos)'을 통해 영향력을 행사한다.

신약성서에서는 '세상(cosmos)'이 여러 의미로 사용된다. 그 가운데서 우주적인 사회질서와 생활방식에 따라 살고 있는 사람들, 즉 요한복음 3장 16절에 언급된 대로, '모든 사람들'이라는 의미도 있다. 그럼에도 가장 두드러져 보이는 의미는 '거시 사회구조 속에 기능하는 사회질서와 그 안에서 움직여지는 사람들의 관습화된 생활방식'이다. 그런데 이와 같은 거시 사회구조로서의 '세상(cosmos)'은 참된 인간의 삶을 위협하는 왜곡된 가치들과 생활방식들을 내포한다. 이는 많은 사람들로 하여금 세상을 죄악 된 실체로 인식하게 하는 근거다.

사도 바울은 에베소서 2장 1절과 2절에 나오는 바와 같이 "그는 허물과 죄로 죽었던 너희를 살리셨도다. 그때에 너희는 그 가운데서 행하여 이 세상 풍조를 따르고 공중의 권세 잡은 자를 따랐으니 곧 지금 불순종의 아들들 가운데서 역사하는 영이라."고 함으로써 자신의 편지를 받는 이방인 수신자들에게 그들의 개인적인 '허물과 죄'에 대해 언급한다. 그러면서 동시에 '세상 풍조', '공중의 권세 잡은 자'와 같이 그들의 그러한 행동을 만들어내는 더 큰 악의 질서에 대하여 묘사한다. 악은 개인적인 차원을 넘어서 사회 안에 존재하며 그 사회에 속한 사람들에게 영향력을 행사한다. 그래서 사도 바울은 로마서 12장 2절 "너희는 이 세대를 본받지 말고 오직 마음을 새롭게 함으로 변화를 받아 하나님의 선하시고 기뻐하시고 온전하신 뜻이 무엇인지 분별하도록 하라."고 그리스도인들에게 권면한다.

심지어 요한일서 2장 15절과 16절의 "이 세상이나 세상에 있는 것들을 사랑하지 말라. 누구든지 세상을 사랑하면 아버지의 사랑이 그 안에 있지 아니하니 이는 세상에 있는 모든 것이 육신의 정욕과 안목의 정욕과 이생의 자랑이니 다 아버지께로부터 온 것이 아니요 세상으로부터 온 것이라."는 말씀처럼 세상은 잘못된 원리들 위에 조직된 인간사회로 보이기까지 한다. 실제로 세상은 정욕, 거짓, 물질주의, 이기주의가 강력하게 작동하는 특성을 갖고 있다. 그래서 '세상'은 '장소'만을 뜻하지 않는다. 세상은 사회문화적 집단까지 내포하는 포괄적인 현상으로 이해된다.

사람들

세상에는 사람들이 있다. 그들은 교회를 다니건 다니지 않건 세상의 주인공들이다. 교회 밖의 사람들을 세속으로만 보지 않고 믿음을 찾아 갈구하는 구도자로 본다면 거기서 교회 안 사람들과 교회 밖 사람들은 공통점을 찾게 되고 "우리"라는 말이 가능해진다(유장춘, 2009). 공공신학적인 관점에서 교회 안과 밖의 모든 사람들은 '공론 장'을 통해 충분히 소통할 수 있다. 교인을 비롯하여 모든 세상 사람들도 하나님의 형상을 따라 지어진 존엄한 피조물이며 하나님의 나라를 소망하는 예비 천국백성이다. 이러한 관점에서 교회는 세상 사람들과 적극적으로 만나고 소통하며 세상의 문제를 함께 의논해야 한다.

공공신학적인 복지선교는 하나님의 은혜가 흘러넘치는 열린 교회를 지향한다. 열린 교회는 열정과 헌신으로 교회 안의 사람들이 세상을 향해 교회 밖으로 나가 복지선교를 실천함으로써 능동적으로 사람들과 만나고 사귀며 대화하여 공공성을 담보하는 공동선을 지향한다. 삼위일체 신학에서 말하는 하나님의 형상으로서 인간은 개인의 '주체성'과 사회 속에서의 '공생성'을 조화롭게 모두 발휘한다. **공공신학에 기초한 복지선교는 교회 안과 밖의 모든 세상 사람들에 대한 긍정과 신뢰를 바탕으로 진정성 있는 만남의 장을 만들어가야 한다.** 교회는 세상과 교회 밖의 사람들에게 복음을 주입(?)해서 마침내 불굴의 의지(?)로 교화시켜야 할 대상으로 접근해서는 안 된다. 만약 그렇게 교회가 세상을 향해 나아가면 세상은 저항할 뿐만 아니라 교회의 모든 사역을 교회의 이익을 위한 것으로 이해하며 교회의 진정성을 의심하게 된다.

지도자

세상에는 지도력을 가진 사람들이 있어야 한다. 공공신학에 기초한 복지선교의 중요한 과제 중의 하나는 세상 사람들 중에서 역량 있는 지도자를 찾아내고 육성하여 그를 통해 세상의 문제를 해결해 나가도록 지원하는 것이다. 세상 중에서도 지역사회라고 하는 삶의 현장에서 빈번하게 발생되는 사회문제들과 현안들을 하나님의 은혜 가운데서 해결할 수 있는 유능한 인재들을 찾아야 한다. 이들은 지역주민의 생활 방식과 문화적 성격 및 지역조직 등을 이해하고, 지역사회의 에너지를 발산시킬 수 있는 능력을 갖고 있어야 한다(유장춘, 2003). 복지선교적인 측면에서 지도자들을 세우는데 필요한 일은 교회의 구성원들이 지역사회의 여러 단체나 위원회, 다양한 조직 등에 적극적으로 참여하도록 격려하는 일이다. 교인들이 교회 안의 일에 집중하면서도 시민사회에까지 참여하도록 이끄는 것은 공공신학에 기초한 복지선교에서 대단히 중요한 활동이 된다. 이렇게 교회의 구성원들이 세상에서 발생하는 삶의 과제에 적극적으로 참여하여 지도적인 지위를 획득할 때, 공공신학에 기초한 복지선교를 실천하는 교회의 선한 영향력은 더욱 확대될 것이다.

다만 그리스도인 지도자는 예수 그리스도의 모범을 따르기 때문에 세속적인 방식과 다른 형태를 띨 수 있어야 한다. 예수님은 수건을 두르고 제자의 발을 씻는 선생의 모습으로 상징되는 섬김의 지도자였다. 예수님은 제자들에게 "또한 지도자라 칭함을 받지 말라. 너희의 지도자는 한 분이시니 곧 그리스도"라고 가르치셨다(마태복음 23장 10절). 그런 다음, 연이어서 "너희 중에 큰 자는 너희를 섬기는 자가 되어야 하리라."고 선언하신다. 예수님께서는 일의 결과보다 그 과정에서 나타나는 태도와 방법, 인격과 성품과 가치관의 선택을 더 중요시 하셨다(유장춘, 2008). 그리고 바로 그 방식으로 변화를 주도하는 지도자로 추앙받게 되셨다.

복지선교 실천가

세상에는 복지선교를 수행하는 교회의 '목회자 또는 선교사'나 '사회복지실천가 또는 복지선교사역자'가 있다. 복지선교 실천을 통해서 이들 목회자나 실천가는 세상으로부터 감사를 받는 것보다 세상 사람들로 하여금 자신들이 이뤄낸 성취에 대하여 스스로 만족할 수 있도록 돕는 것이 필요하다. 그 최선의 방법은 **그들의 삶에 들어가 동행하는 것**이다. 관계의 최고 양식은 '같은 입장'으로 생각하고 살아가는 것이다. 사회적 약자들과 고통받는 사람들 그리고 세상의 부조리로 인해 어려움을 겪는 사람들과 '같은 입장'에서 삶을 동행하는 일이 목회자와 복지선교 실천가들의 사명으로 자리매김되어야 한다.

인정과 격려

공공신학에 기초한 복지선교 실천에는 따뜻한 인정과 격려가 내재되어 있어야 한다. 이로 인해 세상은 약자도 살만한 동네, 좀 모자라도 보호되고 인정받으며 격려까지 받을 수 있는 동네로 변화되어야 한다. 이웃들과 경쟁하고 위협을 느껴 긴장하고 조심해야 하는 관계가 아니라 푸근하게 기댈 수 있는 믿음직스러운 관계, 삭막한 세상 속에서 그래도 정붙이고 살아가고 싶은 곳이 복지선교가 흘러넘치는 현장이다. 이웃 간에 흐르는 인정과 격려가 복지선교 실천의 샘이 되어야 한다(유장춘, 2008).

공공신학에 기초한 복지선교 실천은 사람들 간에 나눠지는 인정과 격려가 하나님의 은혜로 실현되는 하나님 사랑임을 증거해야 한다. 교회는 복지선교 실천을 통해 인정과 격려가 세상에서 살아나도록 사람들 사이에 막힌 벽을 허물고 마중물을 길어 올리는 통로가 되어야 한다. 마음을 허무는 경향이 팽배한 세상에서 낙오되는 사람들이 늘어나는 이 때 정신건강, 정신위생, 약물과 알코올, 게임, 도박 등 중독과 우울 등의 치료와 재활을 위해서 교회가 전문기관을 설치하고 막대한 예산을 들여 지원하는 것도 중요하다(유장춘, 2009). 하지만 보다 더 요긴한 일은 하나님의 은혜로 펼쳐지는 따뜻한 사랑의 인정과 격려가 흘러넘치는 평안한 세상을 조성하는 것이다. 그것이 공공신학에 기초한 복지선교가 지향해야 할 일이며 그렇게 함으로써 교회도 살아나게 될 것이다.

심리적 안정감과 소속감

하나님의 은혜로 이뤄지는 공공신학에 기초한 복지선교 실천은 세상 속에 사는 사람들에게 심리적 안정감과 소속감을 제공하는 교회 공동체를 소개하고 초대하며 동시에 공동체성을 누리게 한다. 인간은 생존을 위한 기본적인 욕구가 채워지는 것으로 만족하지 못한다. 사람들 사이에서 인정받고 건강한 관계로 연결되기를 원하며 대등하고 친밀한 관계 안에 소속되기를 갈망한다. 그런 욕구가 해결되기 위해서는 서로 다르면서도 모두 같은 그런 공동체가 필요하다.

몰트만(Moltmann/이삼열 편저, 1992)은 다름이 서로에게 위협적이지 않은 공동체가 하나님 나라를 실현하는 공동체라고 말한다. 그러므로 교회 공동체에 진입할 수 있는 문턱을 낮춤과 동시에 복음의 진리를 접할 때에 '공론 장'을 통해 허심탄회한 토론과 소통, 상담 등이 이뤄져야 한다. 기독교 신앙에 근거하기 때문에 교회 공동체는 세상과는 다른 매우 독특한 사고방식과 생활방식으로 인해 교회 밖 사람들로 하여금 어색한 감정을 불러일으킬 수 있다. 이렇게 교회 공동체는 세상과 다름을 나타내지만 동일한 의복과 의식, 문화적 경험들을 통해서 일치됨을 경험하게 한다.

그와 같은 과정을 통해 교회 공동체를 향한 개방적 자세를 끌어내고 자연스럽게 교회 공동체의 일원이 되게끔 기회를 제공한다. 만약 교회 공동체에 들어오지 않는다 해도 교회가 가져다주는 안정감을 누구나 누릴 수 있게끔 해야 할 것이다. 그런데 감사하게도 하나님의 은혜로 교회 공동체의 구성원이 되면 보통의 안정감은 말할 것도 없고 강력한 소속감으로 든든한 안정감을 소유하게 될 것이다. 이러한 심리적 안정감과 소속감은 세상에서 직면하는 여러 고난들을 극복하는 힘의 원천인 성령 하나님의 능력을 받으려는 소망을 갖게 한다.

하나 됨

하나님의 은혜로 이뤄지는 공공신학적인 복지선교는 용서, 화해, 사랑으로써 '하나 됨'을 추구한다. 교회 공동체는 이와 같은 '하나 됨'에 큰 가치를 부여한다. 이것은 구성원들 사이의 일치를 의미하는 것임과 동시에 공동체 밖 외부의 사람들과의 관계에도 적용되는 '통합'을 의미한다.

이웃을 진정으로 사랑하지 않고는 하나님을 사랑할 수 없기에 이웃을 향한 용서와 화해는 다른 사람들과의 관계에서 가장 먼저 적용해야 하는 은혜의 원리다. 공동체성을 지향하는 교회의 구성원들은 하나가 되기 위하여 진실하고 자유롭게 의사소통하는 것을 기본으로 해야 한다. 당연히 그리스도인들은 참된 화해를 실천하기 위해서 상대방에게 누구든지 '환대'하는 마음을 보여주어야 한다.

이와 같은 관계의 성장은 공공신학적인 복지선교 실천 영역에서 아주 중요한 의미를 갖는다. 공공신학적인 복지선교는 관계를 통해서, 관계를 위해서, 그리고 관계에 의한 사회적 '공론 장'의 활용으로 이뤄질 수 있기 때문이다. 상호 존중에 의한 상호 소통은 관계 안에서 관계를 풍성하게 하는 것이라 할 수 있다. 공공신학은 교회 공동체 안과 밖에서 관계된 사람들이 의사소통을 활발하게 하고 이들에게 의미 있는 역할을 제공하며 권한을 부여해서 친밀하게 서로 연결되게 함으로써 각자의 사회적 기능을 강화하는 데에 주목한다. 그와 같은 '공론 장' 안에서는 모든 사람이 존중되고 맡은 바 '구실'이 있어서 배제되지 않는다.

더 나아가 '하나 됨'은 연대의식을 갖게 하고 더 큰 범위의 변혁을 주도하는 힘을 갖게끔 한다. 영적이고 신앙적인 복지선교는 교인들과 세상 사람들이 살아가는 시대와 사회의 현실적 문제들에 대해서 눈을 감고 있도록 놔두지 않는다. 공공신학적인 복지선교는 사회개혁적인 성향을 갖는다. 부조리한 사회구조와 잘못된 기존의 교회질서에 대하여 변화를 추구하고 대안을 제시하는 경향을 띤다.

그래서 전쟁과 재해에 민감하게 대응하고 폭력을 방지하기 위하여 평화적인 해결방안을 제시하며 자유와 평등의 인간 존엄성을 해치는 다양한 사회문제에 대하여 영적인 기준과 대안을 제공하는 역할을 하려고 교회는 애쓰게 된다. 특히 때때로 부득이하게 분쟁이 일어날 때에는 언제나 비폭력적 방법이 선택되어야 한다. 비폭력 방법은 둘 다 이기도록 만들어 준다. 그러므로 '하나 됨'의 핵심은 평화로운 방법의 선택이다. 비폭력의 방법은 자기의 생각을 강요하는 것이 아니다. 하나님의 은혜 가운데 모든 사람은 하나임을 믿기 때문에 비폭력이 가능해지는 것이다. 이와 같은 '하나 됨'을 위하여 교회는 공동체성을 함양하려는 보다 많은 의사소통, 평등한 관계, 민주적 절차, 비폭력과 자유로움을 존중해야 한다.

    결국 공공신학적인 복지선교를 수행하는 교회는 그 내부에서부터 평등한 체계와 민주적 역량을 쌓아야 한다. 그럼으로써 일반사회보다 월등하고 감동적인 대안적 모델을 제시할 수 있어야 한다. 그 결과, 공공신학에 기초한 교회의 복지선교야말로 인간중심의 정책을 형성하고 문화적 개선을 주도하는 기반이 될 수 있다.

하나님의 사랑과 '공공신학에 기초한 복지선교' 실천

제 3 장
공공신학과 복지선교

[제3장]

하나님의 사랑과
'공공신학에 기초한 복지선교' 실천

성서는 그리스도인들에게 끊임없이 사랑하라고 명령한다. 그 이유는 하나님께서 사랑하셔서 은혜를 베푸셨기 때문에 그 은혜를 입은 자들은 당연히 사랑해야 하기 때문이다. 아울러 남을 사랑할 수 있는 능력을 그리스도인들에게 주셨기 때문이다. 그래서 무엇보다도 신약성서에서 가장 핵심적인 주제는, 그리스도 안에서 거듭난 삶의 모습은 사랑이라는 것이다. 로마서 5장 3절부터 5절까지에서 "다만 이뿐 아니라 우리가 환난 중에도 즐거워하나니 이는 환난은 인내를, 인내는 연단을, 연단은 소망을 이루는 줄 앎이로다. 소망이 우리를 부끄럽게 하지 아니함은 우리에게 주신 성령으로 말미암아 하나님의 사랑이 우리 마음에 부은 바 됨이니"라고 하는 것이다.

또한 성령의 첫 번째 열매가 사랑이다(갈라디아서 5장 22절). 성령은 단지 선을 행하도록 돕는 분이 아니다. 성령은 선한 행위의 원천이자 그 자체인 사랑을 창조하는 새 생명의 능력이다. 하나님께서 그리스도인들에게 사랑을 부어주심으로 인해 그리스도인들은 종말론적인 소망 가운데서 이웃을 사랑할 수 있다. 그리스도인들은 여기서 바울이 말하는 은혜와 행함의 관계를 볼 수 있다. 즉 그리스도인은 행함에 의해 구원받는 것이 아니다. 그리스도인들은 행함을 필연적으로 동반하는 하나님의 사랑에 의해 구원받는 것이다.

사랑은 예수님의 새 계명이다. 요한복음 13장 34절의 "새 계명을 너희에게 주노니 서로 사랑하라. 내가 너희를 사랑한 것 같이 너희도 서로 사랑하라." 예수님께서 최후의 만찬석상에서 제자들에게 하신 이 말씀은, 은혜로서의 사랑과 공공적 실천 행위의 원동력이 되는 사랑을 연결시켜 준다. 사실 구약성서의 역사를 통해 볼 때, 사랑에 대한 명령이 독특한 것은 아니다. 그럼에도 이 명령이 새로운 이유는, 서로 사랑할 수 있는 새로운 세계를 도래케 하신 구속의 주님과 연결되어 있기 때문이다. "내가 너희를 사랑한 것 같이 너희도 서로 사랑하라."는 뜻이다.

삶의 기준으로서의 사랑

예수님의 사랑은 그리스도인이 해야 할 사랑의 원천임과 동시에 기준이다. 제자들의 발을 씻기는 예수님의 행위가 사랑의 모델로 제시된다. 예수님의 모범을 따른다는 것은 단순히 발을 씻기는 행위를 문자적으로 모방하는 것을 의미하지 않는다. 예수님의 섬김의 삶이 그리스도인들의 삶으로 뚫고 들어와 그리스도인들로 하여금 다른 사람의 필요에 민감하게 하고 그들을 섬길 수 있는 의욕을 불러일으켜서 행동으로 옮기게 한다. 34절 후반부의 말씀은 예수님께서 그리스도인들을 사랑한 목적을 나타낸다. "내가 너희를 사랑한 것은 너희도 서로 사랑하도록 하려는 것"이라는 말이다. 사람들을 향하신 예수님의 위대한 사랑의 행위는 사람들로 하여금 서로 적극적으로 사랑하도록 이끌기 위한 것이었다.

이 사랑이 행동으로 구체화되어 나타날 때, 사람들에게 명하신 하나님의 다른 명령들도 완성된다. 바울은 로마서 13장 10절에서 "사랑은 이웃에게 악을 행하지 아니하나니 그러므로 사랑은 율법의 완성이니라."고 하였다. 이 말은 예수님께서 그리스도인들이 행해야 할 의무에 대해 아주 잘 요약해주신 말씀을 생각나게 한다. 마태복음 22장 38절부터 40절까지다. "이것이 크고 첫째 되는 계명이요 둘째도 그와 같으니 네 이웃을 네 자신 같이 사랑하라 하셨으니 이 두 계명이 온 율법과 선지자의 강령이니라." 이 두 계명은 그리스도인들을 향한 하나님의 근본적인 요구다.

네 이웃을 사랑하라는 명령은 레위기 19장 18절의 "원수를 갚지 말며 동포를 원망하지 말며 네 이웃 사랑하기를 네 자신과 같이 사랑하라. 나는 여호와이니라."를 인용한 것이다. 신약성서에 이 구절이 빈번하게 인용된 사실은 형제자매 사랑이 초대교회에 있어서 대단히 중요한 일이었음을 보여준다. 마태복음 19장 19절 "네 부모를 공경하라, 네 이웃을 네 자신과 같이 사랑하라 하신 것이니라.", 마태복음 22장 39절 "둘째도 그와 같으니 네 이웃을 네 자신 같이 사랑하라 하셨으니", 야고보서 2장 8절 "너희가 만일 성경에 기록된 대로 네 이웃 사랑하기를 네 몸과 같이 하라 하신 최고의 법을 지키면 잘하는 것이거니와", 갈라디아서 5장 13절과 14절 "형제들아 너희가 자유를 위하여 부르심을 입었으나 그러나 그 자유로 육체의 기회를 삼지 말고 오직 사랑으로 서로 종 노릇 하라. 온 율법은 네 이웃 사랑하기를 네 자신 같이 하라 하신 한 말씀에서 이루어졌나니" 등 여러 본문에서 신약성서는 일관되게 이웃 사랑을 강조한다.

그래서 공공신학에 기초한 복지선교 실천은 기독교적 사랑에 근거를 두어야 한다. 에베소서 5장 1-2절의 "그러므로 사랑을 받는 자녀 같이 너희는 하나님을 본받는 자가 되고 그리스도께서 너희를 사랑하신 것 같이 너희도 사랑 가운데서 행하라. 그는 우리를 위하여 자신을 버리사 향기로운 제물과 희생 제물로 하나님께 드리셨느니라."는 말씀과 같이 그리고 마태복음 7장 12절의 "그러므로 무엇이든지 남에게 대접을 받고자 하는 대로 너희도 남을 대접하라 이것이 율법이요 선지자니라.", 고린도전서 13장 5절의 "무례히 행하지 아니하며 자기의 유익을 구하지 아니하며 성내지 아니하며 악한 것을 생각하지 아니하며"라고 하신 주님의 뜻을 복지선교는 구체적인 실천으로 완수해야 한다.

한편 사랑은 두 가지 확실한 근거, 즉 그리스도 안에서 사람들을 향하신 하나님의 사랑과 인간의 자기 사랑에 의해 측정된다. 사랑은 다른 모든 사람들의 유익을 구하며 그들이 잘 되기를 원하고 자기 자신의 이익을 챙기지 않는다. 이것은 기독교의 사랑을 최소한으로 표현한 것이다. 보다 성숙한 기독교적 사랑은 하나님의 희생적인 사랑에 기초하며 다른 사람의 유익을 위해 자신을 희생하는 고귀한 사랑에서 절정을 이룬다. 이는 예수 그리스도의 십자가 사랑으로 가능하며 십자가는 최고 사랑의 절정을 극명하게 보여준다.

"피차 사랑의 빚 외에는 아무에게든지 아무 빚도 지지 말라. 남을 사랑하는 자는 율법을 다 이루었느니라. …… 사랑은 이웃에게 악을 행하지 아니하나니 그러므로 사랑은 율법의 완성이니라(로마서 13장 8절-10절)."고 성서는 말한다. 즉, 이웃을 사랑함으로 이 계명을 지키라는 것이다. 어떻게 이웃을 사랑해야 하는가? 하나님께서 사람들을 구원해 주시고 사랑해 주신 모습을 본받아 그대로 삶 속에서 구체적으로 실천해야 한다.

하나님께서 사람들을 어떻게 사랑해 주셨는가? 값없이 은혜를 베풀어주심으로 사랑해 주셨다. 로마서 3장 24절은 "그리스도 예수 안에 있는 속량으로 말미암아 하나님의 은혜로 값없이 의롭다 하심을 얻은 자 되었느니라."고 한다. 이웃을 사랑한다는 것은 그들에게 값없이 은혜를 베푸는 것이다.

그리스도인들을 향한 하나님의 은혜는 예수 그리스도를 통해 바른 삶의 길을 보여 주신 것이다. 이 은혜가 없었다면 그리스도인은 여전히 바른 삶이 무엇인지 모른 채 어둠 속을 헤맬 것이다. 자신이 정말 다른 사람을 사랑하여 자기 주머니에 있는 물질을 나누는 것은 훌륭한 일이다. 그러나 그것만으로 사랑이 완성되는 것은 아니다. 자신이 사랑하는 그 사람 앞에서 바른 삶의 본을 보이는 것이 성숙한 사랑이다. 그러므로 이웃을 사랑하는 것이 곧 하나님의 율법을 굳게 세우는 것이다. 동시에 하나님을 사랑하는 것이다. 그리스도인들은 어떤 상황에 처할지라도 사람들 앞에서 바른 삶의 본을 보여야 한다.

삶의 방식으로서의 사랑

예수님에게 있어서 사랑은 단순한 태도가 아니었다. 그것은 삶의 방식이었다. 사랑은 자기의 시간, 노력 및 자원들을 실제적으로 투자할 것을 요구한다. 대표적인 사례로, 예수님께서는 선한 사마리아인의 비유를 통하여 적극적인 사랑을 해야 할 것을 말씀하셨다(누가복음 10장 29-37절). 이 비유는 "내 이웃이 누구입니까?"라는 질문에 대한 대답으로 이뤄져 있다. 예수님께서는 이 질문에 대하여 이웃으로 생각하기에는 도저히 어울리지 않는 사마리아인이 이웃이라는 놀라운 대답을 하셨다. 물론 사마리아인에게는 유대인이 이웃이 될 것이다. 그리스도인의 이웃은 원수들, 적대적인 민족, 종교 집단 및 경제 집단들을 포함한다. 이웃은 그리스도인이 만나는 사람들 가운데 누군가의 도움을 필요로 하는 모든 사람이다.

이 비유는 또한 이웃 사랑을 구체적인 행함으로 표현해야 할 것을 강조한다. 이 비유는 하나님 사랑과 이웃 사랑이라는 두 계명으로 시작된다.

"어떤 율법교사가 일어나 예수를 시험하여 이르되 선생님 내가 무엇을 하여야 영생을 얻으리이까 예수께서 이르시되 율법에 무엇이라 기록되었으며 네가 어떻게 읽느냐 대답하여 이르되 *네 마음을 다하며 목숨을 다하며 힘을 다하며 뜻을 다하여 주 너의 하나님을 사랑하고* 또한 네 이웃을 *네 자신 같이 사랑하라* 하였나이다. 예수께서 이르시되 네 대답이 옳도다. 이를 행하라. 그러면 살리라 하시니 그 사람이 자기를 옳게 보이려고 예수께 여쭈오되 그러면 내 이웃이 누구니이까 예수께서 대답하여 이르시되 어떤 사람이 예루살렘에서 여리고로 내려가다가 강도를 만나매 강도들이 그 옷을 벗기고 때려 거의 죽은 것을 버리고 갔더라. 마침 한 제사장이 그 길로 내려가다가 그를 보고 피하여 지나가고 또 이와 같이 한 레위인도 그 곳에 이르러 그를 보고 피하여 지나가되 어떤 사마리아 사람은 여행하는 중 거기 이르러 그를 보고 불쌍히 여겨 가까이 가서 기름과 포도주를 그 상처에 붓고 싸매고 자기 짐승에 태워 주막으로 데리고 가서 돌보아 주니라. 그 이튿날 그가 주막 주인에게 데나리온 둘을 내어 주며 이르되 이 사람을 돌보아 주라 비용이 더 들면 내가 돌아올 때에 갚으리라 하였으니 네 생각에는 이 세 사람 중에 누가 강도 만난 자의 이웃이 되겠느냐 이르되 *자비를 베푼 자*니이다. 예수께서 이르시되 *가서 너도 이와 같이 하라* 하시니라(누가복음 10장 25절부터 37절까지)."

선한 사마리아인의 비유가 예수적인 삶의 방식을 내포한 예수님 가르침의 핵심을 분명하게 드러내준다. 이 비유는 해도 좋고 안 해도 좋은 선택의 문제를 다루고 있는 것이 아니라 영생을 얻고자 한다면 당연히 행해야 하는 문제를 언급한다. 율법사가 강도 만난 자의 참된 이웃은 "자비를 베푼 자"라고 말한 것은 정확한 답변이었다. 이 비유는 율법사의 대답에 대한 예수님의 반응으로 끝난다. 37절의 "가서 너도 이와 같이 하라."이다.

모든 인간들은 그들이 단지 인간이라는 이유 하나만으로 그리스도인들이 사랑해야 할 대상이 된다. 그들이 그리스도인들의 이웃인 이유는 같은 공동체에 속해 있다거나 어떤 특별한 자질을 갖고 있기 때문이 아니다. 사랑한다는 것은 상대방을 "무한히 가치 있고 존귀한 존재"로 여기는 것을 말한다. 이와 같은 사랑은 모든 사람들에게로 균등하게 확대되어야 한다. 모든 인간은 인정받을 만한 가치를 지니고 있으며 사랑을 받을 무엇인가를 갖고 있는 것이다.

그래서 예수님께서는 보답을 기대하고 선물을 베푸는 행위를 비난하셨다.

"네게 구하는 자에게 주며 네게 꾸고자 하는 자에게 거절하지 말라. …… 너희가 너희를 사랑하는 자를 사랑하면 무슨 상이 있으리요 세리도 이같이 아니하느냐(마태복음 5장 42절, 46절)."

대등하게 주고받는 원리 대신에, 예수님께서는 그리스도인들에게 일방적이면서도 스스로 희생하여 짐을 져주는 행위를 보일 것을 요구하셨다. **사랑은 그리스도인들로 하여금 제도적으로 보호받고 있는 영역을 넘어서, 제도권 바깥의 잃어버린 양들, 즉 소외되거나 배제된 사회적 약자들을 찾아나가게 만든다.** 버림받았던 소자들은 사랑에 의하여 만들어지는 새로운 제도들 안으로 인도되고, 그 속에서 그들은 위로를 발견하게 된다. 초대교회는 사회조직을 통하여 그리스도의 사랑을 나타냈으며 그 조직 안에서 모든 사람이 존귀함을 받았다.

또한 사랑은 그리스도인들로 하여금 사회참여를 하도록 만들며 그것은 개인에 대한 완전한 사랑으로부터 시작되는 것이다. **기독교적인 사랑이 사회적 사랑으로 나타나는 강력한 모습은, 다른 사람의 필요를 볼 때마다 자발적으로 섬기는 단순하며 계산되지 않은 공감이다.** 그리스도인이 극심한 가난 속에 있는 사람들과 세상의 편견과 혐오로 인해 심한 상실과 절망에 빠져 있는 사람들을 보고, 바로 그 사람들을 사랑한다면 그들이 당하는 불행의 원인이 무엇인지 깊이 생각해야 하는 때가 온다. 즉 그들의 고통 또는 상처를 해결하거나 치유할 뿐만 아니라 그들에게 고통과 상처를 주는 원인을 제거하는 데 관심을 기울인다는 것이다.

선한 사마리아인이 예루살렘에서 여리고로 갈 때마다 강도 만난 자들을 발견하고 그의 상처를 치료해주는 일만 했다고 할 때, 그의 사랑은 완전한 것이라고 볼 수 없을 것이다. 어려움에 처한 사람들에 대한 관심과 함께 그들에 대한 자발적이고 단순한 사랑은 사회구조에 대한 관심으로 발전해야 한다. 그 사랑은 개개인에 대한 관심으로부터 그 개인들이 속해서 통제받고 있는 집단들의 상호관계로까지 확대되어야 한다. 그래서 이웃을 사랑한다는 것은 그 이웃이 예수 그리스도가 절대적으로 필요한 분이라는 사실 이외에도 바로 그 이웃의 의식주 문제, 경제적인 안정, 평안함, 교육 및 자유의 평등 등에 대해서도 관심을 가짐을 의미한다.

십자가 사랑에 근거한 공공신학적인 복지선교의 개념

그리스도인의 삶의 기준과 방식이 사랑에 근거하게 되면 그리스도인들은 하나님과의 관계가 가까워지고, 강해지며, 깊어지고, 넓어지고, 높아지고, 뜨거워지게 된다. 이때, 하나님의 능력과 하나님의 지혜가 그리스도인 각 개인의 삶에 나타나게 된다. 그럼으로써 하나님의 은혜가 강력하게 체험된다. 이 하나님의 능력과 하나님의 지혜는 바로 십자가이다.

"십자가의 도가 멸망하는 자들에게는 미련한 것이요 구원을 받는 우리에게는 하나님의 능력이라. 기록된 바 내가 지혜 있는 자들의 지혜를 멸하고 총명한 자들의 총명을 폐하리라 하였으니 지혜 있는 자가 어디 있느냐 선비가 어디 있느냐 이 세대에 변론가가 어디 있느냐 하나님께서 이 세상의 지혜를 미련하게 하신 것이 아니냐 하나님의 지혜에 있어서는 이 세상이 자기 지혜로 하나님을 알지 못하므로 하나님께서 전도의 미련한 것으로 믿는 자들을 구원하시기를 기뻐하셨도다. 유대인은 표적을 구하고 헬라인은 지혜를 찾으나 우리는 십자가에 못 박힌 그리스도를 전하니 유대인에게는 거리끼는 것이요 이방인에게는 미련한 것이로되 오직 부르심을 받은 자들에게는 유대인이나 헬라인이나 그리스도는 하나님의 능력이요 하나님의 지혜니라. 하나님의 어리석음이 사람보다 지혜롭고 하나님의 약하심이 사람보다 강하니라(고린도전서 1장 18–25절)."

인간은 십자가를 통해서만 하나님을 인격적으로 만나고 경험한다. 공공신학에 기초한 복지선교는 '십자가에 달리신 하나님'을 모범으로 삼는다(몰트만/이신건 역, 2003). **복지선교는 예수 그리스도의 십자가 사랑 위에 기초**한다. 십자가 사랑을 교회가 품고 세상을 향해 그 사랑을 복지선교를 통해 실천하게 되면 그와 같은 복지선교는 세상과 교회 밖 사람들, 사회적 약자들에 대한 비심판적 태도, 그들의 본질적 곤고함에 대한 수용, 이타적인 소박한 마음을 뛰어넘어 전적인 희생, 자기를 철저히 포기한 절대 헌신의 차원에서 이뤄진다. 그러므로 예수 그리스도의 십자가 사랑은 그리스도인들로 하여금 하나님과의 관계가 밀접해져서 십자가의 능력과 지혜를 소유하게끔 이끈다. 이 능력과 지혜가 공공신학에 기초한 복지선교의 동력이 된다.

한편 인간의 생명이 참된 생명으로서의 가치를 지니면서 아울러 생명다운 생명의 삶을 살 수 있게끔 하는 것이 기독교 인권의 본질이라고 할 때, **십자가 사랑으로 수행하는 공공신학적인 복지선교 실천은 생명 존중의 인권에 기초하면서 동시에 진정한 사회적 연대를 구현하는 목회의 주요한 방법으로 대두**될 수 있다.

특히 십자가 사랑에 근거한 공공신학적인 복지선교는 관 주도적인 공공적 사회복지서비스 체제에 종속되지 않고 민간의 자원과 역량을 최대로 이끌어 내어 공공의 손길이 미치지 못하는 사각지대를 적극적으로 발굴하여 자원을 연계한다. 동시에 교회의 자원과 에너지를 최대화하여 전적인 그리스도인들의 희생을 담보로 예수 그리스도의 십자가 사랑을 전문적인 서비스개입 활동으로 전환시킨다.

또한 교회가 사회적 '공론 장'에 적극적으로 참여함으로써 자발적 사회봉사와 후원 등이 선의를 가진 시민들에 의해 이루어지도록 지원하는 복지선교 실천을 가능케 한다. 교회가 십자가 사랑으로 먼저 모범을 보이고 그와 같은 모범을 통해 잠재된 지역사회의 자원을 인적·물적으로 '사회자본'화하게끔 한다. 나아가 십자가 사랑으로 수행하는 공공신학적인 복지선교 실천은 빈곤의 문제와 아울러 지역주민들의 고통스런 다양한 사회적 문제들을 예방하는 일까지 비중 있게 다룬다. 당연히 서비스를 제공하는 공급자인 교회의 관점에서 벗어나야 한다. 복지선교 실천의 대상자이자 당사자인 사람들의 입장에서 그들의 권리와 자존심이 상하지 않도록 하면서 그들 스스로 자기 자신과 지역사회의 미래상을 그려보게끔 한다. 그러면서 교회는 그들이 노력할 의욕을 북돋우며 주체적인 역량을 갖게끔 복지선교를 실천한다.

그 결과, 십자가 사랑으로 수행하는 공공신학적인 복지선교 실천은 민간의 잠재된 다양한 자원을 효과적으로 이끌어 내어서 지역에 있는 자원들과 더불어 그 자원이 꼭 필요한 대상과 지역에 최적화하여 제공한다. 아울러 지역주민들과 사회적 약자들이 행복하게 살아갈 수 있는 지역사회를 성공적으로 만들어 내는 데에 총력을 기울이게 된다.

십자가 사랑으로 수행하는 공공신학적인 복지선교 실천의 원칙

예수 그리스도의 십자가 사랑에 근거한 공공신학적인 복지선교 실천의 원칙을 다음과 같이 몇 가지로 정리한다(고먼/박규태 역, 2010; 이준우, 2021b).

세상의 가장 밑바닥에서부터의 변화 추구

십자가 사랑으로 수행하는 공공신학적인 복지선교 실천의 첫 번째 원칙은 밑바닥에서부터의 변화를 추구하는 것으로서 예수 그리스도의 십자가 사랑이 지향하는 핵심 가치에 근거한다. 이는 친히 인간의 몸을 입고 구체적인 시공간에 임하신 하나님의 현존하심이 가장 굴욕적인 십자가 사건을 전적으로 감당하신 그 사랑의 마음으로 세상을 향해 나아가는 것에서 출발한다.

  이 원칙을 따르는 교회의 복지선교 실천은 교인들이 세상에 사는 교회 밖 사람들보다 우월하다는 인식을 결코 갖지 않는다. 만약 우월감을 갖게 되면 그 순간부터 사회적 '공론 장'에 참여하는 교인들이 자신도 모르는 사이에 지역사회 구성원이 가지고 있는 중요한 자원들과 기술들을 경시하게 된다. 주목해야 할 것은 교회 밖 사람들과 지역주민들, 세상 사람들도 하나님께서 미리 준비시킨 핵심인재들이며 지역사회와 지역 상황을 누구보다도 잘 알고 있는 사람들일 뿐만 아니라 지역의 문제들을 해결하기에 적합한 자원들과 역량들, 그리고 생활기술들을 가장 적합한 방식으로 활용할 수 있는 사람들이라는 사실이다.

  십자가 사랑으로 수행하는 공공신학적인 복지선교 실천은 이러한 자원들, 역량들, 기술들을 경시하고 주변화하기보다는 최대한 중시하고 활용할 방안을 모색하는 접근법을 취해야 한다. 아울러 교회는 복지선교 실천을 통해 지역사회의 문제들을 해결해가는 데에 주민들의 참여를 확대하고 주민들의 활동을 지원하고 북돋우며 주민들이 지역의 주인공이 되게끔 최선을 다해야 한다. 따라서 복지선교 실천은 가능한 지역사회의 주체성을 강화할 것을 목표로 해야 하고 십자가 사랑에 근거한 복지선교 실천 프로젝트는 언제나 주체성 증대를 목표로 해야 한다. 그래서 때로는 십자가 사랑으로 수행하는 공공신학적인 복지선교 실천은 정부 의존적인 사회정책을 변화시킬 수도 있어야 한다. 위에서 내려가는 사회정책이 아닌지 세밀하게 정부의 입장과 정책운영을 점검할 수도 있어야 한다. 그렇게 하기 위해서 정부로부터 강제되는 여러 가지 규제로부터 자유로워야 한다. 이때 교회의 자원들이 정부의 지원 없이도 취약한 사회 분야에 흘러가도록 준비되어야 한다.

작은 변화가 전체의 변화를 이끌기

  두 번째 원칙은 하나의 작은 변화가 전체의 변화를 이끌게 하는 것이다. 예수 그리스도의 십자가 사건 하나가 전 인류의 구원을 이뤄냈듯이 십자가 사랑에 근거한 공공신학적인 복지선교는 작은 변화를 통해 세상 전체의 변화를 도모하는 데에 주목해야 한다. 세상의 모든 것은 사실상 다른 모든 것과 관계되어 있다. 그래서 파급효과가 중요하다. 즉 모든 사람은 단지 한 가지 일만을 할 수는 없고, 모든 행동은 연못의 잔물결과 같은 연쇄적 영향을 미친다. 특히 파급효과는 사회구조의 가장 밑바닥까지 이른다. 가령 한 사람이 스스로도 인식하지 못한 채 행하는 모든 행동이 세계를 변화시키며, 한 사람이 다른 사람과 나누는 모든 대화는 사소하지만 중요한 방식으로 사회 모두를 변화시킨다는 것을 말할 수 있다. 이는 사람들이 말하거나 행하는 모든 것은 중요한 것이며 사람들이 너무 무력해서 세상을 변화시킬 수 없다는 느낌과는 반대로 모든 사람들은 언제나 세상을 변화시키고 있음을 말해준다. 무엇보다도 사람들의 행동은 주변 사람들의 삶에 영향을 미치며 그 영향력은 주변 사람들과 그 외의 다른 사람들에게 파급되고 연쇄적인 영향을 미치므로 그 귀결은 감히 예측하기 어려운 것이다.

그러므로 한 사람의 변화는 수많은 관련 체계의 변화에 기폭제가 될 수 있으며, 동시에 다양한 체계의 변화가 한 사람을 변화시킬 수 있는 것이다. 십자가 사랑으로 수행하는 공공신학적인 복지선교 실천은 '하나의 작은 변화가 전체를 변화시킬 수 있다.'는 원칙을 현실화시킨다.

결과보다 과정의 소중성 견지

세 번째 원칙은 결과보다 과정이 중요하다는 인식을 가져야 한다는 것이다. 십자가 사랑으로 수행하는 공공신학적인 복지선교 실천은 본질적으로 결과가 아니라 과정을 더 중요시해야 한다. 그러므로 복지선교의 실천적 원칙은 과정에 초점을 맞춰야 한다. 여기서 부가적으로 주목해야 할 점은 과정이나 절차를 중요시하는 복지선교 실천에는 언제나 전망을 함께 고려해야 한다는 것이다. 전망은 매우 소중하다. 십자가 사랑에 근거한 공공신학적인 복지선교 실천에서 전망은 과정이나 절차에 목적의식을 부여하고, 궁극적인 지향점을 환기시키는 것이기 때문이다.

  공공신학은 세상의 가치와 세속적인 행위들에 대항하면서도 하나님의 진리와 정의, 사랑과 긍휼이 시민사회에 인식되고 작동되게끔 하고자 세상 사람들과 대화하고 평가하는 작업을 추구한다. 이때, 세상과의 긴밀한 의사소통과 상호 존중에 따른 의견 교환과 나눔 등으로 구성된 실천의 과정은 '교회 주도적인 일방향의 사역'을 완수하여 산출한 결과물보다도 훨씬 더 소중한 자산이 된다. 십자가 사랑이 성육신적인 예수 그리스도의 희생과 헌신이라면 그에 기초한 공공신학적인 복지선교 실천은 언제나 '어제보다는 오늘이 더 나으며 오늘보다는 내일이 훨씬 더 나을 것'이라는 소망이 내재된 전망에 기초하여 수행되어야 한다. 그와 같은 전망은 때때로 중장기적일 가능성이 크다. 물론 즉각적인 목표 또는 성과도 중요하다. 즉각적인 목표는 전망을 단순한 상상에 그치는 것이 아닌, 일상의 삶에 직접적인 관련성을 가지는 어떤 것으로 치환시키는 효과를 거둘 수 있으며 지역주민들의 의식과 생활경험 속에 십자가 사랑의 복지선교 실천에 대한 긍정적인 인식을 심어준다. 지역주민들은 시급히 해소되어야 할 당면한 욕구를 가지고 있으며 이러한 욕구의 대부분은 욕구가 해결될 때까지 기다리라고 종용하는 것만으로는 해소될 수 없는 것이다. 그래서 즉각적인 목표와 궁극적인 전망을 결합하는 작업이 필요하다.

  이렇게 십자가 사랑에 근거한 공공신학적인 복지선교 실천의 과정은 결과보다 중요할 뿐만 아니라 진정한 의미에서 과정이 곧 결과다. 결국 **복지선교의 목표는 하나님 나라의 사랑과 정의가 이 세상에서 실현되게끔 하는 거룩한 삶의 기준과 방식 등을 수립**하는 것이다. 십자가 사랑으로 수행하는 공공신학적인 복지선교 실천이 이러한 이상적인 목표, 즉 '하나님 나라를 향한 삶의 기준과 방식'을 표방할 수 있다면 장기적인 전망을 세우고 이를 달성하는 것도 그리 어려운 일은 아닐 것이다.

세상의 참여 극대화

　네 번째 원칙은 세상의 참여를 극대화하는 복지선교를 실천하는 것이다. 이와 같은 참여 극대화의 원칙을 준수해야 할 가장 큰 이유는, 모든 지역주민이 지역사회의 절차와 활동에 적극적으로 참여하고, 그와 같은 참여를 통해 개인과 지역사회의 미래를 재창조하고자 함이 십자가 사랑에 근거한 공공신학적인 복지선교의 궁극적인 목표가 되어야 하기 때문이다. 특히 세상의 참여는 복지선교 실천이 지향하는 사람들의 역량강화와 의식향상에 있어 중요한 부분이 된다. 적극적인 참여자가 많아질수록 지역사회의 주체성과 포용성이라는 이상이 실현될 가능성도 높아진다. 물론 참여의 방식이나 수준은 지역주민에 따라 다를 것이다. 다양한 지역주민들은 여러 가지 다른 기술, 이해관계, 능력을 가지고 있다.

　그러므로 십자가 사랑으로 수행하는 공공신학적인 복지선교 실천은 가능한 많은 주민들에게 다양한 참여기회를 제공하여야 하며 적극적으로 참여하고 있는 모든 사람들을 공평하게 대우해야 한다. 또한 사람들 간의 경쟁적 구조보다는 협력적 구조의 필요성을 강조해야 한다. 그래서 때때로 십자가 사랑의 복지선교 실천은 경쟁을 부추기는 기득권의 지배에 도전해야 하고, 경쟁 중심의 사회적 경향이 잘못된 가설에 기초한 것임을 논증하려고 노력해야 한다.

　그런 의미에서 십자가 사랑의 복지선교 실천은 세상의 참여를 극대화하기 위해 과도한 경쟁으로 발생하는 갈등이 아니라 협력을 전제하는 대안적인 조직과 절차를 세워야 한다. '공론장'을 통한 합의에 따른 의사결정은 그러한 대안의 하나다. 특히 협력적 활동은 마음을 묶어주는 건설적인 합의로 이어진다. 사실상 합의는 협력의 특수한 형태, 즉 의사결정 과정의 협력으로 이해될 수 있다. 합의는 모든 사람이 그 과정 또는 절차에 동의하고 그 과정의 결과가 그 집단의 이해에 적합한 최선의 결정을 대변한다는 점에서 모든 사람을 만족시키는 것을 의미한다. 이러한 의미에서 합의는 의사결정 영역에 대한 협력적 활동의 확장을 뜻한다.

세상 스스로 변화의 완급 조절

다섯 번째 원칙은 세상 스스로 변화의 완급을 조절하게끔 기다려주고 지원해야 한다는 것이다. 교회가 세상을 하나님 나라로 변화시키려면 무엇보다도 먼저 세상이 스스로 세상 변화의 완급을 조절해야 한다는 사실을 명심해야 한다. 복지선교 실천의 과정을 촉진시키기 위해 지나칠 정도로 급하게 그 과정을 '압박'하려고 한다면, 그 과정은 타협적인 것이 될 수밖에 없다. 그 결과, 오히려 지역사회가 그 과정에 대한 주체성을 상실하는 결과를 낳을 수 있으며 교회의 복지선교 실천이 지역주민들의 신뢰를 상실할 위험도 있다. 교회의 복지선교 실천이 성공적으로 달성되려면 세상 속의 지역사회와 사람들의 자체적인 보폭의 속도를 애정 어린 눈으로 지켜보고 기다리면서 그 속도에 따라 움직여야 한다.

십자가 사랑에 근거한 공공신학적인 복지선교는 언제나 세상과 지역사회, 그 속에서 치열하게 살고 있는 사람들을 관심 있게 바라보고, 들여다봄으로써 세상의 속도를 가늠할 수 있고, 그에 따라 행동할 수 있어야 한다. 그래서 십자가 사랑으로 수행하는 공공신학적인 복지선교 실천은 본질적으로 장시간을 요하는 과정이다. 어느 누구도 단 시간 내에 자율적이고 적극적인 시민 참여를 이끌어낼 수는 없다. 즉각적인 결과는 아주 최소한의 기본적인 변화의 과정을 자극하고 장려할 수는 있겠지만 결과적으로는 일시적인 것에 그치는 경향을 초래할 수 밖에 없다. 그러므로 어떠한 경우에도 복지선교 실천의 속도를 앞당길 수는 없다는 사실을 반드시 기억해야 한다.

그래서 십자가 사랑으로 수행하는 공공신학적인 복지선교 실천은 세상을 배우는 과정이다. 세상 사람들이 스스로 자신의 욕구를 표현하기 전에, 사람들에게 교회가 먼저 어떻게 하라고 지시하거나 또는 보다 교묘하게, 정중하면서 현혹될 수 있는 제안을 하여 사람들의 욕구를 정의하는 과정을 빨리 끝내고 싶은 유혹에 빠지지 않아야 한다. 특히 지역주민들이 자신이 원하는 바에 대해 생각할 기회를 갖기도 전에 교회가 먼저 거창하면서도 원대한 '행동 계획'을 선제적으로 제시하는 것이 대표적인 사례다. 지역사회가 변화하는 절차는 시간을 필요로 하며, 때로는 무한히 계속될 것 같은 길고 지루한 시간을 요하는 경우도 빈번하다. 그렇지만 그 절차에 머물러 '시간이 걸릴 만큼 걸리도록' 내버려 두는 것이 가장 지혜로운 방법임을 명심할 필요가 있다.

유기적 변화

여섯 번째 원칙으로서 유기적 변화라는 개념을 쉽게 이해하려면 기계와 식물의 차이를 생각해보면 된다. 기계는 환경과 독립적으로 작동한다. 기계는 다른 장소로 이전시켜도 동일한 방식으로 작동할 것이며 수리를 위해 옮길 수도 있고, 몇 가지 입력 조작방법을 익히면 다룰 수 있다. 기계는 작동하고 있는 동안 기본적으로 동일한 구조와 형태를 유지한다. 반면 식물은 고도로 환경에 의지하며, 여러 가지 다양한 방식으로 환경과 상호작용한다. 주변 환경이 다른 장소로 식물을 이전할 경우, 심하면 죽을 수도 있다. 식물은 성장하고, 계절에 따라 변화하며 재생산된다. 식물은 기후, 방향, 토양, 물, 장소 등 무수히 다양한 환경적 요소를 고려하지 않으면 안 된다.

지역사회는 마치 식물과 같이 유기적이다. 그러므로 십자가 사랑으로 수행하는 공공신학적인 복지선교 실천은 단일한 기계적 인과법칙에 의해 좌우될 수 없으며 복잡하고 역동적인 과정을 거친다. 십자가 사랑으로 수행하는 공공신학적인 복지선교 실천을 관리하고 성장시키는 과정은 과학이라기보다는 예술에 가깝다. 지역사회는 본래의 잠재력을 고유한 능력으로 가지고 있으므로 십자가 사랑으로 수행하는 공공신학적인 복지선교 실천은 지역사회의 역량이 최대화되기에 적합한 상태를 마련하고 잠재력이 발휘되도록 양분을 공급하는 과정이 되어야 한다.

유기적 변화를 추구하는 십자가 사랑으로 수행하는 공공신학적인 복지선교 실천은 지역사회의 특성을 존중하고 중시하며 지역사회가 자신만의 독특한 방식으로 성숙될 수 있도록 지원하고 배려한다. 지역사회와 환경 간의 복잡한 관계에 대한 이해는 유기적 변화를 실현해나가는 십자가 사랑으로 수행하는 공공신학적인 복지선교 실천에서 필수적인 기초를 이룬다. 그러한 접근은 단선적 관점이 아니라 전체론적인 관점을 요구한다.

역량강화

일곱 번째 원칙으로서의 역량강화(empowerment)는 십자가 사랑으로 수행하는 공공신학적인 복지선교 실천의 공통 목표가 되어야 한다. 역량강화는 지역주민들이 스스로의 미래를 결정하는 능력을 증대시키고, 지역사회 생활에 참여하며, 영향력을 행사할 수 있도록 주민들에게 활용되는 자원과 기회, 어휘, 지식, 기술을 제공하는 것까지 포함한다. 나아가 역량강화 전략은 주민들의 권력행사를 방해하는 실제적 장벽들이 있음을 인식하고, 이러한 장벽에 저항하여 이를 극복할 것을 요구한다.

한편 십자가 사랑으로 수행하는 공공신학적인 복지선교 실천 프로젝트도 그것만으로 완벽하게 지역사회 전체를 역량강화 시킬 수는 없다. 그럼에도 지역사회에서 상대적으로 소외되고 있는 집단이나 영역에 대한 역량강화는 보다 공정한 사회를 이룩하는 데 도움이 될 것이며, 주민의 역량강화는 그 지역사회를 강화시키고, 지역사회 기반의 사회적 취약계층 지원사업을 활성화하는데 일조할 수 있다.

십자가 사랑으로 수행하는 공공신학적인 복지선교 실천이 역량강화를 표방하는 범위는 프로그램에 따라 다양할 것이다. 역량강화는 확정된 목표라기보다는 다양한 십자가 사랑으로 수행하는 공공신학적인 복지선교 실천 과정의 부차적 산물이 되는 경우가 많다.

예를 들어, 지역사회 재활용 프로그램 교육, 안전한 마을 만들기 활동 등은 지역사회 주민들의 참여 속에 이루어질 수 있으며, 지역사회 자체는 그 과정을 통해 역량강화 될 수 있다. 지역사회 전체를 역량강화 시키기 위해서는 지역사회 주민들이 자신의 지역사회와 자신의 삶에 대한 실제적인 통제력을 확보하는 법을 배우도록 지원해야 한다. 지역사회 주민들은 단순히 '자원봉사자나 보조자'에 그치는 것이 아니라, 그 과정의 실질적인 일부로 이해되어야 한다. 그 어떤 십자가 사랑으로 수행하는 공공신학적인 복지선교 실천 프로젝트라도 결국 지역사회 주민들 '자신'의 프로젝트인 것이다.

욕구의 정의

여덟 번째 원칙으로서, 욕구 정의(need definition)와 관련하여 두 가지 고려사항이 있다.

첫째, 십자가 사랑으로 수행하는 공공신학적인 복지선교 실천은 다양한 '욕구 정의'자 간, 즉 전체 주민, 소비자, 서비스 제공자, 조사 연구원 간의 합의를 도출하려고 노력해야 한다. '욕구 정의'자 간에 상이한 해결책이 제시되는 경우, 지역주민들의 욕구를 효율적으로 충족시킬 수 있는 가능성은 보다 적어지게 되고, 다양한 실천가들은 서로 상치되는 목적에 따라 활동을 펼치게 될 것이다. 그러므로 십자가 사랑으로 수행하는 공공신학적인 복지선교 실천은 '욕구 정의'자 간에 효율적인 대화가 이루어질 수 있는 방안을 모색해야 한다.

두 번째 원칙은 다양한 욕구 정의가 중요함에도 불구하고 생태학적 원칙과 사회정의 원칙을 손상시키지 않는 범위 내에서 주민들 스스로 욕구 정의를 이뤄내야 한다는 점이다. 그런 의미에서 비판적 성찰이 중요하다. 비판적 성찰의 핵심은 지역주민들이 타인에 의해 규정된 욕구에 만족하지 않고, 스스로의 '진실한' 욕구를 명확히 드러낼 수 있도록 지역주민들을 대화에 적극적으로 참여시키는 데 있다. 십자가 사랑으로 수행하는 공공신학적인 복지선교 실천이 해방과 역량강화를 지향하는 한, 비판적 성찰은 중요한 의미를 가진다.

십자가 사랑으로 수행하는 공공신학적인 복지선교 실천의 전략

이상에서 다룬 십자가 사랑에 근거한 공공신학적인 복지선교 실천의 원칙들을 준수하면서 성공적으로 복지선교 실천을 실행하기 위한 몇 가지 전략은 다음과 같이 정리될 수 있다.

인권을 존중하는 복지선교 실천

　십자가 사랑으로 수행하는 공공신학적인 복지선교 실천은 인간의 고귀한 존엄성을 권리적인 차원에서 회복하고 보호하는 데에 초점을 두어야 한다. 모든 인간은 존귀하며 평등하다. 권리에 기초한 십자가 사랑의 복지선교 실천은 사회적 약자에게 권한을 부여하고, 지역사회 안에 정의에 기초한 평등을 구현하며, 모든 생명이 존엄성을 얻도록 하는 것이다. 그럼으로써 십자가 사랑으로 수행하는 공공신학적인 복지선교 실천은 서비스 제공자와 이용당사자가 함께 동반자로서 건강한 지역사회를 세우는 일에 헌신하도록 해야 한다. 여기에 반드시 전제해야 할 것은 도움을 받는 사람들이 낙인찍히는 일이 없도록 최선을 다해야 한다.

　또한 십자가 사랑의 복지선교 실천은 지역주민들과 서비스이용 당사자들을 무조건 도움의 대상으로 간주하지 말아야 한다. 가령 사회복지 기관이나 공공서비스전달체계에서 일방적으로 그들을 도움의 대상으로 생각하는 경우가 빈번한데, 이렇게 될 경우 복지공급주체는 항상 그들에게 도움을 주어야 한다는 종속적 관계에서 양자는 화해할 수 없는 쌍방의 이기적이며 배타적 관계로 전락하게 된다.

　이에 십자가 사랑으로 수행하는 공공신학적인 복지선교 실천의 관심은 그들로 하여금 자신의 능력과 잠재력을 계발하여 사회 환경에 적응할 수 있도록 지원하는 데에 있어야 한다. 그리고 사람들을 일방적으로 복지선교 실천의 현장으로 불러들이는 것도 중요하지만, 오히려 그들이 있는 곳으로 직접 찾아가서 복지선교를 실천하고 필요한 지원을 제공하는 것이 최선의 방법이 될 수 있음도 잊어서는 안 된다.

　나아가 십자가 사랑의 복지선교는 취약한 사람들의 인권을 보호하는 데에 앞장서야 한다. 여기에서 인권을 보호한다는 의미는 수동적 차원에서나 인권을 촉진하는 적극적인 차원에서나 모두 중요하다. 인권의 보호는 어떠한 복지선교 실천도 기본적인 인권 원칙을 확고히 해야 한다는 점에서 필수적이다. 예를 들어, 직업의 자유, 결사의 자유, 표현의 자유에 관한 권리는 어떠한 조직과 프로그램에서도 보호되어야 하는 기본권이다.

　하나님은 인간의 생명이 침해되는 그 어떤 것도 용납하지 않으심을 그리스도인들이 확고

하게 인지하게 되면 적절한 생활기준을 보장받을 권리, 교육받을 권리, 지역사회의 문화생활에 참여할 권리, 자기결정의 권리, 가족에 대한 보호와 지원을 받을 권리는 십자가 사랑으로 수행하는 공공신학적인 복지선교 실천에 있어 사명과 같은 지향점이 될 수 있다. 특히 하나님의 형상대로 지음받은 고귀한 인간이라는 사실을 인식하게 되는 것은 그 자체로 십자가 사랑으로 수행하는 공공신학적인 복지선교 실천의 중요한 목표가 될 수 있다.

인간의 생존권을 실현하는 복지선교 실천

십자가 사랑으로 수행하는 공공신학적인 복지선교 실천은 인간의 생존권이 보장받을 수 있도록 세상을 변화시켜야 한다. 먹고 사는 문제가 지역사회에서 해결될 수 있도록 하는 일은 십자가 사랑의 복지선교 실천에서 기본이며 핵심적인 요소이다. 십자가 사랑에 근거한 공공신학적인 복지선교 실천은 취약한 계층의 사람들에게 따뜻한 희망으로 다시금 살아갈 수 있도록 하는 힘이 되어야 한다. 세상의 가장 밑바닥에서부터의 필요와 욕구 중 가장 시급한 것이 빈곤의 문제이며 이것을 해결하려는 실질적인 접근이 복지선교 실천의 본질이다. 즉, 사회적 약자들이 경제적·사회적·교육적·문화적으로 자립할 수 있도록 지원하는 일은 십자가 사랑에 근거한 공공신학적인 복지선교 실천의 핵심 요체다.

따라서 십자가 사랑으로 수행하는 공공신학적인 복지선교 실천은 빈곤을 타파함으로써 생명을 풍성하게 하는 사회적인 계몽 내지 운동이 되어야 한다. 또한 다양한 사회기관들과 공공영역이 교회에 의해 각각의 개인들과 최대한 협력하여 이 세상에서도 극단적 양극화와 상대적 빈곤을 해결할 수 있다는 희망을 사람들에게 심어주어야 한다. 치열한 경쟁에서 낙오되는 다양한 계층에 대한 사회적 배려를 교회가 모범적으로 실천함으로써 세상도 그 교회의 모습을 보고 배우도록 이끌어야 한다. 동시에 교회는 세상마저도 포기한 절대빈곤 내지 상대적 빈곤의 삶을 살아가는 이들까지도 끌어안고 이들에게 필요한 사회적 안전망을 제공해야 한다.

실례로, 복지선교적인 차원에서 교회가 마련한 '일시적이거나 단기적인 거주공동체'는 고통 받는 가장 취약한 이웃에 커다란 도움의 손길이 된다. 또한 긴급재해 지역이나 분쟁과 전쟁으로 고통받는 세계 현장에 끊임없이 사람과 물자를 보내서 구호와 봉사의 서비스를 제공하는 것도 의미가 크다. 조직화된 자원봉사 네트워크와 자원조성을 통하여 지역사회의 위기에 개입하고, 자신의 지역으로 피신해온 난민들과 이주민들을 위해 구체적인 시설과 기관을 통해서 실질적인 도움을 제공하는 것도 좋은 사례가 된다.

지속가능성을 지향하는 복지선교 실천

인간의 삶의 터전인 지역사회, 환경, 경제, 생태계는 서로 밀접한 관계를 맺고 있으며 한 사람의 작은 활동이 가까이는 이웃에서부터 멀리는 지구 전체에까지 영향을 미친다. 특히 지구온난화로 인한 기후위기 상황에서 상대적으로 더위와 추위에 취약한 사회적 취약계층은 여름에는 온열질환에 시달리고 겨울에는 혹한과 싸워야 하는 어려움에 직면하고 있으며, 전 지구적인 감염병에도 대처해야 한다. 기후 위기와 상시적 감염병 위기에서 취약계층의 어려움은 더욱 가중되고 있다. 이에 십자가 사랑으로 수행하는 공공신학적인 복지선교 실천은 인간이 삶의 터전으로 삼고 있는 환경과 생태계를 보존하려는 노력에도 힘을 보태야 한다.

또한 교회의 복지선교 실천은 진정성 있는 자원봉사 교육과 활동을 통해 지역사회를 살기 좋은 세상으로 변화시켜야 한다. 지역사회에는 지방정부, 지방행정기관, 여러 복지기관, 비영리단체, 시민단체 등 자원봉사 참여를 이끌어낼 수 있는 다양한 영역이 있다. 동시에 지역사회에는 복지의 사각지대가 있다. 이곳에서 차상위 계층을 향한 보살핌, 긴급한 재원 지원과 구호활동은 십자가 사랑으로 수행하는 공공신학적인 복지선교 실천의 주요 영역이다. 특히 십자가 사랑으로 수행하는 공공신학적인 복지선교 실천은 서비스를 제공하는 사람과 서비스를 이용하는 당사자들을 연결시키는 소중한 활동이다. 또한 후원과 지원은 단지 자선이 아니라 지구를 살리고 보다 아름다운 세상을 만들어나가는데 꼭 필요한 '사회적 투자'라는 인식을 모든 사회구성원들이 깨닫고 이해할 수 있도록 교육하는 대 사회적 인식계몽 활동을 복지선교 실천을 통해 적극적으로 해 나가야 한다. 이를 위해 십자가 사랑의 복지선교 실천은 단순한 봉사나 후원에 그치는 것이 아니라 그 봉사와 후원이 지역사회의 봉사교육 현장으로 전환되게끔 해야 한다. 십자가 사랑으로 수행하는 공공신학적인 복지선교 실천의 현장은 봉사하기 위해 참여하거나 후원하는 이들에게 봉사교육이 이루어지는 봉사교육의 교실이 되어야 하는 것이다.

나아가 십자가 사랑으로 수행하는 공공신학적인 복지선교 실천은 한두 번 단기적으로 하고 말 것이 아닌 지속적이고 장기적인 상시적 실천으로 추진되어야 한다. 이것을 위해 사전에 복지선교 실천을 위한 면밀한 검토와 연구를 통하여 체계적인 십자가 사랑의 복지선교 실천 계획을 수립해야 한다. 또한 복지선교 실천의 과정에서 예상되는 모든 사태를 사전에 준비하고 대비책을 수립하여야 한다. 그래서 지역사회 특유의 전통과 문화적 독특성을 주의 깊은 관찰과 연구를 통해서 파악하고 그에 따른 선택과 집중으로 복지선교 실천을 추진해 갈 필요가 있다.

따라서 십자가 사랑으로 수행하는 공공신학적인 복지선교 실천은 타인(他人)과 함께 하는 나눔의 실천이 얼마나 삶을 풍요롭게 만드는지 가르치는 현장이면서 동시에 활동이어야 한다. 지역사회에서 이루어지는 기존의 많은 사회복지실천들이 그 일을 하는 사회복지기관이나 시설의 유익과 발전을 위해서 도구화되는 경우가 종종 있어 왔으나 타인(他人)과 함께 하는 십자가 사랑으로 수행하는 공공신학적인 복지선교 실천은 서비스이용당사자의 입장을 핵심가치로 하여야 한다. 이렇게 이용당사자의 시각에서 이루어지는 타인(他人)과 함께 하는 나눔의 복지선교 실천은 서비스를 제공하는 사람들과 이용당사자 모두를 행복하게 만든다.

지역사회와의 연계를 강조하는 복지선교 실천

십자가 사랑으로 수행하는 공공신학적인 복지선교 실천은 지역사회의 공공기관 및 사회복지시설들과 협력하여 지역사회를 중심으로 다양한 지역공동체들과 자원들이 상호 연계할 수 있도록 해야 한다. 이를 위해 지역사회의 복지기관들과 긴밀한 관계를 유지하면서 다양한 영역의 서비스이용당사자들, 장애인, 각종 질병환자(폐결핵, 간질병, 각종 암환자, 알코올 중독자 등), 소년소녀가장, 노숙자, 실직자, 고령자, 독거인, 외국인 근로자, 불법체류자, 다문화가정 등을 개인적으로, 혹은 집단으로 지원하고 보호하며 자활하는 일에 솔선해야 한다. 나아가 십자가 사랑의 복지선교 실천은 지역사회의 심각한 문제들을 해결하기 위해 중요한 사회정책의 결정에도 깊이 참여할 수 있어야 한다. 아울러 지역사회의 여러 분야와의 유기적인 협력 관계는 십자가 사랑의 복지선교 실천이 지역주민들에게 효과적이며 양질의 사회적 서비스가 될 수 있게끔 한다.

또한 십자가 사랑의 복지선교 실천은 지역주민들을 결합시키고, 모든 지역사회 활동이 행복한 지역사회를 추구하도록 가능한 한 많은 주민들을 참여시키며, 그 과정 수행을 위해 상호의존성을 배가시키고, 공식적·비공식적 상호작용의 기회를 최대한 제공하려고 노력하는 데에 집중해야 한다. 이에 십자가 사랑으로 수행하는 공공신학적인 복지선교 실천은 지역사회 내에 주민 상호 간의 역동적 관계를 형성하는 공간과 체계를 활발한 소통과 나눔으로 만들어 가야 한다. 아울러 복지선교 실천은 지역사회의 자생력이 회복되고 자립과 화해가 일어나는 지역공동체가 이루어지도록 해야 한다. 그 결과, 빈부귀천, 남녀노소, 장애와 비장애 등 그 어떤 사회적 지위나 조건도 상관없이 모든 사람들이 상호 호혜적 사랑 안에서 소통하며 지역주민 모두가 상생하고 수평적인 협력관계를 일상화하려는 모습이 삶의 양식으로 자리 매김 되어야 한다.

반 식민주의적인 복지선교 실천

식민주의는 어떠한 상황에서도 그리스도인들에게 영향을 미칠 수 있다. 식민주의의 영향력은 비단 국제적인 개발이나 선교 활동에 국한되지 않는다. 자칫 그리스도인들은 교회가 속해 있는 지역사회를 식민지화할 수 있는 아젠다를 강압적으로 제시하고, 지역사회의 문화와 경험을 경시하며, 지역사회 주민에게서 정체성을 박탈함으로써, 자신과 더불어 활동하고 있는 주민들을 쉽게 지배하려고 할 수 있다. 만약 교회 공동체 또는 그리스도인들이 권위주의적이며 '우리 그리스도인'만이 이들을 도울 수 있다는 식의 자만심에 기초한 신념을 가지고 있고, 자신의 신앙적이며 문화적 배경과 경험에 과도한 자부심을 느끼고 있다면, 식민주의 실천의 위험은 이미 현실화되고 있는 것이다.

십자가 사랑의 공공신학적인 복지선교를 수행하려는 그리스도인들이 식민주의 실천으로부터 자신을 방어할 수 있는 방법에는 여섯 가지가 있다.

첫째, 비판적인 자기인식, 과도하게 극단화된 정치의식에 대한 반성 등을 한다.

둘째, 지배문화 또는 식민지배 문화 내의 자신의 자리매김, 그리고 그 의미를 탐구한다.

셋째, 대안적인 담론과 행동의 모색을 위한, 그리고 피지배자로 인식될 가능성이 있는 개인과 집단이 자연적인 의사표현과 저항을 표출할 수 있는 공간을 제공한다.

넷째, 복지선교를 실천하기 전에, 한 걸음 물러서서 먼저 듣고, 소통하며 배운다.

다섯째, 지역주민과의 연대, 그리고 공동의 아젠다를 안내하며 공유한다.

여섯째, 상호작용적인 점검을 지속적으로 적용하면서 '역지사지'의 관점으로 스스로를 성찰한다.

결국 십자가 사랑으로 수행하는 공공신학적인 복지선교 실천이 진정으로 지역주민의 역량 강화를 추구하고 억압의 구조와 담론을 극복할 수 있으려면, 식민주의 실천에 대한 인식과 도전이 반드시 필요하다.

자립과 상호의존성을 함께 지향하는 복지선교 실천

자립이란 개념은 국가서비스를 축소하는 것을 정당화하는 방편으로서, 그리고 불운에 대한 책임을 개인에게 돌리기 위한 방편으로서 오용되어 왔던 측면이 있다. 하지만 이는 매우 개인화된 자립 개념이다. 십자가 사랑으로 수행하는 공공신학적인 복지선교 실천에서 추구하는 자립은 개개인이 아니라 지역사회에 적용된다. 자립은 지역사회가 타 지역사회나 중앙권력에 의존하기보다 지역주민 자신들이 가진 자원에 우선적으로 활용할 수 있도록 노력해야 한다는 점을 강조한다.

십자가 사랑으로 수행하는 공공신학적인 복지선교 실천에서의 자립도 개인보다는 지역사회에 적용될 필요가 있는 개념으로 설정된다. 자립은 개인에게 적용하면 자본주의를 지탱하는 중요한 토대가 된다. 하지만 실제로는 현대인의 일상은 경제적·사회적·문화적·정치적·물질적 생활을 포함하여 여러 면에서 상호의존적이기 때문에 개인 수준의 자립이 아니라 각 개개인 간의 상호의존을 강조하는 것이 중요하다.

십자가 사랑으로 수행하는 공공신학적인 복지선교 실천은 사람들 사이의 상호의존을 인정할 뿐만 아니라 오히려 그것을 지지하고 촉진시키고자 한다. 그 결과, 지역사회 수준에서 자립의 가치는 점점 더 실현 가능해지고 중요하게 된다. 완전히 자립적인 개인이란 사실상 불가능하지만 불확실한 미래상황과 언제든 닥칠 수 있는 위기상황 등에 즉각적이면서도 적절하게 대응할 수 있는 국가 능력의 미흡과 부재로 특징되는 미래사회에서 자립적인 지역사회는 필수적으로 요청되고 있다.

특히 자립은 빈곤문제를 해결할 수 있는 근본적인 접근이기도 하다. 구약성서에서는 빈곤한 자에 대하여 많은 부분에서 언급하고 있다. 그러나 그들에 대한 입장이 확실하게 일관성이 유지되고 있는 것이 아니라 상이한 경우도 존재한다. 일반적으로 하나님은 빈곤한 자를 특별히 돌보시는 분으로 나타나 있으나 가끔씩 가난한 율법을 어긴 사람들에게 하는 경고(신명기 28장 15-46절; 레위기 26장 14-26절)이거나 부유는 덕의 표상이며 빈곤은 형벌이라고 지적한 곳(시편 112편 1-3절; 잠언 10장 15-16절, 15장 6절)도 있다. 반면에 하나님께서 이집트에서의 빈곤과 속박으로부터 이스라엘 민족을 구원하신 사건에서 빈곤자들에 대한 하나님의 입장이 위의 설명과는 다르게 묘사되고 있다(신명기 24장 22절). 하나님은 가난한 자에 대해 관대할 것을 명령하고 계시고(신명기 15장 7절) 이들에 대한 특별한 보호가 취해졌다. 이러한 배려에 대한 의무는 강력하게 명시되었고 이를 잘 지키는 자들에게는 하나님의 약속이 따랐다(시편 41편 1절, 72장 12절; 잠언 17장 5절).

또한 가난한 사람들에 대한 원조는 인간의 존엄성에 기초하고 있으며 인간 존엄성의 근거는 하나님의 형상에 있다. 하나님께서는 '우리의 모습을 닮은 사람들을 만들자(창세기 1장 26절)'는 말씀에 따라 인간에게 하나님의 모습을 지니게 하셨고, 하나님 다음 가는 자리에 앉히시고 존귀와 영광의 관을 씌워 주셨다(시편 8편 5절). 따라서 인간은 빈곤자, 장애인으로 태어났거나 노숙인의 자녀로 태어났더라도 인간으로서의 존엄성을 유지하고 살 수 있을 정도의 생활수준은 사회적으로 보장되어야 한다는 것이 하나님의 명령이라고 할 수 있다.

하나님 앞에서는 부자와 가난한 자가 평등하며, 오히려 가난한 자가 불의한 부자보다 우월하다고 명시되어 있다(잠언 19장 1절, 22장 1-2절, 전도서 4장 13절). 또한 성도의 가난한 자에 대한 태도는 구제해야 한다(잠언 21장 13절, 잠언 28장 27절, 잠언 19장 17절; 시편 37편 26절), 이자 없이 돈을 꾸어 주어야 한다(레위기 25장 36절; 신명기 23장 20절)고 제시된다. 가난한 자를 위하여 성도가 할 일은 미워하지 말고 친구가 되어주며(잠언 14장 20절) 불쌍히 여기라(잠언 19장 7절)고 기록되어 있다. 가난한 자를 도운 사람이 받는 보상은 복을 받으며(잠언 22장 9절) 보호를 받고(시편 41편 1-3절) 하늘에 저장된다(누가복음 12장 33절). 가난한 사람을 멸시한 결과에 대해서는 하나님을 멸시하게 되고(잠언 14장 31절, 잠언 17장 5절), 저주를 받게 된다(잠언 28장 27절, 잠언 21장 13절)고 말하며, 가난한 자를 학대한 자는 가난하게 되며(잠언 22장 16절) 영원한 불에 들어간다(마태복음 25장 41-46절)고 지적하여 가난한 자에 대한 자선적 행위와 인권의 보장을 강조하고 있다.

구약의 예언자들은 권력을 가진 자들이 불의를 행하여 가난이라는 악이 나오게 되었다고 비판한다. 예언자들은 공정한 사회를 추구한다. 예언자들은 가난을 비난할 때 가난을 통하여 그들로부터 이득을 취하는 사람들까지 비난한다. 예언자 스가랴는 '과부와 고아, 더부살이와 빈곤자를 억압하지 말라(스가랴 7장 1-10절)'고 했다. 더욱이 구약성서의 견지에서 볼 때 탐욕스런 재산의 축적은 하나님의 주인되심에 대한 도전이 되며, 이런 의미에서 하나님에 대한 신앙과 신뢰가 부족함을 가리키고 있는 것이다. 하나님께서는 가난한 자들을 희생시켜서 축적한 모든 부를 배척한다고 하시고 정직한 자에게는 상을 주시고, 불의한 자에게는 반드시 형벌을 내리신다는 인과응보적인 사상으로 빈곤과 부를 이해하신다. 이는 빈곤이라는 것은 운명이나 숙명의 결과가 아니라 사회적 불평등과 착취로부터 발생하는 구조적 문제라는 것을 지적하는 것이다.

신약성서를 보면 예수님은 빈곤문제가 항상 있을 것(마태복음 26장 11)이라고 말씀하셨고, 부자 청년에게 소유를 팔아서 빈곤한 자들에게 나누어 주라고 격려하셨으며(마태복음 19장 21절), 잔치를 베풀 때는 가난한 자들과 장애인들을 초청하여 이들과 함께 해야 복이 된다고 하였다(누가복음 14장 13-14절). 마태는 심령이 가난한 자는 복이 있다고 하여 빈곤을 영적으로 해석하였으며, 누가는 마리아의 노래(누가복음 1장 45-55절), 부자와 나사로의 이야기(누가복음 16장 19-31절), 유산의 공평한 분배에 관여하시기를 거부한 예수님의 거절과 이에 뒤따르는 어리석은 부자를 언급함으로서 가난한 자에 대한 관심을 표명하고 있다. 또한 신약에서 빈곤은 자유의 물질적인 측면으로서, 빈곤으로부터의 탈출은 물질적 자유의 획득을 의미한다고 볼 수 있다. '진리가 너희를 자유롭게 할 것이다(요한복음 8장 33절).'라는 말씀은 빈곤이 강요하며 속박하고 있는 억압으로부터 인류의 해방을 의미한다고 할 수 있다.

초대교회는 공동사회의 개념으로 빈곤에 필요한 것을 나누어 가짐으로 공동으로 대처(사도행전 4장 34절)하였고, 가난한 사람들을 위하여 여러 경로를 통하여 돌보아 주었다(사도행전 6장 1절; 로마서 12장 13, 15장 25-29절). 야고보는 그의 서신에서 가난한 자를 돌보는 중요한 일을 게을리 한 사실을 독자들에게 상기시키고 있다(야고보서 2장). '누구든지 하나님을 사랑한다고 담대히 말하면서 가난한 자를 돌보지 않으면 마음속에 하나님을 사랑하는 자리를 가지고 있지 않는다(야고보서 2장 14-26절).'고 지적하고 있다. 특별히 그는 당시 그리스도인 가운데 부자를 환대하며, 가난한 자를 푸대접하는 사람을 꾸짖었다(야고보서 2장 5-9절). 요한은 세상의 물건을 가진 사람이 그 형제의 궁핍함을 보고도 그에 관해 동정하지 않으면 하나님의 사랑이 어찌 거할 수 있겠느냐고 질문한다(요한일서 3장 17-18절). 가난한 사람으로서의 마음 자세는 돈을 사랑치 말라(디모데전서 6장 10절; 잠언 17장 5절), 가지고 있는 상태에 만족할 줄 알아야 한다(히브리서 13장 5절; 빌립보서 4장 11-12절)고 말한다.

이렇게 신약성서에서는 '네 이웃을 내 몸같이 사랑하라(마태복음 22장 37절)', '벗을 위하여 제 목숨을 비치는 것보다 더 큰 사랑은 없다(요한복음 15장 12절)'고 선포한다. 이와 같은 말씀처럼 이웃을 위하여 자기의 가장 소중한 것을 나누는 사랑의 정신이 교회의 중요한 역할임을 강조하고 있다. 빈곤자들에 대한 관심과 이들에 대한 돌봄을 의무적 행위로 귀결시키고 있고 이는 예수님이 빈곤한 자들에게 복음을 전파하러 오셨고(누가복음 4장 18절; 7장 22절), '빈곤한 자는 복이 있고 하나님의 나라를 유업으로 받는다(누가복음 6장 25절).'에서 단적으로 나타난다.

결국 구약과 신약 성서 모두에서 나타나는 바에 따르면 하나님은 인간들이 빈곤으로부터 해방하여 진정한 자립을 스스로 실현해나가기를 원하신다는 것이다. 그런 면에서 십자가 사랑으로 수행하는 공공신학적인 복지선교 실천은 지역주민의 상호의존성이 부여되는 자립적인 지역사회의 구조를 만들어가는 데에 초점을 모아야 한다.

지역사회 차원에서 십자가 사랑으로 수행하는 공공신학적인 복지선교 실천의 과정은 이상에서 다룬 거시적인 지역사회 중심의 자립을 지향하면서도 동시에 언제나 사람들을 결합시키고, 주민들 간의 유대를 강화하며 사람들 간의 자애로운 상호의존성을 강조하려고 노력해야 한다. 그러나 치열한 생존경쟁 속에서의 독립성과 이기적 개인주의가 만연해 있는 사회에서 상호의존성을 대안적 관점으로 제시하는 것 자체가 쉬운 일은 아닐 것이다.

이 책에서 제시하는 상호의존성이란, 인류를 지극히 독립적인 개인의 힘으로 보는 것이 아니라 서로에게 의존하는 존재로 파악하는 관념이다. 이러한 관점에서 볼 때, 독립성의 관념은 미신에 불과하다. 오히려 사람들은 자신의 상호의존성에 감사해야 하며 인적 결합을 강화할 수 있는 방안, 즉 사랑과 섬김의 연대적 공동체를 실현하기 위해 노력해야 한다. 이러한 상호의존성을 받아들이고 그 중요성을 인정하는 것, 그리고 상호의존성을 장려할 수 있는 방안을 모색하는 것 자체가 십자가 사랑으로 수행하는 공공신학적인 복지선교 실천의 중요한 성격을 형성한다.

그런 면에서 십자가 사랑으로 수행하는 공공신학적인 복지선교 실천의 모든 측면은 사랑과 섬김의 연대적 공동체를 실현해나가는 과정으로 통합될 수 있다. 당연히 이와 같은 연대적 공동체를 이뤄내기 위해서는 공동체의 각 개별 구성원들의 자립역량이 갖춰져 있어야 함은 물론이다.

그래서 이는 각 개인의 주체성을 담보한 가운데서 주민들 상호 간에 서로를 소개할 기회를 부여하는 것, 주민 간의 대화를 위한 공간을 제공하는 것, 개인주의적 활동을 지양하고 지역사회에서의 일상적인 활동이 보다 집단중심의 활동이 되도록 노력하는 것을 포함한다. 지역사회 내의 상호권익과 상호의무의 장려는 보다 나은 십자가 사랑으로 수행하는 공공신학적인 복지선교 실천을 가능하게 하는 기초가 되며 사회자본을 창출하고 지역사회 연대를 강화하는 데 도움이 될 수 있다.

하나님의 정의와 '공공신학에 기초한 복지선교' 실천

제 4 장
공공신학과 복지선교

[제4장]

하나님의 정의와
'공공신학에 기초한 복지선교' 실천

그리스도인들이 다른 사람에게 은혜를 제공하는 것은 하나님의 은혜에 대한 반응이며 그리스도인들이 이웃을 사랑하는 것도 하나님의 사랑에 대한 반응인 것과 마찬가지로 인간이 정의를 실현해야 하는 것은 하나님의 정의에 대한 인간의 응답이다. 그리고 그와 같은 하나님의 정의는 교회 공동체를 통해 사회적 정의를 실현하는 것으로 구체화된다.

'하나님의 정의' 개념과 의로운 삶의 필요성

바울은 고린도후서 8장과 9장에서 가난한 자들을 위해 헌금한 고린도 교회 교인들에게 하나님의 은혜가 넘치도록 충만할 것을 약속한 다음에 그들에게 가난한 사람들을 위한 하나님의 정의를 상기시킨다. 고린도후서 9장 9절과 10절의 내용이 이를 말해준다.

"기록된 바 그가 흩어 가난한 자들에게 주었으니 그의 의가 영원토록 있느니라 함과 같으니라. 심는 자에게 씨와 먹을 양식을 주시는 이가 너희 심을 것을 주사 풍성하게 하시고 너희 의의 열매를 더하게 하시리니"

인간의 정의는 하나님의 정의에 대한 응답이다. 그리스도인들이 남을 돕고 필요를 제공할 수 있는 것은 하나님께서 믿음의 사람들에게 베풀 수 있는 능력을 주셨고, 그리스도인들로 하여금 가난한 사람들에게 베풀도록 하시기 때문이다. 그리스도인들로 인해 드러나는 하나님의 은혜는 정의라는 모습으로 나타난다.

성서는 하나님의 백성들에게 정의를 이뤄내라고 명령한다. 왜냐하면 사람들의 삶의 원천이 되시는 하나님께서 정의를 실현하고 계시기 때문이다. 하나님께서 사회적 약자들에게 특별한 관심을 가지고 계시기에 하나님의 백성들도 삶 속에서 하나님의 뜻을 이뤄드리는 모습을 반드시 보여야 한다.

"고아와 과부를 위하여 *정의를 행하시며* 나그네를 사랑하여 그에게 떡과 옷을 주시나니 너희는 나그네를 사랑하라. 전에 너희도 애굽 땅에서 나그네 되었음이니라(신명기 10장 18-19절)."

하나님의 백성이 보여야 하는 정의는 그들 자신의 정의가 아니라 **하나님의 정의 즉 "정의를 사랑하는 자"**의 정의다.

"능력 있는 왕은 *정의를 사랑하느니라.* 주께서 공의를 견고하게 세우시고 주께서 야곱에게 정의와 공의를 행하시나이다(시편 99편 4절)."

특히 일상생활에 있어서 '하나님의 정의' 실현의 대표적인 사례는 법적 판결에서 나타난다. 이웃 간의 법적 분쟁을 해결하는 데 있어서 재판관은 공평해야 했다. 그 이유는 "재판은 하나님께 속한 것"이기 때문이었다.

> "*재판은 하나님께 속한 것*인즉 너희는 재판할 때에 외모를 보지 말고 귀천을 차별 없이 듣고 사람의 낯을 두려워하지 말 것이며 스스로 결단하기 어려운 일이 있거든 내게로 돌리라 내가 들으리라 하였고(신명기 1장 17절)"

'하나님의 정의'가 적절하게 시행될 때 하나님의 백성들은 하나님의 뜻을 대행하는 사람들이 되었다.

> "성실이 없어지므로 악을 떠나는 자가 탈취를 당하는도다. 여호와께서 백성을 구원하려고 하시다 여호와께서 이를 살피시고 그 *정의가 없는 것을 기뻐하지 아니하시고* 사람이 없음을 보시며 중재자가 없음을 이상히 여기셨으므로 자기 팔로 스스로 구원을 베푸시며 *자기의 공의를 스스로 의지*하사(이사야 59장 15-16절)"

이렇게 '하나님의 정의'는 하나님의 가장 중요한 속성이다. '정의'는 우주의 왕이시며 만왕의 왕이신 하나님의 본질적인 성향에 근거한다.

> "여호와께서 다스리시니 만민이 떨 것이요 여호와께서 그룹 사이에 좌정하시니 땅이 흔들릴 것이로다. 시온에 계시는 여호와는 위대하시고 모든 민족보다 높으시도다. 주의 크고 두려운 이름을 찬송할지니 그는 거룩하심이로다. 능력 있는 왕은 정의를 사랑하느니라. 주께서 공의를 견고하게 세우시고 주께서 야곱에게 정의와 공의를 행하시나이다(시편 99편 1-4절)."

하나님께서는 "땅의 모든 온유한 자를 구원하시려고 정의를(시편 76편 9절)" 이뤄 가신다. 예레미야 9장 24절의 "자랑하는 자는 이것으로 자랑할지니 곧 명철하여 나를 아는 것과 나 여호와는 사랑과 정의와 공의를 땅에 행하는 자인 줄 깨닫는 것이라. 나는 이 일을 기뻐하노라. 여호와의 말씀이니라."고 하시며 정의를 하나님이 직접 세우신다. 그러면서 하나님은 압제받는 사람들을 옹호하신다. 사회적 약자들을 보호하신다.

"여호와께서 공의로운 일을 행하시며 억압당하는 모든 자를 위하여 심판하시는도다. 그의 행위를 모세에게, 그의 행사를 이스라엘 자손에게 알리셨도다(시편 103편 6-7절)."

이 말씀은 출애굽에 대한 언급이다. 출애굽 사건으로 노예들이 해방을 얻었다. 그 결과 새로운 국가를 형성하게 되었다. 시편 146편 7절부터 9절까지, "억눌린 사람들을 위해 정의로 심판하시며 주린 자들에게 먹을 것을 주시는 이시로다. 여호와께서는 갇힌 자들에게 자유를 주시는도다. 여호와께서 맹인들의 눈을 여시며 여호와께서 비굴한 자들을 일으키시며 여호와께서 의인들을 사랑하시며 여호와께서 나그네들을 보호하시며 고아와 과부를 붙드시고 악인들의 길은 굽게 하시는도다."에서 반복하여 강조된다. 하나님께서 돕지 않으면 어떠한 도움도 받을 수 없는 가난한 사람들과 사회적 약자들에게 하나님께서는 확실한 보호자가 되신다.

"고아와 압제 당하는 자를 위하여 심판하사 세상에 속한 자가 다시는 위협하지 못하게 하시리이다(시편 10편 18절)."

"내 모든 뼈가 이르기를 여호와와 같은 이가 누구냐 그는 가난한 자를 그보다 강한 자에게서 건지시고 가난하고 궁핍한 자를 노략하는 자에게서 건지시는 이라 하리로다(시편 35편 10절)."

"우리가 앗수르의 구원을 의지하지 아니하며 말을 타지 아니하며 다시는 우리의 손으로 만든 것을 향하여 너희는 우리의 신이라 하지 아니하오리니 이는 고아가 주로 말미암아 긍휼을 얻음이니이다 할지니라(호세아 14장 3절)."

이와 같은 하나님의 뜻에 순종하는 지혜로운 사람은 예레미야 9장 24절의 "자랑하는 자는 이것으로 자랑할지니 곧 명철하여 나를 아는 것과 나 여호와는 사랑과 정의와 공의를 땅에 행하는 자인 줄 깨닫는 것이라. 나는 이 일을 기뻐하노라. 여호와의 말씀이니라."는 말씀이 적용되는 삶을 산다. 하나님이 어떤 분이신지를 아는 사람들은, 하나님께서는 언제나 가난한 사람의 편에 계심을 깨달을 수 있는 사람들이다. 그러므로 그리스도인들은 이 깨달음으로 인해 그들이 살고 있는 사회의 모순을 해결하고자 어떤 행동을 취해야 할지를 결정한다. 하나님께서는 하나님의 속성을 깨닫지 못하는 사람들에게 성서의 명령들을 통해 그들의 책임을 분명하게 밝혀주신다.

또한 하나님의 정의로운 역사하심으로 인해 혜택을 받은 사람들은 '압박받는 이스라엘 백성이나 그리스도인들' 뿐만이 아니다. 하나님께서는 모든 시대와 모든 민족을 위하여 일관되게 정의를 시행하신다. 그 결과, 인간들도 하나님의 정의를 자신들의 삶 속에서 이뤄갈 수 있게 되었다. 그러므로 **인간의 정의는 하나님께로부터 받은 은혜에 대한 표시**다. 그것은 은혜로운 하나님께서 정의를 베푸신 것이라는 의미에서뿐만 아니라 **정의는 그 속성상 은혜와 그 은혜의 표현인 사랑과 연결**된다. 이는 그리스도인의 책임이 그리스도의 구속 사역을 통하여 받은 능력과 사명에 의해 뒷받침됨을 의미한다.

바람도 구름도 강물도 젊음도 모든 것이 다 지나가고 흘러가고 사라지고 소멸된다. 그러나 모든 것이 다 사라진 뒤에도 언제나 변함없이 남아 있는 것이 있다. 그것은 바로 사랑이다. 사랑은 어떤 상황 속에서도 소멸되지 않는다. 사랑은 어떤 여건 하에서도 위축되거나 변형되지 않는다. 사랑은 영원하기 때문이다. 그래서 사도 바울은 고린도전서 13장 8절에서

"사랑은 언제까지나 떨어지지 아니하되 예언도 폐하고 방언도 그치고 지식도 폐하리라."고 증거 한다. 사도 요한은 이렇게까지 주장한다.

> "사랑하는 자들아 우리가 서로 사랑하자 사랑은 하나님께 속한 것이니 사랑하는 자마다 하나님으로부터 나서 하나님을 알고 사랑하지 아니하는 자는 하나님을 알지 못하나니 이는 하나님은 사랑이심이라(요한일서 4장 7-8절)."

사도 요한은 하나님은 곧 사랑이시라고 했다. 사랑이 영원하다면 영원한 것은 영원한 것으로부터만 나오는 것이기에, 영원하신 분은 하나님 한 분밖에 없으시며, 영원하신 하나님은 영원한 사랑이실 수밖에 없다는 사실이다. 그런데 사랑과 더불어 영원한 것이 또 있다. 그것은 바로 '의'다. 예수 그리스도께서는 요한복음 17장 25절 상반 절을 통해 하나님을 이렇게 부르신다. "의로우신 아버지여" 주님께서는 하나님 아버지를 의로우신 하나님, '의'의 하나님으로 말씀하신다. 의가 영원하다면 그것 또한 영원하신 하나님으로부터만 비롯된 것이기에, 영원하신 하나님은 의로우신 하나님이시다. 이렇게 영원하신 하나님 아버지께서 사랑이신 동시에 또한 의로우신 하나님이시라면, 하나님의 사랑과 하나님의 의는 둘이 아니라는 것이다. 사랑과 의는 구별될 수가 없는 것이다. **사랑과 의는 하나를 가리키는 두 이름**이다. 다시 말해 사랑의 다른 이름이 곧 '의'이며 '의'의 또 다른 이름이 바로 '사랑'인 것이다.

그래서 사도 바울은 고린도전서 13장을 통하여 사랑은 "악한 것을 생각지 아니하며 불의를 기뻐하지 아니하며 진리와 함께 기뻐하고"라고 했다. 바울은 사랑이 곧 의라는 사실을 터득하고 있었고, 그 '의'는 바로 '하나님의 정의'와 같은 개념이었다. 사랑은 곧 '의'이고, '의'가 곧 '사랑'이다. 의란 사람을 사랑하는 능력이다. 사랑이란 사람을 의롭게 하는 힘이다. 의인이란 사람을 사랑하는 사람이다. 사랑의 사람이란 사람을 의롭게 하는 능력 속에 사는 사람이다. 그러므로 **하나님의 정의는 하나님이 사랑하시는 사람을 진정으로 사랑**

하는 능력이다.

그리스도인은 하나님으로부터 사랑받고, 하나님의 사랑을 알며, 하나님의 사랑 안에 거하는 사람이다. 참된 그리스도인이란 언제 어디서나 진리를 좇아 의롭게 살아가는 사람, 그 마음과 생각과 행동이 날마다 더욱 의롭게 변화하는 사람이어야 한다. 영원하신 하나님은 사랑이신 동시에 의로우신 하나님이시기에, 하나님의 사랑 속에 거한다는 것은 곧 사람들을 의롭게 하시는 그분의 능력 속에 있음을 의미하는 것이다.

예수 그리스도께서는 요한복음 17장 20절과 21절을 통해 이렇게 간구하신다.

> "내가 비옵는 것은 이 사람들만 위함이 아니요 또 그들의 말로 말미암아 나를 믿는 사람들도 위함이니 아버지여, 아버지께서 내 안에, 내가 아버지 안에 있는 것 같이 그들도 다 하나가 되어 우리 안에 있게 하사 세상으로 아버지께서 나를 보내신 것을 믿게 하옵소서."

여기에서 '이 사람들'이란 지금 주님 앞에 있는 제자들을 말한다. '그들'이란 제자들을 통하여 하나님을 믿고 있는, 혹은 믿게 될 그리스도인들 곧 교회를 지칭한다. '우리'란 삼위일체 되신 하나님을 뜻하며 '세상'이란 아직 하나님을 알지 못하는 자들을 의미한다. 이 기도문의 요지는 이 세상에서 아직 하나님도, 예수 그리스도도 알지 못하는 사람들이 그리스도인들로 인하여 예수 그리스도가 하나님이 보내신 구원자이심을 믿게 해 달라는 것이다. 즉, 믿는 사람들로 인해 믿지 않는 자들이 하나님을 믿는 자들이 되게 해 달라는 것이다. 그리고 주님께서는 23절을 통하여 더욱 구체적으로 이렇게 기도하신다. "곧 내가 그들 안에 있고 아버지께서 내 안에 계시어 그들로 온전함을 이루어 하나가 되게 하려 함은 아버지께서 나를 보내신 것과 또 나를 사랑하심 같이 그들도 사랑하신 것을 세상으로 알게 하려 함이로소이다." 삼위일체 되신 하나님께서 우리 속에 계시면서 우리로 하여금 주님 안에서 하나 되게 하심은, 하나님께서 우리를 사랑하신다는 사실을 믿지 않는 사람들에게 깨닫게 하시기 위함이라는 것이다. 바꾸어 말하면 하나님을 믿는 우리에게 주어진 임무는, 하나님을 모르는 사람들에게 하나님께서 우리를 얼마나 사랑하시는지를 알게 해 주는 것이다.

그렇다면 어떻게 세상 사람으로 하여금 예수 그리스도가 하나님께서 보내신 구원자이심을 믿게 할 수 있겠는가? 어떻게 믿지 않는 사람들에게 하나님의 사랑을 보여줄 수 있겠는가? 오직 그리스도인들의 의로운 삶으로만 그 일을 완수할 수 있다. **하나님의 의를 드러내는 그리스도인들의 선교적 삶과 복음화 실천, 불의한 일에 대한 사회참여와 사회행동을 아우르는 진정한 복지선교**를 통해서 예수 그리스도의 구원자 되심이 드러나고, 하나님의 사랑하심이 구체적으로 나타날 수 있을 것이다.

하나님을 믿는 사람들이 하나님을 믿지 않는 사람들과 구분되는 점이 있다면 그것은 단지 하나, **하나님의 의를 추구하는 삶**이다. 이것 없이는 불신자들의 삶과 구별될 수가 없고, 불신자들을 감화시킬 수 없으며, 불신자들에게 그리스도를 증거할 수 없고, 불신자들에게 하나님의 사랑을 증명할 방법이 없다. 그래서 주님께서는 본문 25절에서 "의로우신 아버지여 세상이 아버지를 알지 못하여도 나는 아버지를 알았사옵고 그들도 아버지께서 나를 보내신 줄 알았사옵나이다."라고 말씀하신다. 세상 사람들은 의로우신 하나님이 어떤 분이신지 알지 못하지만 주님께서는 하나님 아버지를 분명히 알고 계셨다. 그리스도인들도 주님은 하나님께서 이 땅에 보내 주신 구원자이심을 알고 고백한다. 예수 그리스도께서 인간을 구속하시기 위해 십자가 위에서 친히 못 박혀 돌아가심으로 하나님의 사랑은 의이며 하나님의 의는 곧 사랑임을 몸소 증명해 보이셨기 때문이다. 그것을 알기에 그리스도인들은, 하나님의 사랑을 힘입어 예수 그리스도를 본받아 하나님의 의를 실천해야 한다.

'하나님의 정의'의 적용

하나님의 정의는 악에 대한 하나님의 진노와 관계된다. 당연히 도덕이 강조된다. 그 결과, 사회가 유지된다. 그래서 **하나님의 정의는 공정한 현실을 이뤄내는 토대**이다. 하나님의 정의는 이 세상에서 차별 없이 모든 사람에게 균등하게 나눠질 수 있는 정치적 권리 또는 시민의 권리로 확장될 수 있다. 이는 앞서 다룬 성서에서 일관되게 말하는 하나님의 정의 개념에 부합하는 것이다. 특히 성서는 하나님의 정의를 분배적인 기능을 가진 것으로 폭넓게 적용한다. 이와 같은 분배의 기능은 사랑의 개념과 연결된다. 앞서 **사랑과 의를 '통합되었으나 구분된 동전의 양면'처럼 묶여 있는 의미로 설명한 바와 같이 구속사역에 있어서 하나님의 의인 분배적 정의가 하나님의 진노, 즉 보복적 정의를 능가하는 것**이다.

그러므로 하나님의 사랑은 하나님의 분배적 정의와 밀접한 관계가 있다. 연약하고 압제받는 사람들이 그들의 권리를 위하여 하나님의 정의에 호소하는 것과 마찬가지로 그들은 자신들의 연약함과 비통함을 근거로 하나님의 사랑이 구체적인 행위인 하나님의 돌보심으로 나타나기를 간구한다. 여기에서의 '하나님의 사랑'은 '은혜'라고 번역되기도 한다. 히브리어 원문은 '헤세드(חסד)'이다. '헤세드'는 '꾸준한 사랑' 혹은 '언약에 충실함' 등의 뜻으로 사용된다. 따라서 하나님의 정의는 언약의 내용을 규정하며 공동체 안의 다양한 관계들의 질서를 정한다. 반면 사랑은 언약에 대한 신실함 혹은 주어진 관계나 자신의 역할 안에서 친절하게 행동하는 것이다. 견고한 사랑은 하나님의 정의와 밀접한 관련이 있으며 결코 서로 대립되는 원리가 아니다(호세아 2장 19절; 호세아 10장 12절; 호세아 12장 7절; 예레미야 9장 24절; 미가 6장 8절).

한편 하나님의 정의는 사회에서 고통당하는 사람들의 불공평을 바로잡는 것으로서 은혜와 사랑이 가지는 창조적 힘을 확대시킨다. 사회적 약자와 소외당한 사람들에게 흘러가는 은혜, 사랑 및 정의는 세상의 일반적인 기대를 뒤집고 새로운 패러다임으로 공동체가 형성될 수 있는 기반이 전혀 없는 곳에서 새로운 공동체를 만들어낸다. 실제로 이스라엘을 이집트로부터 구원해내신 일(미가 6장 5절; 호세아 11장 4절)과 타락한 인류를 죄로부터 구원해내신 일(로마서 3장 23-26절; 로마서 5장 8절) 등을 통해서 볼 때, 하나님의 사랑은 하나님의 정의로 묘사되고 있다.

이렇게 정의가 사랑을 실현하는 도구라고 할 때, 사랑과 정의의 관계는 보다 구체적으로 어떻게 확장될 수 있는가? 사랑은 모든 사람에게 동등하게 적용되며 개인들을 존경하고 모든 사람의 필요와 그들이 삶을 향유할 수 있는 능력을 인정하기 때문에, 결과적으로 사랑은 인권을 탄생시킨다. 왜냐하면 정의는 인간의 삶 속에서 서로를 위하여 살도록 하는 기능을 하며 이것은 동시에 사랑의 의미가 되기 때문이며 이와 같은 사랑은 인간의 존엄성을 전제하게 된다. 특히 **정의는 모든 인간이 하나님께로부터 똑같이 가치를 부여받았다는 사실 하나만을 근거로 모든 인간을 평등하게 대하게 하는 토대**가 된다. 당연히 하나님의 백성들은 그들이 하나님께로부터 받은 은혜로 인해 정의를 행할 것을 명령받고 있다.

그래서 성서는 신명기 10장 18절과 19절의 "고아와 과부를 위하여 *정의*를 행하시며 나그네를 사랑하여 그에게 떡과 옷을 주시나니 너희는 나그네를 *사랑*하라 전에 너희도 애굽 땅에서 나그네 되었음이니라."처럼 정의와 사랑을 함께 언급하기도 한다.

이스라엘 백성과 마찬가지로 그리스도인들이 누리고 있는 편안함도 구원받은 사람들이 뛰어난 자질을 가졌기 때문이 아니라 하나님의 은혜 때문이다. 따라서 그리스도인은 다른 사람들이 어려움에 처했을 때, 그들을 책임져야 한다. 그리고 그들이 정의를 이뤄낼 때는 그들의 가치, 출생, 장점 혹은 능력에 의해서가 아니라 그들의 필요에 따라 제공해야 한다. 모든 사람이 평등의 원리에 입각하여 정의롭게 대우받아야 할 동등한 자격을 가지고 있는 것은 이와 같은 사실에 근거한 것이다.

이렇게 정의 안에 은혜와 사랑이 있음은, 동등한 사람들을 동등하게 대해야 하는 원리를 보편화시킨다. 동시에 각 사람의 필요에 대한 관심을 불러일으키고, 모든 사람의 유익을 추구해야 할 의무를 창출해낸다. 따라서 모든 사람들의 자유와 복지는 내 자신의 것과 마찬가지로 소중한 것이 된다.

그러므로 하나님의 정의는 가난한 사람들 편에서 그들에게 특별한 관심을 보이며 하나님의 백성들에게 책임을 요구하는 적극적인 '사회원리'가 된다. 그렇기 때문에 성서적 정의란 가난한 사람들의 이익을 내 자신의 일처럼 떠맡는 것을 포함한다.

> "내가 의를 옷으로 삼아 입었으며 나의 정의는 겉옷과 모자 같았느니라. 나는 맹인의 눈도 되고 다리 저는 사람의 발도 되고 빈궁한 자의 아버지도 되며 내가 모르는 사람의 송사를 돌보아 주었으며 불의한 자의 턱뼈를 부수고 노획한 물건을 그 잇새에서 빼내었느니라(욥기 29장 14-17절)."

성서적 정의는 아는 것으로 끝나서는 안 된다. 행해야 하는 것이다. 이는 개인적으로 단순히 의롭게 행하는 것 이상의 행위이자 지침이다. 그것은 사회 안에서 하나님의 정의가 올바로 시행되게끔 적극적으로 책임을 지는 것을 뜻한다. 하나님께서는 이 땅 위에서 가난하고 궁핍하며 소외된 사람들에 대한 압제를 제거하기 위해 "이 땅을 위하여 성을 쌓으며 성 무너진 데를 막아서는(에스겔 22장 29-30절)" 사람들을 찾으셨다.

그러나 하나님은 그와 같은 사람을 찾을 수가 없었다. 그 결과, 그들 위에 하나님의 진노가 부어졌다.

> "내가 기뻐하는 금식은 흉악의 결박을 풀어 주며 멍에의 줄을 끌러 주며 압제 당하는 자를 자유하게 하며 모든 멍에를 꺾는 것이 아니겠느냐 또 주린 자에게 네 양식을 나누어 주며 유리하는 빈민을 집에 들이며 헐벗은 자를 보면 입히며 또 네 골육을

피하여 스스로 숨지 아니하는 것이 아니겠느냐 그리하면 네 빛이 새벽 같이 비칠 것이며 네 치유가 급속할 것이며 네 공의가 네 앞에 행하고 여호와의 영광이 네 뒤에 호위하리니 네가 부를 때에는 나 여호와가 응답하겠고 네가 부르짖을 때에는 내가 여기 있다 하리라 만일 네가 너희 중에서 멍에와 손가락질과 허망한 말을 제하여 버리고 주린 자에게 네 심정이 동하며 괴로워하는 자의 심정을 만족하게 하면 네 빛이 흑암 중에서 떠올라 네 어둠이 낮과 같이 될 것이며(이사야 58장 6-10절)"

이상에서 제시한 말씀 가운데 사용된 몇몇 구절은 구체적인 행동들을 두드러지게 부각시킨다. 욥기 29장 14절의 "내가 의를 옷으로 삼아 입었으며 나의 정의는 겉옷과 모자 같았느니라."와 17절의 "불의한 자의 턱뼈를 부수고 노획한 물건을 그 잇새에서 빼내었느니라."가 그것이다. 이러한 행동들은 단순한 자선행위의 차원을 넘어서서 고통의 원인들을 강력하게 지적함과 동시에 모든 형태의 압제에 대해 적극적인 관심을 갖는 것이다. 하나님의 뜻은 하나님의 백성들이 '인간으로서 당하는 모든 불행'을 제거하는 일에 적극 참여하는 것이다. 이러한 행동들은 하나님의 정의를 실현하기 위해서 때때로 정치적인 접근을 활용할 것을 암시한다.

하나님의 정의를 실현하기 위해 정치적인 접근을 활용하는 것은 우선 정부의 통치 권력과 법률 및 공공행정 등의 영역에서 가능하다. 선지자 이사야가 이사야 1장 17절에서 "선행을 배우며 정의를 구하며 학대 받는 자를 도와 주며 고아를 위하여 신원하며 과부를 위하여 변호하라 하셨느니라."고 호소한 것은 관원들에게(이사야 1장 10절)였다. 여기에서의 정의는 압제를 제거하는 것을 의미한다. 고아와 과부는 압제의 대표적인 희생자들이었다. 하나님의 정의는 그 어떤 사람보다도 왕과 관련이 있었다. 왕의 주된 임무는 "정의를 베풀며 압제자들에 대항하여 연약한 자들을 돕는 일"이었기 때문이다.

결국 하나님의 백성들은 모두 그들이 속한 사회, 즉 정치적 영역을 포함한 모든 영역에서 정의를 세워야 할 책임을 지고 있다. 여호와의 말씀이 이스라엘 백성들 모두에게 주어진 것이라고 성서는 천명한다.

> "이스라엘 족속아 내가 너희에게 대하여 애가로 지은 이 말을 들으라. … 중략 … 여호와께서 이스라엘 족속에게 이와 같이 말씀하시기를 너희는 나를 찾으라. 그리하면 살리라. … 중략 … 너희는 악을 미워하고 선을 사랑하며 성문에서 정의를 세울지어다. 만군의 하나님 여호와께서 혹시 요셉의 남은 자를 불쌍히 여기시리라(아모스 5장 1절, 4절, 15절)."

성문에서 공의를 세운다는 말은 히브리 성읍에서 이뤄졌던 정치적인 문제들에 대한 언급이다. 이스라엘 족속은, 그들의 출입구인 성문에서 법적인 문제를 해결하기 위해 이른 아침에 모이곤 했다. 재판을 원하는 사람은 누구나 사람들에게 모일 것을 요청하였고, 요청받은 모든 거민들은 기꺼이 모임에 참여하였다. 왜냐하면 정의를 시행하는 것은 모든 사람의 관심사였기 때문이다. 여호와 하나님께서는 성읍 거민 전체에게 정의를 유지할 책임을 부과하셨다. 성문에서 벌어진 토론들은 사법, 입법 및 행정의 기능을 수행하였다.

같은 맥락에서 하나님의 정의를 실현하고자 스가랴도 정치제도에서의 정의를 설파하였다.

> "너희가 행할 일은 이러하니라. 너희는 이웃과 더불어 진리를 말하며 너희 성문에서 진실하고 화평한 재판을 베풀고(스가랴 8장 16절)."

예레미야는 백성들과 정부 모두에게 여호와 하나님의 명령을 전했다.

> "이르기를 다윗의 왕위에 앉은 유다 왕이여 너와 네 신하와 이 문들로 들어오는 네

백성은 여호와의 말씀을 들을지니라. 여호와께서 이와 같이 말씀하시되 너희가 정의와 공의를 행하여 탈취 당한 자를 압박하는 자의 손에서 건지고 이방인과 고아와 과부를 압제하거나 학대하지 말며 이곳에서 무죄한 피를 흘리지 말라(예레미야 22장 2-3절).”

성령의 감동하심에 의해 구약의 선지자들은 모든 수단을 총동원하여 '정의를 행하라'는 하나님 명령의 소중성과 심각성을 온전히 백성들에게 전하려고 애썼다. 하나님의 은혜로 인해 선택받아 하나님의 백성이 된 사람들은 이 명령에 반드시 귀 기울여야 했다. 선지자들은 하나님의 명령을 불순종하면 민족적 재앙이 임할 것을 경고하였으며 반면 순종하는 사람들에게는 생명을 약속하셨다.

"사람이 만일 의로워서 정의와 공의를 따라 행하며 산 위에서 제물을 먹지 아니하며 이스라엘 족속의 우상에게 눈을 들지 아니하며 이웃의 아내를 더럽히지 아니하며 월경 중에 있는 여인을 가까이 하지 아니하며 사람을 학대하지 아니하며 빚진 자의 저당물을 돌려주며 강탈하지 아니하며 주린 자에게 음식물을 주며 벗은 자에게 옷을 입히며 변리를 위하여 꾸어 주지 아니하며 이자를 받지 아니하며 스스로 손을 금하여 죄를 짓지 아니하며 사람과 사람 사이에 진실하게 판단하며 내 율례를 따르며 내 규례를 지켜 진실하게 행할진대 그는 의인이니 반드시 살리라 주 여호와의 말씀이니라 (에스겔 18장 5-9절).”

이러한 '하나님의 정의'는 '사회정의'로 보다 구체화된다. '사회정의'는 선지서와 신약성서를 관통하는 주제가 된다. 그 결과, 사회정의는 기독교신앙에서 핵심 주제로 자리매김 된다. 사회정의가 없이는 어떠한 형태의 경건도 그 가치를 득할 수 없는 것으로까지 이해된다. 성서에서 말하는 사회정의에 대한 메시지는 강력하다.

"내가 너희 절기들을 미워하여 멸시하며 너희 성회들을 기뻐하지 아니하나니 너희가 내게 번제나 소제를 드릴지라도 내가 받지 아니할 것이요 너희의 살진 희생의 화목제도 내가 돌아보지 아니하리라. 네 노랫소리를 내 앞에서 그칠지어다. 네 비파 소리도 내가 듣지 아니하리라. 오직 정의를 물 같이, 공의를 마르지 않는 강 같이 흐르게 할지어다 (아모스 5장 21-24절)."

예레미야는 이스라엘 백성이 성전 숭배가 신앙의 전부라고 생각하는 것을 공격하였다. 이스라엘 백성들은 하나님의 성전이 자신들과 함께 있는 한 안전하기 때문에 정의를 행하지 않아도 하나님의 진노를 모면할 수 있을 것이라고 생각했다.

"너희는 이것이 여호와의 성전이라, 여호와의 성전이라, 여호와의 성전이라 하는 거짓말을 믿지 말라. 너희가 만일 길과 행위를 참으로 바르게 하여 이웃들 사이에 **정의를 행하며** 이방인과 고아와 과부를 압제하지 아니하며 무죄한 자의 피를 이곳에서 흘리지 아니하며 다른 신들 뒤를 따라 화를 자초하지 아니하면 내가 너희를 이곳에 살게 하리니 곧 너희 조상에게 영원무궁토록 준 땅에니라(예레미야 7장 4-7절)."

심지어 성서는 하나님께 대한 순종의 표시로서 사회정의를 행하는 것이 하나님을 아는 것이라고까지 강조한다.

"네가 백향목을 많이 사용하여 왕이 될 수 있겠느냐 네 아버지가 먹거나 마시지 아니하였으며 **정의와 공의를 행하지** 아니하였느냐 그 때에 그가 형통하였었느니라. 그는 가난한 자와 궁핍한 자를 **변호하고** 형통하였나니 이것이 **나를 앎이 아니냐** 여호와의 말씀이니라(예레미야 22장 15-16절)."

특히 '변호하다'는 표현은 단지 공정한 재판을 의미하는 것만이 아니다. 정의가 시행될 때까지 가난한 사람의 입장을 변론하는 것을 의미한다. 정의를 행하는 것이 어떻게 하나님을 아는 것이 되는가? 그것은 압제받는 사람들에 대한 하나님의 관심이 하나님의 속성일 뿐만 아니라 역사 속에 나타난 '하나님이 행하신 사역'의 본질적인 부분이기 때문이다. 신앙 안에서 이렇게 하나님을 진정으로 만난 사람들은 하나님과 동일한 정의로운 모습으로 비춰질 것이다.

또한 그리스도인들이 정의를 행해야 한다는 것은, 사회 안에서 일어나는 모든 행동들에 책임을 진다는 의미이다. 인간의 기본적인 필요가 있는 곳이라면 어디에서나, 그리스도인들은 자신의 능력과 기회가 닿는 대로 그 필요를 채우고 어려움을 해결하는 데에 참여해야 할 의무가 있다.

> "네 손이 선을 *베풀 힘이 있거든* 마땅히 받을 자에게 베풀기를 *아끼지 말며*(잠언 3장 27절)"

특히 이 말씀은 지금까지 제시했던 모든 가르침을 요약한 것임과 동시에 다양한 상황 속에서 행해야 할 실천방안에 대한 요약이기도 하다. 그리스도인은 개인이 가진 능력이나 자원뿐만 아니라 계층적 지위와 정치적 기회들을 모두 동원하여야 한다. 이렇게 하나님의 정의가 성서 전체의 핵심 주제로 제시되고 있다는 것은 사회적 행동을 성서가 직접적이고도 시종일관 요구하고 있음을 보여준다.

그러므로 하나님은 이 세상에 당신의 정의가 실현되기를 원하시고 기뻐하신다. 당연히 일반적으로는 사회 속에서 함께 사는 사람들이 얼마나 그들의 이익을 공유하며 동고동락 할 수 있는가에 따라 그 사회의 '정의' 수준이 결정된다. 아울러 부, 소득, 보상, 권위, 자유, 권리, 의무, 혜택, 기회의 배분은 윤리적 차원에서 뿐만 아니라 법적이고 관습적인 차원에서도 정의에 따라 이뤄진다. 이와 같은 사회적 가치들의 토대는 인간에 대한 관심에 따라 다르게 형성된다. 그리고 사회적 가치의 반영 결과로서 인간에 대한 관심이 구체적으로 나타나는 것이 바로 '정의'다. 진정한 정의가 실현되기 위해서는 사회제도의 모든 영역에서 구현되어야 한다. 사회 내에서 그 구성원들의 이익과 불이익을 조정하는 것이 제도들이기 때문이다. 그래서 하나님의 정의는 궁극적으로 사회제도 전반에 흘러넘쳐야 한다.

하나님의 정의를 실현하는 공공신학적인 복지선교

교회는 세상을 변혁시키는 힘을 갖고 있다. 첫째는 하나님의 통치가 이뤄지는 것을 방해하는 관행들을 제거할 수 있다. 둘째는 하나님께서 창조하시는 '새사람'으로 인간관계를 새롭게 형성함으로써 교회가 세상에 모범을 보이는 방법이다. 이 두 가지는 서로 밀접하게 관련된다. 기존 사회의 삶의 방식이 억압과 소외, 배제 등을 강제한다면 이를 따르지 않는 것은 새로운 질서에 기초한 것이며 교회는 이러한 새로운 질서를 제시한다.

또한 세상을 향한 교회의 가치는 세상을 향한 교회의 사역에만 있는 것이 아니라 오히려 세상 속에서의 교회의 존재 자체에 있어야 한다. 교회가 세상 속에서 세상을 위해 행할 수 있는 가장 큰 섬김은 믿음의 집이 '되는 것'이며 이것은 보다 나은 삶의 방식을 모범적으로 '보여주는 것'이다. 개인의 회심과 하나님께 영광을 돌리도록 인도하는 사랑의 행위는 교회 공동체 안에서 행해지는 활동들에 국한될 수 없다. 그것은 세상을 향한 교회의 사역으로 나타나야 한다.

"이같이 너희 빛이 사람 앞에 비치게 하여 그들로 너희 착한 행실을 보고 하늘에 계신 너희 아버지께 영광을 돌리게 하라(마태복음 5장 16절)."

"너희가 이방인 중에서 행실을 선하게 가져 너희를 악행한다고 비방하는 자들로 하여금 너희 선한 일을 보고 오시는 날에 하나님께 영광을 돌리게 하려 함이라(베드로전서 2장 12절)."

"아내들아 이와 같이 자기 남편에게 순종하라 이는 혹 말씀을 순종하지 않는 자라도 말로 말미암지 않고 그 아내의 행실로 말미암아 구원을 받게 하려 함이니 너희의 두려워하며 정결한 행실을 봄이라. … 중략 … 선한 양심을 가지라. 이는 그리스도 안에 있는 너희의 선행을 욕하는 자들로 그 비방하는 일에 부끄러움을 당하게 하려 함이라 (베드로전서 3장 1-2절, 16절)."

특히 교회 공동체의 존재가 사회적으로 영향력을 가진다는 주장의 근거는 마태복음 5장 14절 "너희는 세상의 빛이라. 산 위에 있는 동네가 숨겨지지 못할 것이요."라는 예수님의 말씀에 있다. 세상에서 빛을 발하는 성읍으로서의 교회 공동체는, 교회가 대안사회로서 행해야 할 사회적 영향력을 매우 적절하게 제시한다. 그러나 동시에 성서는 '빛'이 어둠과 싸우는 적극적이며 공격적인 힘을 나타내고 있음을 기억해야 한다. 이사야가 갈릴리에서 한 큰 빛을 볼 것이라고 예언한 말씀은 압제자의 막대기가 꺾어지고 정의가 이뤄질 것이라는 말씀과 연관된다(이사야 9장 2, 4, 7, 9절). 특히 이사야 42장 6절의 "나 여호와가 의로 너를 불렀은즉 내가 네 손을 잡아 너를 보호하며 너를 세워 백성의 언약과 이방의 빛이 되게 하리니"에서 '이방의 빛'은 공의를 베푸는 '여호와의 종'이다. 빛은 정의를 위한 힘이며 승리와 위엄의 이미지로 나타난다.

"내가 붙드는 나의 종, 내 마음에 기뻐하는 자 곧 내가 택한 사람을 보라. 내가 나의 영을 그에게 주었은즉 그가 이방에 정의를 베풀리라. 그는 외치지 아니하며 목소리를 높이지 아니하며 그 소리를 거리에 들리게 하지 아니하며 상한 갈대를 꺾지 아니하며 꺼져가는 등불을 끄지 아니하고 진실로 정의를 시행할 것이며 그는 쇠하지 아니하며 낙담하지 아니하고 세상에 정의를 세우기에 이르리니 섬들이 그 교훈을 앙망하리라 (이사야 42장 1-4절)."

이렇게 교회는 하나님의 정의를 실현해야 할 책임을 하나님으로부터 부여받은 거룩한 공동체이다. 그러므로 교회는 하나님의 정의를 실현하는 공공신학적인 복지선교를 실천해야 한다. 교회가 수행할 수 있는 하나님의 정의를 향한 공공신학적인 복지선교 실천의 몇 가지 사례를 간략하게 제시한다.

기독교 윤리운동

하나님의 정의를 이뤄가는 공공신학적인 복지선교의 첫 번째 사례로는 기독교 윤리운동을 들 수 있다. 무엇보다도 기독교의 윤리운동은 크게 두 방향으로 설정된다. 첫째는 교회의 윤리를 다루는 문제이고 둘째는 사회의 윤리를 바로 세우는 일이다. 이 일에 헌신해오는 모범적인 활동이 있다. 바로 '기독교윤리실천운동(이하 기윤실)'이다.

서울대 기독교수 성서공부 모임을 모태로 손봉호 교수 등이 주축이 되어 지난 1987년 창립된 기윤실은 그 명칭에서 드러나듯 근검, 절제, 정직 등의 윤리적 실천을 주요 방향으로 내걸었다. 이는 정권과 제도적 체제를 대상으로 하는 시민운동의 방향을 전환해서 교회를 바로 세우고 가정과 개인을 대상으로 하여 건강한 시민사회를 형성하는 것을 사명으로 내세웠다. 이것은 진보적 기독교인들의 사회를 향한 갈등주의적 접근 방향에서 온건한 복음주의 기독교인의 상호작용적인 접근으로의 방향 전환을 의미한 것이며, 구조를 변화시키기에 앞서 개개인이 변화되어야 한다는 관점의 구체적 실천이었다. 교회가 먼저 바르게 서고 상대를 일으켜 세우고자 하는 전략을 설정한 기윤실은 이 사명을 구현하기 위해 생활신앙운동, 건강교회운동, 사회정의운동, 문화소비자운동 등 4대 영역을 설정하였다.

사회복지 운동

1990년대 후반부터 본격화하여 2024년 현재까지 기독교 내에서 가장 활발하게 활동하는 부분이 교회의 사회복지 운동이라 할 수 있겠다. 과거 교육관을 짓는 것에 집중했던 교회의 에너지를 교회가 주도하여 지역사회 내에 사회복지시설을 설립하거나 정부 및 지자체와 연계하여 사회복지서비스 및 사회복지시설을 수탁 받아 운영하는 것이 교회의 중요한 사업으로 자리 잡아 가고 있다. 최근에는 거의 대부분의 주요 교단들이 산하 교회들과 함께 정부 및 지자체와 함께 지역사회복지실천을 감당하고 있다. 아울러 몇몇 대형교회들은 자체적으로 사회복지재단을 설립하여 교단이 아닌 개교회 차원에서 활발하게 정부 지원과 수탁을 기반으로 전문적인 사회복지 사업들을 수행하고 있다(유장춘, 2003a; 이준우, 2019a).

공적 저항

하나님 나라를 이 땅에 구체화시키려는 교회 공동체는 세상과 타협하지 않는 신실함을 견지해야 한다. 그 결과, 때때로 교회는 세상 사회에 저항한다. 왜냐하면 교회는 세상과는 다른 규범들과 가치들을 토대로 조직되었기 때문이다. 교회가 세상 속에 있지만 세상과 구별된 근거는 성서이다. 성서의 가르침을 따라 살아가는 사람들은 세상에 대해 도덕적이며 영적인 방향을 설정할 수 있게 된다.

이런 차원에서 공공신학적인 복지선교 실천의 일환으로 공적 저항을 수행할 수 있다. 일반적으로 공적 저항은 사회적으로 강력한 효능을 지닌 형태로서 기존의 사회질서를 따르지 않거나 선택적으로 따름으로서 공의를 추구하는 방법이다. 본질적으로 타락한 기존 사회는 공의를 세우기 위해 일하는 사람들이 정치적 의사결정에 참여할 수 있는 정상적인 통로를 거부한다. 그러나 복지선교적 공적 저항은 사회질서를 존중하면서 진행된다.

특히 정치 제도권이 권력과 이해득실에 대한 현실적 분석에 기초하여 움직이는 데 반해, 공공신학적인 복지선교로서의 공적 저항은 정치 제도권 밖에서 이뤄진다. 문제가 되는 질서와 이익에 대해 새로운 검토를 하도록 노력한다. **공공신학적인 복지선교로서의 공적 저항에서 실제적으로 중요한 점은 비폭력을 견지**해야 한다는 것이다. 대신 **목표로 삼은 대상이 비윤리적이라는 사실을 드러내는 일이 무엇보다도 중요**하다. 공적 저항을 수행하는 그리스도인들은, 그들이 반대하는 대상이나 기관보다 자신들의 입장이 훨씬 더 윤리적이라는 점을 대중에게 보여주어야만 한다. 그들의 비폭력적인 접근은 종종 정의를 향한 그들의 요구를 확증해 주는 데에 유용하다. 반면 폭력을 사용하거나 재산을 파괴하는 일은 대중에게 그들의 저항이 정당성이 없는 것처럼 보이게 할 수 있다.

교회 공동체는 이러한 공공신학적인 복지선교로서의 공적 저항을 효과적으로 사용할 수 있다. 이때, **공적 저항에는 반드시 결속이 필요**하다. 이와 같은 결속은 저항의 대상이 된 기관으로 하여금 위기감을 느끼게 한다. 기존 사회질서에 저항하는 교회 공동체는 자기 훈련과 희생이라는 삶의 모습을 보여줄 수 있다. 아울러 공공신학적인 복지선교로서의 공적 저항은 하나님의 주권 아래 살아가는 그리스도인들의 새로운 생활이 세상과 충돌할 때, 세상을 본받지 않는 것으로 나타난다. 그것은 공의를 세우기 위해서 행하여지는 일이다.

공공신학적인 복지선교로서의 공적 저항은 정부가 일차적인 권위를 갖고 있음을 인정한다. 방법상으로는 일반 대중이 공감하고 있는 윤리에 호소한다. 공적 저항은 법과 윤리가 더 큰 차원에서 일치할 수 있기를 원한다. 이러한 일치는 법을 존경할 수 있는 기초가 된다. 이렇게 공적 저항은 정부의 권위를 존중한다. 그래서 합법성을 지니는 공적 저항은 일정한 조건들을 필요로 한다.

공적 저항의 첫 번째 조건은, 그 대상이 비윤리적인 법이어야 한다는 것이다. 현재 저항해야 할 법은 보다 높은 법의 요구와 충돌 상태에 있어야만 한다. 공적 저항의 대상이 되는 법은 진정한 법의 목적인 생명과 존엄 그리고 사회적 조화를 위해 필수적인 것들과 대립되는 것이어야 한다. 그 법은 인격적인 도덕성과 하나님께 대한 충성 등 가장 기본적인 가치들을 침해하는 것이어야 한다.

두 번째 조건은 성서의 가치와 충돌할 경우이다. 성서는 하나님의 법이라고 할 수 있다. 그런 점에서 성서의 가르침에 내재된 가치와 위배되는 그 무엇을 갖고 있을 때, 공적 저항은 고려되어야 한다. 가령 사람들을 억압하는 법은 이웃에 대한 사랑과 학대받는 사람에 대한 공의를 요구하는 하나님의 계명과 모순될 수 있다. 그러한 법은 하나님의 관점에서 정의롭지 못하다. 그렇게 사람을 억압하고 고통스럽게 하는 법이나 제도에 대해서는 반드시 공적 저항을 해야만 한다. 그와 같은 법과 제도는 정당성이 없다. 만일 정당한 법과 질서를 존중하지 않는 것이 죄라면, 정당하지 못한 법과 질서를 반대하지 않는 것도 죄인 것이다.

세 번째 조건은 공적 저항 이외의 가능한 모든 명분과 자원들이 없을 때이다. 공공신학적인 복지선교로서의 공적 저항은 법과 제도에 대한 의무를 인정하기 때문에 그리스도인들은 먼저 그 법과 제도 내에서 가능한 수단들을 가용하여 그 법과 제도를 바꾸려고 노력해야 한다. 그러나 그 모든 것들이 무용지물이거나 아예 존재하지 않을 경우에는 마지막 차선으로 공적 저항을 사용하여야 한다.

네 번째 조건은 공공신학적인 복지선교로서의 공적 저항은 공개적으로 해야 한다는 것이다. 복지선교 차원에서 수행되는 공적 저항은 법적 권위를 인정하기 때문에 법의 집행 기관 또는 공공의 영역에서 모두 노출될 수 있는 현장에서 이뤄져야 하는 것이다. 이는 공공신학적인 복지선교로서의 공적 저항은 이와 같은 저항의 행위를 통해서 어떤 이익을 얻거나 기존의 체제를 전복하려는 것이 아님을 말해주는 것이다. 공공신학적인 복지선교로서의 공적 저항의 이러한 공개성은 원칙과 전략의 측면 모두에서 반드시 준수되어야 한다.

구조적 불리에 대한 대처

하나님의 정의를 실현하는 공공신학적인 복지선교는 미디어, 교육구조, 조직, 복지국가, 언어, 경제, 시장, 광고 등 실질적인 지역사회 생활 전반에 걸쳐 계급과 성, 인종 혹은 민족 억압 등이 작동하는 복잡하고도 미묘한 방식을 현실적으로 파악하면서 실행되어야 한다. 특히 복지선교를 실천하는 그리스도인들은 무엇보다도 자신의 성장 배경과 자신의 인종 차별주의, 성 차별주의, 계급 기반의 태도, 억압 구조에 대한 참여 정도 등에 대해 성찰적 인식을 가져야 한다. 아울러 억압의 다른 형태인 특정 연령, 장애, 성적 차별 또한 중요하게 고려되어야 한다. 그리스도인들은 언제나 다양한 유형의 억압들을 염두에 두어야 하며 어떠한 공공신학적인 복지선교 실천 프로젝트를 진행하더라도 그 프로젝트 또는 사업이 이러한 억압의 형태를 강화하는 것이 아니라 그에 대항하는 것이 되도록 노력해야 한다.

나아가 하나님의 정의를 실현하는 공공신학적인 복지선교 실천은 보다 건설적인 방식으로 계급, 성, 인종/민족, 연령, 장애 등의 문제에 대처해야 한다. 이러한 영역에서 억압 또는 불리가 실재하는 한, 지역사회는 자신의 잠재력을 완전히 발휘할 수 없을 것이고, 사회정의의 목표 또한 달성될 수 없다. 하나님의 정의의 관점에서 이뤄지는 복지선교 실천은 적극적으로 차별과 역차별을 철폐하려고 애쓰는 활동이어야 한다. 아울러 동등한 기회부여, 의식향상, 교육 등 지역사회 곳곳에 뿌리박혀 있는 수많은 불이익을 극복하기 위해 특별히 고안된 모든 전략을 고려하고 포함하는 것이어야 한다. 그 범위는 여러 가지 전후 상황에 따라 달라질 것이며, 그리스도인들은 이에 대해 상당한 주의를 기울여야 한다.

불리의 담론에 대한 대처

권력관계가 끊임없이 변화하는 권력담론 속에서 규정되고 재규정되며 이러한 담론이 권력의 행사와 영속화에 기여하고 있는 한, 하나님의 정의를 실현하는 공공신학적인 복지선교 실천은 권력 구조만큼이나 권력 담론에 대해서도 효율적으로 대처할 수 있어야 한다.

권력 구조뿐 아니라 권력 담론 또한 권력관계를 형성하고 있으며 지역주민들의 생활에 영향을 미치기 때문이다. 권력 구조와 권력 담론은 양자택일의 문제가 아니라 양자를 포함하는 보다 수용적인 패러다임을 통해 규명되어야 한다. 권력과 억압의 담론은 하나님의 정의를 실현하는 공공신학적인 복지선교 실천에서도 묵과할 수 없는 부분이다. 그리스도인들은 권력 담론을 현실적으로 인식하고 이를 해체하기 위해 노력해야 한다. 무엇보다도 먼저 그리스도인들은 이 세상에서 권력 담론이 어떠한 방식으로 기능하는지 즉, 어떤 주민들은 주변화하고 무력화하는 반면, 어떤 주민들에게는 특권을 부여하고 능력을 고취시키는 방식에 대해 실제적으로 이해할 수 있어야 한다.

또한 단순히 권력 담론을 규정하고 해체하는 것만으로는 무력감을 치유할 수 없다. 따라서 하나님의 정의를 실현하는 공공신학적인 복지선교 실천은 적극적으로 지배적인 담론에 참여하고 담론의 재건에 적극적으로 개입함으로써, 지역사회 주민들이 권력의 추론적 구축에 동참할 수 있도록 길을 열어주어야 한다. 주민이 스스로 권력에 접근하고 권력관계를 구축할 수 있도록 도와주고, 누군가 다른 이의 관점이 아니라 주민 스스로의 관점에서 권력관계를 이해하고 그에 대한 견해를 표명하게 하는 것이야말로 주민들을 역량강화 시킬 수 있는 길이다. 더 나아가 주민이 보다 넓은 사회적 담론 내에서 자신의 관점을 표명하도록 도와줌으로써 권력관계를 새로이 규정하는 데 기여할 수 있다.

비폭력 운동

하나님은 평화의 하나님, 즉 샬롬의 하나님이시다. 그러므로 하나님의 나라는 평화의 나라다. 당연히 폭력이 사라지고 화해와 평안으로 이뤄지는 나라가 하나님 나라다. 이렇게 비폭력에 기초한 하나님의 나라를 만들려면 비폭력적 절차가 필수적이다. 즉 절차적 관점에서 볼 때, 폭력적 수단으로 비폭력적 목표를 달성할 수는 없다. 여기서 비폭력은 단순히 물리적 폭력의 부재를 뜻하지는 않는다. 구조적 폭력이라는 개념은 사회구조와 제도가 그 자체로

폭력이 될 수 있음을 의미하기 때문에, 소수를 차별하고 억압하는 사회는 공공연한 폭력이 난무하는 경우가 아니라도 폭력적인 사회로 간주될 수 있다. 따라서 부의 분배와 기회의 배분에 있어서의 총체적 불평등, 성차별을 비롯한 거의 모든 구조적 불리는 모두 폭력적 형태를 대표한다. 마찬가지로 사법제도, 교육제도, 사회보장제도는 그에 포함되는 강압적 요소 때문에, 그리고 그러한 시스템이 사회통제를 영속화시키는 방법으로 기능하고 있기 때문에, 폭력적 사회를 반영한다.

  중요한 사실은, 하나님의 정의를 실현하는 공공신학적인 복지선교 실천이 비폭력적 수단을 통해 평화를 향한 변화를 모색한다는 점이다. 따라서 갈등을 야기하고 증폭시키는 전술은 하나님의 정의를 실현하는 공공신학적인 복지선교 실천에서는 일반적으로 받아들여질 수 없다. 하나님의 정의를 실현하는 공공신학적인 복지선교 실천은 과정상 공격보다는 지지를, 배제보다는 수용을, 맞서기보다는 더불어 활동하는 것을, 대치보다는 중재를 추구한다. 이는 '규칙'을 바꾸고, 정치적 또는 지역사회 절차상의 불문율에 의한 규제를 거부하도록 요구한다. 이는 모임, 논의, 기타 상호작용이 앞서 논의한 바와 같은 다양한 형태를 가질 것임을 의미한다.

  그런 면에서 포용성은 비폭력적 관점이 표방하는 주요 원칙의 하나이다. 포용성은 배타적인 절차보다는 포용적인 절차를 추구하며, 입장을 불문하고 비록 자신과는 반대되는 견해를 취하더라도 모든 참여자의 의견을 중시하고, 누구든 자신의 입장을 바꾸는 것을 부끄러워하지 않을 수 있도록 환경을 조성할 것을 요구한다. 대치 혹은 저항은 때로 불가피한 것이고 실제로 바람직한 경우도 있지만 비폭력 원칙은 반드시 고수되어야 한다. 물론 비폭력의 원칙을 유지하는 것이 쉬운 일은 아니다. 특히 경쟁을 중시하고 대치와 갈등, 폭력이 문화적으로 정착된 사회에 사회화된 사람에게 이러한 원칙의 채택과 유지는 결코 쉬운 일이 아니다. 그럼에도 불구하고 포용성은 성공적인 하나님의 정의를 실현하는 공공신학적인 복지선교 실천을 위해 매우 중요한 원칙이다.

  폭력이 난무하는 이 세상에서 교회는 "인간 구원"과 "샬롬(평화)"을 실현해야 한다. 그런 측면에서 구약의 도피성 제도와 도피성 율법은 영성적 하나님의 정의를 실현하는 공공신학적인 복지선교 실천의 지침이 될 수 있다. 도피성(עָרֵי הַמִּקְלָט) 제도는 폭력으로 가득 찬 세상에서 진정한 샬롬의 가능성을 구체적으로 현실화시키려는 역사적인 제도였기 때문이다. 물론 도피성 제도를 둔 것은 인간 역사에서는 오직 이스라엘에게만 나타나는 독특한 제도이다(드보/이양구 역, 1983: 291).

> "여호와께서 여호수아에게 일러 가라사대 이스라엘 자손에게 고하여 이르라 내가 모세로 너희에게 말한 도피성을 택정하여, 부지중 오살한 자를 그리로 도망하게 하라. 이는 너희 중 피의 보수자를 피할 곳이니라(여호수아 20장 2-3절)."

도피성에 도망할 수 있는 사람은 '부지중(בִּבְלִי־דַעַת)'에 '오살한 자(מַכֵּה־נֶפֶשׁ בִּשְׁגָגָה)'이다. 먼저 "부지중"이란 "알지 못하고(without knowing)" 한 것, 다시 말해 의도 없이 한 일을 가리킨다. '오살한 자(מַכֵּה־נֶפֶשׁ בִּשְׁגָגָה)'란 "실수(שְׁגָגָה; error)로 인간을 죽인 자"를 가리킨다. 여기서 "실수"라고 번역된 히브리어 '세가가(שְׁגָגָה)'는 '태만(negligence)'이나 '무지(ignorance)'로 인한 실수 중 하나를 가리킨다. 도피성은 비고의적으로 살인한 자, 태만이나 무지같은 실수로 살인한 자를 보호하기 위한 제도인 것이다. 다시 말해 도피성은 원한이나 미움 없이 실수로 살인한 자를 보호하기 위한 제도이다.

이렇게 이스라엘에서는 특정 도시를 지정해서 도피성을 세우고, 그곳에서 도피자들이 공정한 재판을 받을 수 있도록 도움으로써, 심각한 사회적 갈등을 평화적으로 해결하고자 시도한 것이다.

여호수아서 20장에 나오는 도피성 제도는 사실상 가나안 땅에서 펼쳐질 여호와의 새로운 사회를 위한 원대한 계획의 일부였다. 폭력이 난무하는 사악한 가나안 사회와는 달리, 여호와의 새로운 사회에 대한 이상의 핵심은 하나님의 '샬롬'이 구현되는 데에 있었다. 그것의 대표적인 사례가 도피성 제도였다. 가나안 사회는 소수의 지배자들이 땅의 대부분을 차지하고 다수의 농민들과 목축업자들이 사회의 천민인 '하비루(Habiru)'로 전락하는 경향이 짙어지면서 대부분의 백성들이 삶을 유지하기 힘든 사악한 공동체로 바뀌고 있었다. 특히 가나안 땅은 만성적인 소규모 전쟁을 일상적으로 경험하는 복수와 증오로 얼룩진 폭력 사회였다. 이런 가나안 땅에 진정한 '샬롬'을 유지하기 위해서 여호와께서 가나안 땅을 이스라엘 12 지파에게 선물로 분배(여호수아 13-19장)하신 후에 제시한 제도가 바로 도피성이었다(프리드맨, 그라프 편/이순태 역, 1995: 186-188).

폭력적인 현대 자본주의 세상에서 비폭력을 견지하며 공공신학적인 복지선교 실천을 수행하는 교회는 때때로 도피성의 기능을 발휘할 수 있어야 한다. 하나님의 정의를 실현하기 위해서라면 당연히 도피성이 될 수 있어야 한다.

하나님의 지혜와

제 5 장
공공신학과 복지선교

'공공신학에
　　　기초한 복지선교'
　　　　　　실천

[제5장]

하나님의 지혜와 '공공신학에 기초한 복지선교' 실천

하나님의 주권이 교회나 믿는 이에게 국한되지 않는 것처럼 성서는 신앙을 가진 이에게만 제한되지 않고 모든 공적 영역에 적용되며 영향을 줄 수 있다. 예수 그리스도의 메시지는 개개인에게 국한되는 것이 아닌 모든 사회와 문화에 적용된다(Wright, 2016). 그러나 안타깝게도 오늘날의 교회는 세상에서 직면하는 다양한 삶의 문제들과 사회적 도전에 동참하기보다는 '개인적이며 교회 공동체의 내적 신앙'의 영역으로 성서의 적용을 제한시키는 경우가 많다. 또한 계몽주의의 영향으로 세속 사회도 교회가 공적 영역에서 통용되는 것을 거부하는 기조를 강화한다. 이에 하나님의 지혜를 공적 생활에 어떻게 적용해야 하는가 하는 과제가 그리스도인들에게 있다(Wright, 2016: 93-96; 112-119).

특히 오늘날과 같이 복잡다단한 현대사회에서는 다양한 사회 구성원들과의 이해 갈등을 최소화하고 상호 존중에 의한 소통으로 최선의 의사결정을 끊임없이 해야 할 경우들이 빈번하게 발생한다. 이런 가운데서 공공신학을 연구하는 이들의 주된 관심사 중 하나는 다양한 학제, 공적 영역의 여러 주체, 그리고 기독교 공동체와 상호 교류하는 데 필요한 방법론과 적용이다(김창환, 2021). 특히 기독교 신학으로서 공공신학은 여타 종교적이고 세속적인 자료에서뿐 아니라 성서로부터 통찰을 얻을 필요가 있고, 그중 구약성서의 지혜 개념은 핵심적인 공공신학 방법론의 도구가 될 수 있다. 이에 하나님의 지혜를 활용하는 공공신학적인 복지선교 실천은공공신학을 통한 사회적 참여에 최적화된 접근이 된다.

구약성서와 공적 삶에서의 지혜

하나님을 섬기는 동시에 이방인과 교류하며 살아가는 이스라엘 백성에게 구약성서가 전하는 핵심 메시지 중 하나는 '지혜'다. 구약성서 잠언에는 지혜를 의인화해서 강조한다. 즉, 의인화된 지혜가 사람들을 향해 외친다. 자신의 지혜로운 가르침을 들으라고 하는 것이다(김창환, 2021).

> "지혜가 길거리에서 부르며 광장에서 소리를 높이며 시끄러운 길목에서 소리를 지르며 성문 어귀와 성중에서 그 소리를 발하여 이르되 너희 어리석은 자들은 어리석음을 좋아하며 거만한 자들은 거만을 기뻐하며 미련한 자들은 지식을 미워하니 어느 때까지 하겠느냐 나의 책망을 듣고 돌이키라. 보라. 내가 나의 영을 너희에게 부어 주며 내 말을 너희에게 보이리라(잠언 1장 20-23절)."

과거에는 지혜를 이해할 때 전근대적·전통적 혹은 보수적 충고 등의 개념과 연관시켰지만, 오늘날에는 지혜가 공적 삶과 연관된 윤리, 가치, 아름다움, 인간의 전인적 형성과 성숙, 공동선, 장기적 안목 등의 영역에서 점차 중요해지고 있다. 포드(Ford, 2007)는 '지혜로서의 신학(theology as wisdom)'을 주장하는데, 이는 하나님 중심의 담론 가운데 지혜를 향한 사랑과 현명한 삶을 통합하려는 열망과 분별의 신학이라고 설명될 수 있다.

이와 같은 하나님의 지혜를 활용하는 공공신학과 그에 따른 실천적 목회는 다원화된 현대사회에서의 다양하면서도 다각적으로 나타나는 개인적이거나 사회적인 문제들을 대처해나가는 데에 크게 유용하다. 더욱이 공공신학의 적용 영역의 다양성으로 인해서, 또한 세속과의 복합적 상호 교류 문제와 관련해, 성서의 지혜는 다양한 세속 공동체 사이에 다리를 놓아주고 또 신학과 여타 학제 간의 간극을 해소하는 데 도움이 될 것이다.

게르하르트 폰 라트(Von Rad, 1972; 2011)는 구약성서에서 말하는 이스라엘의 지혜 전통을 다음과 같이 제시한다(김창환, 2021 재인용).

첫째, 지혜는 경험이라는 토대 위에 세워진 삶과 세상의 법칙에 관한 실제적 지식이다. 따라서 지혜는 고정화된 철학 체계나 신학 체계, 혹은 지식의 총체적 집합이 아니며, 수정이나 삭제나 확장에 대해 열려 있는 특징을 지닌다(Von Rad, 1972: 428). 이스라엘에서 지혜를 통한 사고는 인간 공통의 방식이며, 그 대상은 신학이나 종교에 국한되지 않고 삶의 모든 부분을 포괄하며, 또 체계적으로 조직된 이론이 아니라 실제 사실을 다루는 것이다.

둘째, 지혜 전통을 파악하기 위한 출발점은 하나님에 관한 지식과 하나님의 명령 및 계시였다. 지혜는 지식과 경험을 통해 신앙을 고취하기보다는 일상적인 삶의 포괄적 맥락을 설명하려 한다. 지혜 전통은 일상 가운데 가장 평범하고 일반적인 영역에 속한다. 신앙과 관련된 문제는 지혜 전통의 주변부에 자리하는데, 신앙 문제는 이성이나 건전한 상식적 판단의 영역이기 때문이다(Von Rad, 1972: 433).

셋째, 지혜는 짤막한 충고를 제시하며 절대적 신뢰나 순종을 요구하지 않는다. 오히려 듣는 이의 판단에 맡김으로 듣는 이가 올바른 방식으로 결정을 내릴 수 있게 지혜를 시험해 보도록 요청한다. 지혜는 실용주의적인 태도로 접근하기 때문에 비교조적이고 경직되지 않은 속성을 가지고 있다(Von Rad, 1972: 434).

넷째, 지혜 전통의 목적은 사람들을 가르쳐 악을 멀리하고 선을 택하도록 하는 데 있다. 지혜문서에서 강조하는 '선한 사람'이란 선과 악의 건설적이고 파괴적인 속성을 인지하는 사람을 뜻하는데, 바로 지혜가 그것을 가능하도록 분별력을 제공한다. 중요한 것은 선이란 단지 선과 악을 구분할 수 있는 능력만을 의미하지 않고 그 분별을 따라 행동하려는 의지도 포함한다는 사실이다. 이에 관해 폰 라트는 선한 사람이란 그의 행동이 결실을 맺는 사람이라고 했다(Von Rad, 2011: 77-81).

다섯째, 이스라엘의 지혜 전통은 고대 서아시아(근동)의 인접 국가로부터 고립되어 발전하지 않았다. 따라서 합리적 사고를 기반으로 다른 나라와 소통할 수 있는 '연계적이며 소통적인 기능'을 했으며, 따라서 신학적 기본 원리를 비롯해 일상에서 일어나는 사소하고 복잡한 일도 함께 이야기할 수 있는 지적 영역을 조성해주었다고 보았다(Von Rad, 2011: 81, 289, 307).

구약성서에 전반적으로 흐르는 신학은 이스라엘의 '여호와(또는 야웨) 하나님 신앙'이 이방과 구분되는 독특한 특징임을 강조하는 반면, 지혜 전통이 초점을 두는 것은 실제 삶에 대한 공통된 지식 그리고 이스라엘에 국한되지 않는 더 넓은 상황과 맥락에서의 실천이며, 그 기저에는 이스라엘이 유대 신앙공동체보다 큰 개념이며 일상에서 동일한 문제를 마주하며 살아가는 많은 나라 중에 하나라는 관점이 깔려 있다(김창환, 2021).

동시에 이스라엘 지혜 전통의 주요 특징에 대해 레오 퍼듀(Perdue, 2007: 8-9)는 현인들이 언어를 사용해 창조한 폭넓은 세계로 들어가는 문이 지혜였다고 한다. 그리고 창조, 섭리, 지혜 등과 같은 개념은 현인들의 상상력 가운데 신학적 중추를 이루었다고 보며 또한 현인들은 하나님이 선하고 인자하고 정의로우며, 지혜롭고 정의롭게 살아가는 사람에게 복을 내린다고 믿었을 뿐 아니라, 더 나아가 세상 만물에 영원히 생명력을 불어넣는 창조주이심을 믿었다.

또한 월터 해럴슨(Harrelson, 1966: 6-14)은 지혜를 하나님의 기본 창조물이자 선물로 정의하면서, 구약 시대의 현인은 권위와 영향을 지니고 왕과 귀족 가까이에서 지냈지만 그럼에도 '거룩한 사람(holy men)'은 아니었기 때문에 지혜문학에는 신앙에 대한 '제사장적 태도'보다는 일상적 삶에 대한 '세속적 태도'가 더 많이 반영되어 있다고 본다. 또한 사람들은 항상 거룩하게만 생활을 계속 유지하기 어렵기 때문에, 신앙적인 규범 외에 공적 행동 규범을 포함하고 있는 지혜는 대중에게 중요했다고 주장한다. 지혜 전통은 인간의 실제 일상 경험에 대한 비판적 평가에 기초했기 때문에 사람들은 자신의 세계를 자기만의 특별한 방법을 통해 성찰할 수 있었다. 또한 욥기나 전도서에서 발견할 수 있듯이 지혜 전통은 엄정하게 일관된 논증을 요구하지 않기 때문에 기존 신학이나 신앙 전통을 비판할 수 있었다고 보았다. 지혜 전통은 철학과 신학이라는 엄격하게 정립된 사고 및 행위 체계를 보완하는 역할로서 대안적인 '삶의 차원'을 제시하며 이를 통해서 청중에게 지침을 제공한다고 볼 수 있다.

　레오 르페뷔르(Leo D. Lefebure)는 유사한 입장에서 신앙과 지혜 문제에 접근하면서, 성서학자 및 기독교 신학자들이 이스라엘의 삶에서 신앙을 강조한 나머지 종종 지혜 전통을 무시하는 경향에 대해서 비판한다. 그러면서 공관복음을 살펴보면 예수가 직접 언급한 것으로 기록된 지혜 말씀이 102군데나 있으며, 복음서 저자들은 지혜를 구할 것을 강조한다고 지적한다(마태복음 25장 1-13절, 24장 45-51절, 7장 24-27절; 누가복음 12장 16-21절 등). 그리고 다른 사상이나 다른 종교 전통에 대해 열려 있는 지혜 전통의 '개방성'에 주목한다. 지혜 전승 사이에는 많은 유사점이 존재하기 때문에 바른 행동과 윤리에 대한 공통적인 관심을 엿볼 수 있을 뿐 아니라, 타 문화와 전통 간의 대화의 가능성도 찾을 수 있다. 더 나아가 원칙적으로 현인은 자신의 말을 공동체와 후대의 평가 앞에 내어놓았다. 따라서 전통의 가르침들이 비판적 고찰을 거치며 공동체에 의해서 거부되거나 재구성될 것을 예상했다고 주장한다(Lefebure, 1994: 984-988).

신약성서에서의 지혜 전통 계승

신약성서에서도 구약과 같은 맥락에서 지혜가 강조된다. 예수 그리스도의 가르침에서도 하나님의 지혜가 두드러지게 나타난다. 이 점은 사복음서의 예수의 말씀 중에 절반 이상을 차지하는 비유의 말씀에서 잘 나타나 있다. 지혜는 현재 보이는 창조의 질서와 현상에 대한 인식을 제공해줄 뿐 아니라 현상적으로 파악할 수 없는 비밀을 밝혀주는 역할을 한다(Hays & Barton, 1999: 93-110). 예수 그리스도는 유대교 지혜 전통을 따르며 '감추어진 지혜(subversive wisdom)'의 선생이라고 여겨진다(Borg, 1991: 115-116).

특별히 성육신하신 그리스도로서의 지혜는 단지 언어와 생각을 제공해줄 뿐 아니라 해석할 수 있는 능력을 제공하며, 단순히 지식이 아닌 비밀에 싸인 상황을 그리스도인들이 파악할 수 있도록 도와준다. 또한 더 나아가서 바울이 지적한 대로 일상적인 상식을 초월하는 혜안을 제공해준다(고린도전서 1장 18-25절; 빌립보서 3장 7-11절). 즉, 진리에 대한 내용 뿐 아니라 그 내용에 어떻게 접근하고 의미를 파악하며 이해하고 또한 행동에 옮기는지를 말해준다. 그러므로 단지 예수 그리스도가 현인이나 지혜를 가진 선생으로서의 선지자나 행동가가 아닌, '복음적 지혜(gospel wisdom)'로서, 또는 지혜 그 자체가 복음으로 성육신 되어서 그리스도인들에게 다가오는 것이다(Hays & Barton, 1999: 109).

그래서 신약시대에 이르러 '지혜 기독론(wisdom Christology)'이 논의된다. 그 결과, 예수 그리스도가 지혜로운 선생으로서 지혜를 전달하는 위치를 넘어서 '성육신된 지혜'를 주장하게 된다. 물론 예수 그리스도가 산상수훈 등을 통해서 지혜를 가르치는 선생으로 자주 묘사되지만, 초대 그리스도인들은 이를 넘어서 그리스도가 하나님의 지혜를 '성육신'한 것이라고 믿었던 것이다(Dunn, 1999: 75-92). 여러 학자들은 사도 바울의 그리스도에 대한 이해는 이러한 '하나님의 지혜가 성육신되어 예수로 나타났다.'는 데에 기본을 두고 있다. 이와 같은 기독론은 예수 그리스도의 존재가 창세 전에 존재한 신성한 지혜 그 자신이라고 여긴다. 즉, 예수 그리스도는 하나님의 지혜이며, 그리스도인들에게 지혜와 의로움과 거룩함과 구속함이 되었다고 하며(고린도전서 1장 24, 30절), 지혜 기독론은 그리스도가 하나님의 창조적이고 구원론적인 활동을 성육화하며 하나님이 인류와 창조물에 대한 전인적 구속 사업과 계속되는 모든 사역 위에 전적으로 그리스도를 통해서 나타나고 있다는 것을 내포한다(Dunn, 1989: 167, 219-212).

특별히 요한복음 1장 1절부터 5절까지에서 예수 그리스도는 말씀으로, 빛으로, 생명으로 묘사되는데, 이것은 성육신된 하나님의 지혜로서의 그리스도를 표현하는 것이다.

> "태초에 말씀이 계시니라 이 말씀이 하나님과 함께 계셨으니 이 말씀은 곧 하나님이시니라. 그가 태초에 하나님과 함께 계셨고 만물이 그로 말미암아 지은 바 되었으니 지은 것이 하나도 그가 없이는 된 것이 없느니라. 그 안에 생명이 있었으니 이 생명은 사람들의 빛이라. 빛이 어둠에 비취되 어둠이 깨닫지 못하더라(요한복음 1장 1-5절)."

예수님은 하나님이시다. 그리고 그 분은 바로 말씀이셨다. 요한복음 1장 18절이다.

> "*이 말씀*이 하나님과 함께 계셨으니 이 말씀은 곧 하나님이시니라. 그가 태초에 하나님과 함께 계셨고"

그런데 그 말씀은 단지 하나님이신 것만이 아니었다. 이 말씀이 육신이 되어 우리 가운데 거하신다고 했다. 이 말씀이 곧 창조주 하나님이시며, 창조주 하나님이 이 말씀이시며, 이 말씀이 이 땅에 오신 주님이시며, 주님이 곧 이 말씀이다. 이 말씀만이 인간들의 이기심을 깨뜨리고 인간들의 완악한 심령을 찢어 인간을 거듭나게 한다. 그런 후 성숙한 인간으로 살아가게끔 한다. 선한 삶을 향해 성령과 함께 살도록 이끄신다. 그러므로 주님을 믿는다면 이 말씀 안에서 살아야 한다. 말씀을 떠나서는 세상 사람들과 다를 바가 없다. 말씀과 함께 하는 그리스도인들이야말로 어떤 상황 속에서도 믿음의 삶을 살아갈 수 있게 된다.

왜냐하면 하나님의 말씀 속에는 생명이 있기 때문이다. "그 안에 생명이 있었으니 이 생명은 사람들의 빛이라(4절)." 그 창조의 말씀은 곧 생명의 말씀이며 빛의 말씀이었다. 생명을 창조하신 말씀이며 빛을 빛으신 말씀이니, 그 말씀이 생명이고 빛임은 너무나도 당연하다. 이때, 기억해야 할 것은 예수님께서 천지 만물을 창조하신 방법이 바로 '생명'이었다는 사실이다. 예수님 안에 있는 생명으로 천지와 만물을 창조하셨기 때문에 우주는 하나의 생명체를 이루고 있는 것이다. 생명이 있어야 창조의 역사를 완성할 수 있다. 생명은 창조 사역의 핵심이다. 창조의 능력은 생명이다. 이미 죽어 있는 것도 생명이 들어가면 다시 살아난다. 예수 그리스도는 하나님의 생명으로 충만하신 분이다. 그 생명의 능력은 세상을 하나님의 눈으로 바라보는 지혜로 나타난다. 예수 그리스도의 지혜로 생명의 사람답게 세상을 살아갈 수 있는 것이다.

이렇게 요한복음을 비롯하여 복음서에 나타난 **지혜는 하나님의 역사와 존재를 그리스도를 통해서 실제적으로 나타내는 성육신에 대해서 재조명**하는 것이라고 볼 수 있다. 그러므로 지혜의 신학은 단지 복음의 신비를 받아들이고 이해하는 데 그치지 않고 복음의 본질을 그리스도인들 가운데 드러나게 한다. 즉, **예수 그리스도의 성육신을 통해서 복음적 지혜가 실현된 것처럼, 그리스도인들의 신학과 신앙생활은 지혜의 삶을 살고 실천해야 한다.** 여기에서 지혜의 중요성은 믿음으로서의 이해에 그치는 것이 아니고 '성육신' 되어서 하나님의 뜻을 이루는, 행동하는 하나님의 행동의 우선성(primacy of God's action)을 인지하는 것이다(Hays & Barton, 1999: 111-124).

이를 위해서 하나님으로부터 지혜는 그리스도인들에게 상황을 조명하고 판단할 수 있는 능력을 제공하게 된다(Astley, 1999: 321-334). 톰 라이트는 신약에서의 지혜에 대한 이해를 정리하면서 초대교회 교인들은 지혜를 단지 열심당원과 같은 혁명적인 제안이나 사두개인, 바리새인과 같은 과거의 유대교 관습을 답습하는 것이 아닌, 새로운 제3의 길을 제시해준다고 본다. 즉, 비평적이고 반항적이지만 유대교의 전통을 깊이 존중하고 새로운 해석을 하도록 돕는 역할을 담당한다고 보았다(Wright, 2008: 43-58).

성육신적 지혜에 기초한 공공신학적인 복지선교의 모습

예수님은 말씀이 육신으로 오신 분이시다(요한복음 1장 14절). 말씀은 하나님이시다(요한복음 1장 1절). 그래서 예수님은 하나님이 사람이 되신 분(道聖引身)이시다(빌립보서 2장 4-7절). 그 분은 높은 보좌를 버리시고 인간에게 내려와 인간이 되셨다. 성육신(成肉身: incarnation)은 이 '하나님의 인간되심'을 말한다. 즉 "하나님이 예수 그리스도 안에 체현(體現)함"을 의미한다(김성이 외, 2022).

예수님께서 성육신하셨다는 사실은 그리스도인들이 성육신하신 예수님의 입장에서 세상을 바라보고 세상을 향해 나아가 세상과 함께 살아가야 함을 말한다. 완전한 성육신의 삶을 살 수는 없겠으나 그리스도인들은 성육신을 지향하는 삶을 살아가려고 애써야 한다. 그렇게 성육신을 지향하는 삶을 살아가기 위해서는 필수적으로 성육신하신 예수님의 관점에 따라 생각하고 행동하는 삶의 자세와 실제적인 실행이 요구된다. 이와 같은 성육신적인 사고와 행위는 결국 성육신하신 예수님의 지혜를 본받음으로 부분적으로나마 현실화될 수 있다. 그래서 **하나님의 지혜는 성육신하신 예수 그리스도의 가르침에 따른 지혜**로 정리할 수 있다. 공공신학적인 복지선교에 성육신적인 지혜를 활용하게 되면 다음과 같은 실천의 모습들이 나타나게 될 것이다(유장춘, 2008; 김성이 외, 2022).

사랑의 대상과 하나 되기

사람과 함께 하기 위해 내려오신 그리스도를 따르는 성육신의 지혜를 활용하는 공공신학적인 복지선교는 사랑하는 사람들, 도움이 필요한 사람들, 바로 그 사람들을 찾는 연약한 사람들과 함께 하나 되어 살아가고자 하는 열망으로 나타날 것이다. 마가는 예수께서 열두 제자를 선택하셨을 때 그 우선적인 목적이 "함께 있게 하시려는(마가복음 3장 14절)" 것이었다고 기록하고 있다. 그것은 '내려가서 하나 되기'라고 요약할 수 있을 것이다.

이러한 하나 됨을 위해서는 반드시 예수님의 모습에서 보여주신 자기비하(自己卑下)가 요구된다. 왜냐하면 자신보다 상위의 계층이거나 동일한 계층에서는 '함께 하기'로 묶여지기가 어렵기 때문이다. 그러한 노력에는 영적이거나, 지적이거나, 경제적이거나 심지어는 무력적인 면에서라도 우월한 지도적 지위를 갖추어야만 가능한 것이다.

그런데 성육신하신 하나님께서는 가장 비천하고, 추하며, 동시에 가장 모욕적인 죽음의 고통을 겪으셨다. 하나님이신 예수님께서 십자가 위에서 모든 사람의 고통을 대신 짊어지시고 겪으셨기에, 세상 사람들이 겪는 모든 고통은 예수님과 관련이 있으며 예수님의 고통과 완전히 상관없이 겪는 인간의 고통은 없는 것이다. 그래서 예수님은 인간의 모든 고통과 어려움을 충분히 이해하신다. 그래서 성육신하신 예수님의 지혜는 전적인 공감을 전제한다. 더욱이 예수님께서는 자신의 전 생애를 통하여 무력함과 겸손함으로 "낮은 곳을 향하는" 삶의 모습을 보여주셨다. 그 삶의 자리에서 이뤄지는 공감의 하나 됨은 공공신학적인 복지선교 실천으로 나타나는 뚜렷한 특성이 된다.

타인의 고난에 동참하기

그리스도의 성육신은 인간의 연약함을 체휼(體恤)하고 그들의 시험과 고난을 동일하게 경험하기 위한 것이었다. 이러한 그리스도의 모범을 따르고자 한다면 고통당하는 자들의 고통에 동참해야 한다. 진정한 그리스도인들의 삶에는 고통당하는 현장에 함께 머무르며 그 고난을 같이 당하는 미덕이 나타난다. 이러한 모범은 성육신적인 지혜에 기초한 공공신학적인 복지선교에 중요한 의미를 갖는다. 바울은 "나는 이제 너희를 위하여 받는 괴로움을 기뻐하고 그리스도의 남은 고난을 그의 몸 된 교회를 위하여 내 육체에 채우노라(골로새서 1장 24절)"고 고백한다. 더 나아가서 "즐거워하는 자들과 함께 즐거워하고 우는 자들과 함께 울라(로마서 12장 15절)"고 요청한다. 성육신적인 지혜는 타인의 고난에 동참함 없이는 불가능하다.

예수님의 모범이 반영된 복지선교의 현실화

성육신은 단순히 거룩하신 하나님께서 육체로 나타난 것에서 멈추지 않고 그 육체로 거룩한 삶을 살아감으로써 하나님의 뜻을 나타낸 것이다. 예수는 그 고상한 인격으로, 거룩한 삶으로, 사랑의 관계를 통하여, 더 나아가 역사적 현장에서 실천하신 사역을 통하여 하나님의 사랑을 선포하고 진리를 가르치셨다. 성육신의 지혜는 깊은 기도 속에서 올바른 의사결정의 능력을 가능케 한다. 올바른 행동의 원칙을 생각해내게 한다. 성서를 읽는 가운데서도 통찰과 큰 울림을 갖게 된다. 그것은 고스란히 성육신적인 지혜로 살아가려는 그리스도인들의 복지선교 실천 현장에서 현실화된다.

성육신적인 지혜에 기초한 공공신학적인 복지선교의 우선순위와 원칙

우선순위

성육신적인 지혜에 기초한 공공신학적인 복지선교를 성공적으로 수행하기 위해서는 우선순위를 설정할 필요가 있다. 어떤 교회도 그 지역사회 내에 존재하고 있을 모든 어려움에 응답할 수는 없다. 다음과 같은 질문들이 우선순위를 결정할 때, 유용할 것이다(박종삼, 정무성, 유장춘, 이준우, 2019).

첫째, 어떤 사회문제들이 우리 지역사회의 가장 많은 사람들에게 영향을 끼치는가?
둘째, 어떤 문제들이 인간생활에 가장 심각하게 해를 끼치는가?
셋째, 다른 단체들은 어떤 어려움을 가장 적절하지 못한 방법으로 다루고 있는가?
넷째, 교회의 가용 자원에 비추어 어떤 문제를 가장 잘 다룰 수 있는가?
다섯째, 하나님께서 교회에게 다루라고 인도하시는 개입 영역이 무엇이라고 생각하는가?

원칙

다음으로는 복지선교의 원칙을 분명히 수립해야 한다. 이미 한국사회에서는 가난한 사람들과 사회적으로 취약한 계층을 사회제도적으로 돕기 위해 정부와 민간사회복지 영역이 적극적으로 노력해오고 있다. 그 결과, 곳곳에서 의미 있는 성과들이 만들어지고 있다. 서비스 전달체계가 읍면동 중심으로 재편되면서 위기개입대상에 대한 효과적인 사례관리가 이루어지고 있으며 전국적으로 영구임대아파트와 이를 중심으로 한 복지관이 300여 개가 넘게 설치 운영되면서, 취약계층에 대한 기본적인 복지 지원도 보편화되고 있다. 바로 여기에서 하나님의 지혜, 즉 성육신적인 지혜를 발휘해야 할 필요성이 대두된다.

하나님의 지혜로 살펴보면, 모두 다 잘 되고 있다고 비춰지는 이면의 실제 모습을 발견할 수 있다. 여전히 한국의 사회복지실천은 전통적인 방식, 문자 그대로 프로그램과 서비스를 중심으로 펼쳐지고 있다. 지역주민은 프로그램 이용자임과 동시에 서비스 수혜자이며 대상자다. 당사자 주의가 아직 완전히 뿌리내리지 못한 것이다.

전문가 중심의 사회복지실천이고 치료 중심의 사회복지실천인 것이다. 이렇게 기존의 일반 사회복지 사업과 실천이 갖는 한계를 극복하기 위한 변화의 핵심 중 하나는 '개인보다 세상을 변화시키자'여야 한다. 밑 빠진 독에 물 붓기가 아니라 세상의 근본적인 문제를 해결해나가자는 것이다. 다른 하나는 '변화의 주체는 복지관이나 사회복지사 혹은 전문가가 아니라 지역주민'이다. 지역 전체가 변화되기 위해 주민들을 조직하고 리더로 성장시키는 것이 무엇보다 중요하다. 지역 내 다양한 문제를 개인 문제가 아닌 지역 문제로 보고 환경의 변화라는 근본적인 변화를 만들어 내기 위해서는, 사회복지사 내지 전문가 몇 명이 아니라 지역 전체가 동원되고 조직되어야 한다. 그리고 교회가 성육신적인 지혜에 기초한 공공신학적인 복지선교 실천을 통해 이와 같은 '지역사회 조직화'의 핵심 거점이 되어야 한다.

지역은 '주민의식'을 가진 주민이 있어야 변화가 시작된다. '주민의식'은 주민 스스로 자신의 삶과 지역, 즉 지역을 변화시켜 나가는 주인임을 자각하고 변화하고자 하는 행동 의지를 갖는 것이다. 지역주민이 먼저 자신의 문제를 당사자로서 스스로 깨닫고, 이슈화하는 것이 필요하다. 지역에서 지금 현재의 상황을 비판적으로 해석하고 통찰하여 대안을 탐색하는 것, 행동할 수 있는 힘의 체계인 조직된 모임을 세우는 것, 지역 주민자치에 당당하게 스스로 참여하는 것 등이 필요하다.

교회는 공공신학적인 복지선교 실천을 통해 이렇게 지역주민과 함께 지역의 문제를 고민하고 함께 대안을 수립하여 함께 실행해나가야 한다. 교회가 모두 다 계획하고 준비해서 실행하는 것이 아니다. 교회는 지역주민과 정기적인 학습을 함께 하면서 이를 사회적 이슈로 제기할 수 있어야 한다. 이와 같은 접근이 바로 공공신학이 지향하는 핵심인 것이다. 아울러 지역 안에서 성육신하신 예수 그리스도의 시각에서 세상을 바라보고, 바로 그 세상에서 주민과 함께 주민 스스로의 삶의 대안을 탐색하는 과정을 밟아가야 한다. 교회는 무엇이 인간다운 삶이고, 왜 우리 지역에 공동체성이 필요한지 깨닫고 경험하며 배워서 문화적 삶의 양식으로 자리잡아가도록 해야 한다.

이런 맥락에서 성육신적인 지혜에 기초한 복지선교의 원칙은 다음과 같이 세 가지로 정리해 볼 수 있다.

첫째, 이론이나 관념이 아닌, 무엇보다도 발로 지역을 돌아다니는 활동을 해야 한다. 즉 현장을 향해 나아가야 한다는 것이다. 그래야 지역을 알고, 주민을 만나 삶의 문제와 이슈를 찾을 수 있다. 이렇게 지역을 다녀야만 복지선교에 의지와 관심을 보이는 지역주민과 관계를 맺는 작업도 가능하다.

둘째, 복지선교를 수행하는 목회자 혹은 기독교사회복지실천가, 또는 전문가라고 하는 사람들의 능력보다는 문제를 해결할 수 있는 시민의 역량을 중요시해야 한다. 공공신학은 '소통적-변증적'이며 '실천적-변혁적'인 대화와 소통을 중요시한다. 그러므로 공공신학적인 복지선교 실천에서 주목해야 할 점은 '해주는 것이 아니라 되게끔' 해야 하는 것으로, 변화는 주민 스스로 창출해야 함을 잊어선 안 된다.

셋째, 쉽게 잘 드러나 보이지 않는 취약한 지역 문제를 살피고 해결을 도모하는 역할에 집중해야 한다. 예를 들면 생활상의 다양한 문제로 인해 어려움을 겪고 있지만 기존의 복지제도 내에서는 지원을 받지 못하고 사각지대에 놓여 고통 받고 있는 사람들을 조기에 발견하고 그들의 문제를 실제로 해결하기 위한 지역사회복지를 실천하는 것을 말할 수 있다. 이렇게 지역에서 지원을 필요로 하는 사람들의 생활권이나 인간관계 등 환경적 측면을 중시한 원조를 수행함과 동시에 지역을 기반으로 자원을 발굴하여 이를 필요로 하는 사람들에게 연결해 주거나 새로운 서비스 개발 및 공적 자원과 연계하고 조정하는 활동을 복지선교는 지향해야 한다.

모범적인 복지선교 사례들

이준우(2019a)에 의하면, 바르고 성실하게 정성껏 지역사회를 섬긴 모범적인 교회들이 소개되고 있다. 그와 같은 교회들 가운데에서 공공신학적인 복지선교 실천의 소중한 사례들로 볼 수 있는 몇몇 교회들을 제시한다.

예산 짚풀교회

예산 짚풀교회는 농촌의 현실을 배경으로 생명 농업을 통한 지역사회 중심의 복지선교를 모범적으로 수행한 사례였다. 예산 짚풀교회의 복지선교 실천을 구체적으로 살펴보면 다음과 같다.

첫째, 도시의 실직자·노숙자 및 귀향·귀농·영농 희망자에게 농촌 정착 및 영농 창업을 위한 환경 친화적인 생명농업교육 기회를 제공하고 상담 및 지원을 하였다.

둘째, 도시 소비자와 청소년을 위한 자연생태 체험학습 프로그램을 운영하였다.

셋째, 도-농 직거래를 통한 농업인들의 안정적 생산 및 판매 통로를 확보함으로 소비자 회원들에게는 친환경적인 건강 먹거리를 제공하였다.

넷째, 무주택 서민을 위한 '사랑의 빈집수리 운동'을 통한 예산군의 인구 증가 및 농촌 빈집수리 사업을 실행하였다.

다섯째, 북한이탈주민의 농촌정착교육을 통해서 그들의 눈높이에 적절하면서도 안정적인 정착 상담 등을 지원하였다.

한편, 예산 짚풀교회에서는 두 개의 부설 기관(혹은 시설), 즉 '더불어 살기 생명나눔운동본부'와 '예산 친환경 농업인연합회'를 통해 친환경 농업인을 육성하고 복지의 사각지대에 놓여 있는 기초생활 수급대상자 및 영유아들을 위한 여러 가지 지원 사업들을 시행하였다. 이렇게 예산 짚풀교회는 인구의 수도권 집중화 현상으로 인해 어려워지는 농촌 현실을 직시하면서 교회의 적극적인 복지선교 실천으로 농촌을 되살리려고 노력했다. 농촌 목회와 더불어 실질적인 농업활동을 지역주민들과 함께 전개하였으며 농촌 현장이 사람 살기 좋은 지역이 되도록 애쓰고 노력해 왔다.

부천 밀알교회

부천 밀알교회는 소형교회임에도 2001년부터 저소득층 가정과 다문화 가정의 자녀들을 위해 어린이집을 운영하고 있다. 660m² 규모의 교회 건물에 방과 후 교실을 설치하고 어린이 40여명을 대상으로 학습지도와 특기·적성교육, 문화체험, 무료 급식을 실시해왔다.

또한 이 교회는 노인교실과 외국인 근로자 쉼터를 운영 중이다. 이와 함께 장애인 보호시설인 '아름다운 집'을 설치, 장애인을 위한 일상생활 훈련과 사회 적응 훈련, 보호 서비스 등을 실시하고 있다.

특히 이주노동자복지센터를 설치하고 이주노동자와 이주여성들을 대상으로 노동 상담과 생활상담, 의료상담을 실시하고 한국어 교육과 컴퓨터, 요리 교육을 실시하는 한편 노동자 쉼터도 운영하고 있다.

이렇게 부천 밀알교회는 지속적으로 교회와 사회복지시설을 통한 복지선교 실천을 열정적으로 수행해오고 있다. 부천 밀알교회에서는 교회 내에 있는 자원들을 최대한 활용하여 외적인 성장보다는 '하나님 사랑, 이웃 사랑'에 기초해 지역사회를 섬기는 것에 집중하고, 지역사회와 당사자, 교회, 복지센터의 선순환 구조를 만들어 나가는 것을 장기적인 목표로 설정하고 수행하고 있다. 무엇보다도 부천 밀알교회는 공공성을 추구하려고 애쓴다. 모든 교회의 복지선교 실천의 궁극적인 목적을 서비스를 제공받는 사람들의 주체적이며 자립적인 삶에 초점을 두고 있다.

완도 성광교회

완도 성광교회는 그 어떤 교회들보다도 강력한 복지선교를 실천해온 교회이다. 특히 '다문화 가정 사역'은 지역사회의 욕구를 교회가 잘 수용하고 교회가 할 수 있는 작은 일부터 시작하여 지역사회의 인정을 받았던 대표적인 사업이었다.

무엇보다도 소중한 성과는 지역사회의 욕구가 무엇인지 확인한 후에 일회성 행사가 아닌 지속적으로 추진할 수 있는 교회의 복지선교 실천으로 '다문화 가정 사역'을 정착시켰다는 데에 있다. 또한 '다문화 가정 사역'을 진행하면서 다른 교회들이나 지역사회의 단체들이 하는 프로그램을 그냥 따라간 것이 아니라 이주여성의 정착 및 적응과 관련한 문제와 욕구에 대한 민감성을 갖고 충분한 고민과 이해를 바탕으로 기존 활동을 수정보완하면서 최적의 서비스를 제공하고 노력하였다는 것이다.

이렇게 완도 성광교회는 변화하는 지역사회의 욕구에 재빨리 응답함으로써 다른 기관과 단체보다 먼저 지자체의 인정을 받아 '행복한 쉼터'라는 건강가정지원센터까지 위탁운영하게 됨으로써 지역사회 다문화 가정을 위한 전문사역을 감당하는 지역 내 대표적인 전문기관으로 인정받게 되었다. 당연히 완도 성광교회와 이들 센터 간의 협력은 매우 효과적으로 이루어지고 있다.

평창 노산교회

평창 노산교회는 작은 교회이지만 지역주민들을 위해 생애주기별로 다양한 평생학습 프로그램을 개발해서 진행하며 성탄절에는 온 동네가 함께 행사를 준비하여 참여하게끔 한다. 교회의 장년들과 지역주민들이 함께하는 행사를 기획하여 시행하고자 교회가 설립한 것이 '감자꽃 스튜디오'이다.

2009년부터 매년 개최되는 행사인 성탄극장은 '감자꽃 스튜디오'에서 열린다. '감자꽃 스튜디오'는 폐교된 노산분교를 리모델링한 곳으로 문화·예술·체험이 어우러진 공간이다. 그리고 지역 사람들의 어린 시절 향수가 깊이 깃든 곳이기도 하다. 그래서 지역 사람들은 교회가 진행하는 행사임에도 편안한 마음으로 함께한다. '감자꽃 스튜디오'에서 성탄극장을 한다는 소문이 나자 주민들이 자발적으로 참여를 신청했고, 교회를 통해 전문가들이 세워져 이들이 지역회관들을 돌면서 참가 팀들을 직접 지도하며 준비했고, 그 결과물은 공연으로 나타났다. 참여자들의 성취감이 클 수밖에 없었고, 공연을 관람한 사람들은 감동과 기쁨을 크게 누릴 수 있었다.

중촌교회

거창 산골 해발 550m 오지 지역에 위치한 중촌교회에는 23명의 교인이 있다. 중촌리 11개 지역의 주민은 약 350명이다. 지역에는 노인들이 대다수이면서 일부 조손가정도 있다. 이들을 위해 반찬 나눔 사역을 시작했다. 사역이 지속적으로 활발하게 확장되면서 면사무소와 협력해서 40개 가정의 노인에게 교회가 정성을 기울여 만든 반찬을 제공했고, 다른 교회까지 동참할 정도로 사역이 커졌다.

중촌교회는 2003년 6월부터는 예장통합장로교사회복지재단 '거창노인복지센터'를 설립해 재가노인복지실천을 본격적으로 실행했다. 중점 사업은 노인 일자리 사업, 재가 노인돌보미(생활지도사) 사업, 장애인 이동목욕차량 사업이다. 3년 뒤인 2006년에 사회복지법인 '이웃사랑복지재단'을 만들고, 2008년에는 재가장애인을 위한 중증장애인 거주시설인 '월평빌라'를 개소하였다. 그리고 2011년에는 월평빌라 옆에 '거창효노인통합지원센터'를 세웠다. 이 센터는 노인주간보호시설 운영 및 재가 노인지원서비스를 통합 운영하고 있다.

사회복지실천의 기반이 미흡한 거창에서 거창노인복지센터는 이 지역 1호 사회복지시설이었다. 지금 중촌교회가 운영하는 세 개의 기관에서 일하는 직원이 약 170명이다. 월평빌라에서는 30여 명의 중증장애인들을 돌보고 있고, 노인주간보호시설에서는 40명의 지역에 거주하는 노인들을 돌보고 있다. 월평빌라는 2024년 현재 한국에서 가장 모범적인 장애인 소규모 시설로서 인정받고 있다. 성육신적인 지혜가 발휘된 대표적인 사례라 할 수 있다.

성육신적 지혜에 기초한 공공신학적인 복지선교 실천의 방법

성육신적 지혜는 예수 그리스도 안에서 창조주 하나님과 맺어지는 인격적 관계와 그 관계를 심화시켜 나가고자 하는 인간의 의지와 노력을 뒷받침하는 통찰과 실행 능력으로 나타난다. 실제로 공공신학적인 복지선교 실천은 하나님과의 깊은 관계 안에서, 하나님의 뜻과 목적을 이루어 나가야 할 뿐 아니라 하나님의 지혜와 능력으로 실행해야 한다. 무엇보다도 인간은 하나님의 형상을 따라 지어졌기 때문에 하나님께서 성육신하셨다는 사실은 인간도 그 방식을 따라 살아갈 수 있다는 것을 의미한다. 물론 하나님처럼 완전한 성육신의 형태를 이룰 수는 없겠지만 그 형상을 본받아 행동하고 선택하며 실천할 수 있다는 것이다.

성육신적 지혜에 기초한 공공신학적인 복지선교 실천은 온전한 공감의 모범이 된다. 성육신적 지혜는 기본적으로 '예수님이라면 어떻게 하실까?'를 묵상하면서 예수님의 관점을 지향해야 하므로 자연스럽게 예수 그리스도와의 깊은 교제를 전제해야 한다. 그래서 이와 같은 복지선교 실천은 예수님의 마음을 담아 교회 안과 밖, 즉 세상의 모든 사람들 가운데서 도움을 필요로 하는 연약한 사람들을 굳건하게 세워가려는 당사자[18] 중심, 당사자 우선의 성육신적 가치에 기초한다. 성육신적 지혜에 기초한 공공신학적인 복지선교 실천은 예수 그리스도를 닮아 권위적인 지위를 지양하고 당사자와 동등한 관계를 맺게 될 것이다. 그리고 당사자가 경험하는 곤혹스런 문제에 가장 먼저 동참하게 될 것이다.

---

[18] 클라이언트(client)라는 용어는 내담자, 대상자, 환자, 수혜자 등 다양하게 번역되지만 이 책에서는 '당사자' 또는 '서비스이용당사자'라는 용어를 사용했다. 이는 서비스를 제공받는 사람들이 복지선교 실천으로 인해 낙인되거나 대상화 되는 것을 피하기 위함이다.

복지선교를 위한 기초로서 기도와 묵상

성육신적 지혜에 기초한 복지선교를 수행하기 위해서는 이타적인 가치를 견고히 해야 하며 세상을 위한 헌신과 희생을 감수하려는 마음을 가져야 한다. 이때 이를 가능하게 하는 것이 기도와 묵상이다. 기도와 묵상은 복지선교 실천의 필수적이고 기초적인 출발이다. 그것은 단지 종교적인 의미에서의 기도와 묵상이 아니라 성육신하신 예수님으로부터 지혜를 얻기 위함과 동시에 하나님과 인격적인 교통을 경험하는 차원에서의 기도와 묵상이다.

이러한 성육신적 지혜를 구하는 기도와 묵상은 다음과 같은 방향으로 이뤄져야 한다.

첫째, 약자 중심의 구조화를 어떻게 이뤄야 할지를 간구해야 한다. 예수님은 "지극히 작은 자 하나에게 한 것이 내게 한 것이니라(마태복음 25장 40절)"고 선언하셨다. 뿐만 아니라 예수님은 당시 사회의 가장 낮은 곳으로 임하셨다. 이러한 예수님의 모습이 실현되면 약자중심으로 구조화된 사회와 공동체를 이루게 될 것이다. 이를 어떻게 이뤄야 할지를 기도해야 하는 것이다.

둘째, 개인의 주체성을 어떻게 일으킬 수 있을지를 간구해야 한다. 성육신적인 지혜의 관점에서 인간에 대한 구속의 최종적인 결과는 개인의 자유를 회복하는 것이다. 개인은 주체적인 존재로서 독립되고 자립하여 당당히 책임 있는 존재로 자신을 되찾아야 한다. 그 주체성이야말로 하나님이 인간에게 심으신 하나님의 형상의 결정체인 것이다. 예수 그리스도는 바로 그 인간의 주체성을 형성하기 위해 십자가 구속의 역사를 이루셨다.

셋째, 교회와 세상의 공동체성을 함양하기 위해 어떻게 더불어 사는 공생성을 높일 수 있을지를 간구해야 한다. 개인의 주체성과 함께 하나님은 인간을 사회적 존재로 만드시고 한 몸이 되어 서로 돕고 사랑하여 공생적 관계를 이루고 살아가도록 지으셨다. 이러한 하나님의 창조

섭리를 실현해나가기 위해서는 성육신적인 지혜가 필요하다.

넷째, 당사자의 존엄성을 보장하기 위해 어떻게 해야 긍정적인 고려를 지속적으로 할 수 있을지를 간구해야 한다. 당사자가 어떠한 이유와도 상관없이 존엄하게 대우받아야 한다는 믿음을 구해야 하는 것이다. 성육신적인 지혜의 관점으로 볼 때는 인간이야말로 소중한 하나님의 피조물이며, 그리스도의 십자가의 구속적 죽음의 대상이 된다.

찾아가고 전문적인 관계를 맺으며 연대하기

성육신적 지혜에 기초한 공공신학적인 복지선교 실천의 가장 중요한 특성 중의 하나는 그리스도인들과 세상 사람들, 특히 당사자들이 모두 함께 하나로 어울려 그들 중에 한 사람이 되는 것이다. 여기서 조심해야 할 문제는 그리스도인들이 세상 사람들과 당사자들에게 동화되어 역전이가 되지 않도록 해야 한다는 것이다. 그리스도인은 세상에 살지만 세상에 속하지는 않는다(요한복음 17장 16절). 성육신적 지혜에 기초하여 복지선교를 수행하는 그리스도인들은 지역사회와 하나 되지만 지역사회의 문제 상황에 압도당하거나 동화되지는 않는다. 이와 관련된 복지선교 실천의 내용을 정리하면 다음과 같다.

첫째, '찾아가기'다. 지역사회와 가정을 찾아가는 것은 성육신적 지혜에 기초한 공공신학적인 복지선교에서 매우 중요한 실천방법이다. '찾아가기'는 지역에 소재하고 있는 교회들이 당사자들을 돕기 위하여 그들의 가정이나 주거환경에 적응할 수 있도록 서비스와 정보를 제공하는 적극적 복지선교 실천이 될 수 있다.

둘째, '온전한 공감하기'다. 성육신적 지혜에 기초한 공공신학적인 복지선교를 수행하는 그리스도인들은 세상 사람들 또는 당사자들의 주관적인 경험과 감정을 지각하는 능력을 갖고 있어야 한다. 이는 말씀과 기도로 준비할 때, 성령의 역사하심으로 주님의 지혜를 공급받아 가능하게 된다. 이를 통해 당사자와 하나 될 수 있고 적절한 복지선교 실천서비스로 연결이 가능하게 된다. 당연히 적극적인 경청과 공감적 반영을 해낼 수 있는 역량이 필수적이다. 공감은 상대방의 경험·감정·사고·신념을 자신이 상대인 것처럼 듣고 이해하는 능력이다. 복지선교를 수행하는 그리스도인들은 실천개입의 효과를 높이기 위해 본인이 이해한 바를 당사자에게 전달해야 하며, 이를 통해 당사자가 판단 받지 않는다는 느낌을 가지게 된다.

셋째, '전문적인 관계 맺기'다. 성육신적 지혜를 가진 그리스도인들은 하나 됨을 지향하며 전문적인 관계를 맺는다. 그것은 당사자를 '있는 그대로' 바라보되, 예수 그리스도의 긍휼함을 동반하면서 당사자와 일치를 이루도록 접근하는 것을 의미한다. 여기서 '전문적'이라 함은 서비스 제공자와 수혜자라는 접근이 아니라 오히려 예수 그리스도 안에서 함께 성장해가야 할 동반자로서의 의미를 담고 있다. 나와 당신이 복지선교라는 구조와 내용 속에서 예수 그리스도와 함께 성장해 가자는 것이다. 이때, 서비스를 제공하거나 당사자들의 어려움에 함께 하는 그리스도인들은 '동반자' 또는 '안내자'로서의 역할을 수행한다.

넷째, '당사자와 연대하기'다. 효과적인 복지선교 실천이 되기 위해서는 기본적으로 당사자가 그리스도인 사역자 또는 실천가를 신뢰하는 관계를 형성해야 한다. 이는 돌봄과 존중됨을 통하여 가능할 것이다. 이것이 성육신적 지혜에 기초한 공공신학적인 복지선교 실천에서 매우 중요시해야 할 사항이다. 당사자와 연대한다는 것은 그리스도인과 교회가 힘이 되는 지지체계로서의 역할을 수행한다는 것이다.

기독교
사회복지실천학
담론과

제 6 장
공공신학과 복지선교

공공신학적인
복지선교의 접목

[제6장]

기독교사회복지실천학 담론과 공공신학적인 복지선교의 접목

공공신학적인 복지선교에서 중요한 기초 작업 중의 하나는 공적 담론을 형성하는 것이다. 그런데 복지선교에서 가장 밀접한 융합 영역이 사회복지 분야인데 사회복지 차원에서도 공공신학적인 관점을 견지한 복지적인 공적 담론은 매우 미흡하다.

그런 가운데서 이준우(2024b)의 논문인 "한국 기독교사회복지실천학의 의미에 관한 탐색적 고찰: 김덕준, 박종삼, 이부덕의 기독교사회복지 사상을 중심으로"는 공공신학적인 복지선교에 접목할 수 있는 매우 유용한 공적 담론 자료가 될 수 있을 것으로 본다. 이에 본 장은 이준우(2024b)의 논문을 중심으로 정리하였다.

본 장의 내용은 김덕준(1919-1992), 박종삼(1933-현재), 이부덕(1939-현재)의 사회복지 사상 속에 담겨진 기독교사회복지실천 담론을 고찰하면서 한국 기독교사회복지실천학의 의미와 과제를 살펴보는 데 목적을 둔다. 바로 한국 기독교사회복지실천학의 선구적 학자라 할 수 있는 김덕준, 박종삼, 이부덕의 기독교사회복지 사상을 통해 기독교사회복지실천학의 본질과 의미, 그에 따른 학문으로서의 과제에 대해 살펴보려는 것이다.[19]

여기에서 추구하는 기독교사회복지실천학은 정교하게 체계화되고 논리적인 학술적 논의

만이 아니다. 오히려 체계와 논리의 내면에 토대를 둔 주요 인물들이 갖고 있었던 성서적 관점들의 실제적 투영과 현실 세계로의 반영 결과물들, 즉 그들 자신이 일생에 걸쳐 끊임없이 추구하고 실현해내고자 지극히 당연시했던 삶의 행적과 이를 뒷받침했던 사상적 담론들을 기독교사회복지실천의 이론으로 설정하고자 한다. 이에 본 장에 제시된 내용은 구체화되고 정밀한 학문적 체계를 제시하기보다는 심층적 담론의 내용을 기독교사회복지 사상으로 끌어내고 이를 기독교사회복지실천학의 이념적 기초로 이해하고자 한다. 이는 고스란히 공공신학적인 복지선교 실천의 이념적 토대로 검토될 만하다고 본다.

'김덕준, 박종삼, 이부덕' 인물 탐구의 필요성

기독교사회복지실천은 초기 한국교회 선교의 역사적 유물처럼 박제되어서는 안 된다. 오히려 시대와 삶의 상황을 초월하여 여전히 해결해야 할 유사한 사회문제들에 대응하며 펼쳐내어야 할 예수 그리스도의 사랑 실천을 전문화하여 실행해내는 매개체가 되어야 한다. 기독교사회복지실천이 한국 교회와 기독교사회복지 NGO 및 시설 등을 통해 다른 어떤 종교보다도, 아울러 여타의 민간 사회복지단체들보다도 활발하게 이뤄지고 있음에도 기독교

---

19) 본 장의 내용으로 형성하기 위해 주로 활용한 자료는 이준우(2019b, 2021b, 2021c)가 쓴 "김덕준(金德俊)의 사회복지 사상과 한국 사회복지 교육"과 <김덕준의 사회복지 사상과 사회복지 교육>, "박종삼의 사상과 사회복지실천 이해 -사회복지 연구자의 자문화기술지적 내러티브 탐구를 중심으로-", 배진형과 최경미(2020)가 쓴 "이부덕(李富德)의 생애와 기독교사회복지에 대한 사상"임을 밝힌다.

사회복지실천의 역사적 맥락과 학술적 기반이 되는 '연구 및 교육 선구자들'의 개인적, 사회적 의도가 어우러져 사회적 실천으로 옮겨지게끔 동력화한 사회복지 사상에 대한 탐구는 부족하다. 그 결과 오늘의 현장에서 실행되는 기독교사회복지실천의 이론화 작업은 미미한 수준에 그친다. 한편 한국 기독교사회복지실천의 역사적 고찰은 주로 한국 교회사에서 나타난 사회복지실천의 가시적 행위와 성과에 지나치게 천착한 측면이 크다. 그러다 보니 실제적 실천을 감당했던 사람들에 대한 연구는 제대로 이뤄지지 못했다.

이상과 같은 측면에서 1981년 한국기독교사회복지학회를 창립했던 고 김덕준 교수와 2002년 한국교회사회사업학회를 발족하여 발전시킨 박종삼 교수, 2016년 절묘하고도 적기에 이 두 학회를 통합시키는데 큰 역할을 한 핵심주체인 이부덕 교수, 이 세 사람의 기독교사회복지 사상을 탐구하는 것은 큰 의미가 있다. 더욱이 이 세 사람 모두 이론과 실천이 분리된 탁상공론이 아닌 기독교사회복지실천을 이 세상에 실현하려고 치열하게 노력했던 공통점을 갖고 있다. 그런 점에서도 이 세 사람의 기독교사회복지 사상을 심층적으로 이해하여 결국 세 사람이 지향하고 실행했거나 하려 했던 기독교사회복지실천의 의미와 무엇이 '기독교사회복지실천'다운 것인지에 대한 '생생한 담론'들을 찾아내어 오늘의 한국 교회와 기독교계, 나아가 사회복지 시설과 기관 및 실천 현장에 유용한 지침으로 형성할 필요가 있다.

기독교사회복지실천으로 개념화된 그 사상적 원류를 형성하게 했던 주요 인물인 '김덕준, 박종삼, 이부덕'의 행적과 연구 및 교육 행위 등을 마치 아카이브를 만들 듯이 면밀하게 살펴보며 정리하고자 했다. 역사적 가치 혹은 장기 보존의 가치를 지닌 기록이나 문서들의 컬렉션임과 동시에 이러한 기록이나 문서들을 보관하는 장소, 시설, 기관 등을 의미하는 '아카이브' 같은 특수한 가상의 공간을 저자 중 한 사람(이준우) 컴퓨터 파일 속에 구축하였다. 그런 다음 그 공간 속에 오롯이 담겨 있는 세 사람의 저서와 연구, 인터뷰 및 만남의 결과물, 참여관찰 내용물, 각종 사진 및 언론과 미디어 게재 자료 등을 분석 대상으로 삼아 이들이 일생의 과업으로 감당해왔던 기독교사회복지실천의 본질적 의미와 의도를 개념화하고 구조화하여 정리하였다.

구체적인 자료분석은 '통합적 문헌고찰 방법(integrative literature review method)'을 사용하였다. 통합적 문헌고찰 방법은 문제 규명, 문헌검색, 자료 평가, 자료 분석, 자료 제시의 다섯 단계로 전략적 방법을 제시하고 있다(Whittemore & Knafl, 2005). 이에 본 장에서도 다섯 가지 전략적 단계에 맞춰 분석하였다. 문제 규명에서 핵심적인 주안점은 세 사람이 한 평생 펼쳐내고자 했던 기독교사회복지실천 사상의 실체적 내용을 찾아내어 그 의미를 파악하는 것이었다. 이를 위해 앞서 언급한 대로 아카이브와 같은 형태의 컴퓨터 파일 저장 공간에 관련 자료들을 최대한 디지털화하였다. 여기에서 문헌자료 검색은 종이 책과 디지털 자료 등을 총망라하였다. 그런 다음 학술지 논문이나 학위논문, 공식 출판된 자료들 이외의 신문 기사를 포함한 각종 온라인 정보와 학술대회 기고문 등은 주제별로 목록화 하였다. 이를 토대로 중복되거나 왜곡 또는 과장된 부분들을 걸러내는 작업을 통해 실제적으로 분석해야 할 자료를 선별하는 자료 평가의 단계를 거쳤다. 이후 자료 분석과 그 분석 결과를 기독교사회복지실천학의 개념적 내용으로 일목요연하게 제시하고자 했다.

사실, 인물 연구에서 충분한 사료(史料) 및 자료의 확보는 언제나 어려운 부분임을 새삼 통감하였다. 특히 한국사회복지학계의 원로 인물과 관련된 자료는 대단히 희소해서 연구의 실현성을 확보하기가 결코 용이하지 않았다. 이들의 생애를 본인의 입장에서가 아닌 보다 객관적인 제3자의 관점에서 정리되어 제시된 유용한 기록물들을 찾기가 쉽지 않았기 때문이다. 따라서 본 연구에서 활용된 분석 자료들의 경우도 대부분 본인들의 글과 강연, 인터뷰 자료들이거나 혹은 이들로부터 영향을 받은 제자 또는 가족과 동역했던 지인들로부터 형성된 기록들에 한정되었다.

'김덕준, 박종삼, 이부덕'의 사회복지적 생애 개요

김덕준

김덕준은 한국 사회복지와 사회복지 교육의 선구자였다(한국사회복지학회 50년사 편찬위원회, 2007). 그는 1938년 한국인 최초로 해외(일본)에서 사회사업학을 공부하였다. 1953년 설립된 중앙신학교(현 강남대학교) 초대 사회사업학과 학과장과 1957년 창설된 한국4사회사업학회 초대 회장, 그리고 1981년 창설된 한국기독교사회복지학회 초대 회장 등 한국의 사회사업, 사회복지 학계에서 여러 개의 '초대'라는 수식어를 갖고 있는 인물이다(한국사회복지사협회 50년사 편찬위원회, 2017).

특히 김덕준이 중앙신학교(현 강남대학교, 이하 강남대학교로 지칭) 설립자인 이호빈 목사와 의기투합하여 개설한 사회사업학과는 국내 최초의 단독 학과였을 뿐만 아니라 당시로서는 혁신적인 사회사업(현재의 용어로는 '사회복지실천') 교과과정을 구성하고 사회복지 교육을 실시했다(강남대학교 사회복지학부 50년사 편찬위원회, 2003). 그 결과 졸업생들이 사회사업가(현재는 '사회복지사')로서 정부(현재 보건복지부)나 사회복지시설에 고용되어 활동하게 되었는데 이는 국내에서 처음 있는 일이었다. 이렇게 김덕준의 사회복지 교육을 통해 한국의 사회복지 분야에서 전문적인 사회사업 실무자(social work practitioner)들이 배출되었다. 한국 사회복지 교육에 있어서 김덕준의 역할과 영향력은 지대했다(강남사회복지교육 60주년 기념사업추진위원회, 2013).

한국의 사회복지 분야에 크게 공헌한 그의 업적들은 궁극적으로는 세 가지로 정리할 수 있다. 첫째, 중앙신학교, 즉 현재의 강남대학교 사회사업학과를 설립하였다는 것, 둘째, 한국사회사업학회와 한국기독교사회복지학회를 창설하는 데에 크게 기여하면서 초대 회장을 역임했다는 것, 셋째, 강남대학교, 원주대학교, 중앙대학교에서 후학을 열정과 헌신으로 양성하여 국내외의 '사회복지학계와 실천 현장' 곳곳에서 활동하는 탁월한 학자 및 전문 실천가로 세워지게 했다는 것이다.

박종삼

　박종삼은 한국 사회복지학계에서 학문적·실천적 영향력을 지대하게 끼친 인물로서 대표적인 존재다. 그로부터 영향을 받은 많은 교수들과 목사들, 사회복지실천가들이 국내외에서 활동하고 있다. 박종삼은 교수이며, 목사다. 치과의사였고, 보이스타운이라는 사회복지시설을 운영했던 시설장이었으며, 세계적인 국제 NGO인 '월드비전 한국'의 회장으로 9년 동안 봉직했던 사회복지경영자였다. 무엇보다도 그는 1975년부터 2001년까지 숭실대학교 사회사업(사회복지)학과에서 사회복지사들을 키워냈던 탁월한 교육자요 연구자였다. 아울러 그는 깊은 영성과 실천적인 사회복지인의 삶으로 뚜렷한 족적을 남기고 있는 사회복지사다.

　박종삼이 평생에 걸쳐 펼쳐내고 있는 사회복지 교육과 연구, 실천의 성과는 기독교사회복지실천학으로, 독창적인 임상사회복지실천의 이론과 실제적인 기법으로 산출되고 있다. 아울러 서비스이용 당사자의 역량을 최대화하도록 이끄는 '사람 중심의 실천개입' 활동 및 사회복지조직의 역동성을 최대치로 발현하는 창의적인 접근에 대한 축적된 그의 농익은 경험은 많은 사회복지시설들과 교회들, 목사들과 사회복지사들에게 공유되는 순간 발전적인 변화로 귀결되게끔 한다. 그의 메시지와 실천적인 삶은 지극히 실용적이며 현실적일 뿐만 아니라 동시에 영성적이며 가치 지향적이다. 그 결과 사람과 세상을 변화시키는 힘이 있다. 특히 박종삼이 토대를 놓은 기독교사회복지실천은 무너져 가는 한국교회를 다시 살릴 수 있는 강력한 변혁적 패러다임으로 활용할 만하다. 더욱이 그는 최근 한국교회 내에 잠재되어있는 평신도의 재능과 능력을 적극 발굴하여 교회의 생명자원으로 활용해가야 한다는 분명한 소신을 갖고 집중적인 연구를 수행하고 있다.

이부덕

　이부덕은 본인의 아동기와 청소년기 시절, 모친이 운영하던 보육원 생활을 통해 가족의 역할 및 가족체계의 중요성에 대한 인식을 기반으로 대학에서 사회사업을 전공하였다. 대학 졸업

후 이부덕은 1965년 인천사회복지관 초대 관장을 역임하였고, 가족복지에 대한 그의 학업 동기를 지속적으로 계발하기 위한 목적으로 미국 플로리다 주립대학으로 유학하였다. 석사학위 취득 이후 노스캐롤라이나 윈스턴 살렘(Winston-Salem)에서 가족치료사로 3년 반을, 미 육군 사회사업장교로 임관하여 텍사스 8군 병원에서 3년 6개월을 복무하고, 하와이 Tripler 병원에서 3년 동안 일하면서 미 육군 내 의료 및 정신건강 사회복지현장에서 크게 활약하였다. 1978년 하와이에서 현역 군복무를 마치고, 1980년 유타대학에서 박사학위를 취득하였으며, 이후 오하이오 주립대학 사회사업학과에서 교수로 재직하였다. 1990년부터는 시카고 로욜라대학에서 교편을 잡고, 대학원 원장 및 사회사업대학 부학장 등을 역임하며 수많은 제자들을 양성하였고, 2010년 로욜라대학교 명예교수로 은퇴하였다. 그리고 1997년에 미 연합감리교단의 결의에 따라 소정의 신학과정 이수와 교단 심사과정을 통해 한국인으로서는 처음으로 영구직 사회봉사 목사(Deacon)로 안수 받았다.

특히 이부덕은 가족치료, 부부치료, 군 사회복지, 다문화 사회복지, 국제 사회복지 및 기독교사회복지, 현재에는 직간접적인 장애인복지 영역에서 미국과 한국, 일본 및 중국을 비롯한 전 세계를 잇는 상호 이해와 소통의 든든한 다리를 놓아왔다. 현재에도 지속적으로 복음에 근거한 사회복지로 지구촌 평화구축을 향한 지평을 넓히기 위한 노력을 이어오고 있다.

김덕준, 박종삼, 이부덕의 기독교사회복지 사상

김덕준의 기독교사회복지 사상: 기독교적 인간관에 기초한 사회복지실천

김덕준의 기독교사회복지 사상을 종합하여 제시하면 '기독교적 인간관에 기초한 사회복지실천의 구현'으로 말할 수 있다. 김덕준의 사회복지 사상에서 끊임없이 천착되고 주목하며 지향되는 지점은 기독교적 인간관에 의한 사회복지실천이며 인간성 회복을 향한 사회정책의 개선과 운영이다. 그에 의하면 모든 사회복지실천과 정책 운용의 핵심은 예수 그리스도의 사랑과 십자가의 도, 즉 희생과 헌신에 기초한 진정한 사랑의 구현에 있었다. 김덕준은 사회복지실천이든, 사회정책의 사회복지적인 실행이든, 궁극적으로는 한 인간의 생명을 존중하는 데에 귀결되어야 하며 이 모든 일을 수행하는 주체 또한 결국은 인간이라는 데 집중했다. 즉, 인간 존중과 인간 사랑이었다. 바로 그 '인간 존중과 인간 사랑'이 극대화된 것이 예수 그리스도의 십자가였다.

특히 김덕준은 인간을 하나님이 창조한 그 하나님의 형상으로 이해한다. 이러한 그의 인간관에 의해 인간은 모든 피조물들 중에서 지고한 목적과 잠재력을 가진 존엄한 존재가 된다.

> "그러므로 하나님께서는 인간을 창조하실 때부터 하나님 다음에 위치하는 존엄성과 절대적인 자유를 그에게 부여하여 주셨다. 그러므로 절대에 가까운 존엄성과 자유를 지닌 인간 이것이 기독교 인간관이다. 이 인간관을 확신하는 그리스도인은 하나님을 두려워하고 사랑하며 하나님의 절대적 사랑으로 속죄 받았으니 그는 일생 동안 그 속죄의 대가로 이웃을 자기 몸과 같이 사랑하면서 사랑의 빚을 갚아나간다. 이 삶이 기독교 인생관이다(김덕준, 1985: 8)."

이와 같은 인간관에 근거한 김덕준의 사회복지 사상과 그에 따른 사회복지 교육은 모든 인간의 새로운 인간성의 회복을 도모할 수 있는 사회복지사를 양성함으로써 가난과 억압을 극복할 수 있는 새로운 민주적 평등 사회를 도래하게 하는 데에 그 목적을 두게끔 하였다 (1987; 1976: 4-30; 1983a: 5-6). 즉, 김덕준은 참된 사회복지 교육을 모든 인간이 억압과 착취, 박해 등에서 해방되는 구체적인 사건들을 날마다 만들어 낼 수 있는 사회복지실천가를 창출해내는 것으로 보았다.

또한 김덕준에게 있어서 모든 사회제도는 처음부터 견고한 조직체제로 갑자기 하늘에서 내려온 것이 아니라 오히려 인간 개인의 필요와 욕구를 채우고자 하는 순수한 시도와 노력이 모여져서 갖춰지게 된 결실이었다. 그리고 그 결실에는 인간애로 가득 찬 선구자들의 봉사와 수고가 전제되어 있다고 했다(김덕준, 1983b). 무엇보다도 김덕준은 자본주의의 폐해를 극복하기 위한 인간의 노력과 사회 제도적 준비가 반드시 있어야 한다고 하면서 바로 여기에 사회복지실천의 필요성과 중요성이 있음을 강조하였다. 그리고 이러한 사회복지실천은 인간에 대한 이해가 '기독교적 인간관'에 기초하고 있어야 한다고 했다(김덕준, 1975a). 치열한 생존 경쟁 속에 방치되어 있는 인간들의 다양한 문제들을 진정으로 해결하기 위해서는 인간성에 대한 존중과 참된 인간 이해가 필수적임을 김덕준은 끊임없이 주장했다(김덕준, 1976; 1977; 1978; 1979; 1980; 1983b). 이러한 김덕준의 사회복지 사상은 '구미 사회사업 철학의 배경으로 기독교 복음의 본질을 설명'하는 그의 글에서부터 구체적으로 드러나고 있다(김덕준, 1979: 87-96).

"하나님의 형상대로 창조된 인간 하나님의 위격 다음에 위치하면서 자주, 자존, 자유의 인간에서 인간의 존엄성을 찾을 수 있으며, 삼라만상의 지배를 위임 맡은 인간은 자기의 자주 결정에 의해서 하나님을 배신하여 신인 관계를 파괴했으나 인간의 힘으로는 원상회복을 할 수 없었던 고로 인간을 사랑하신 하나님이 스스로를 화신(化身)하여 인간의 죄를 대속하셔서 십자가를 지셨으니 여기서 인간은 원죄의 무서움과 그 원죄를 대속하기 위한 십자가의 절대적 사랑을 알게 되었으며, 그러므로 인간은 시간적으로 제한받는 짧은 생을 이 땅 위에서 사는 동안 하나님의 영원한 창조의 작업에 자유로 자기결정을 내려서 동참하여 그리스도를 모범하여 속죄의 길을 걸어간다. 하나님을 사랑하고 네 이웃을 네 몸과 같이 사랑하라는 복음을 믿고 실천한다. 이것이 기독교의 본질이요 여기에 구미 사회사업의 족적(足蹟)의 원천이 있는 것이다(김덕준, 1979: 94)."

이렇게 김덕준의 사회복지 사상의 근원은 "하나님을 사랑하고 네 이웃을 네 몸과 같이 사랑하라."라는 복음을 실천하는 것임과 동시에 병자와 근심 걱정하는 사람들을 모두 고쳐 주는 활동에 있다(김덕준, 1979; 1980; 1985; 1987). 그리고 이와 같은 복음 실천은 궁극적으로 자본주의제도 하에서 사회적 고립에 빠진 인간의 고통을 해결하는 일에 집중한다. 김덕준이 바라봤던 현대 사회의 비극은 만연하는 소외, 고립, 단절, 차별, 주변화, 방치, 대립 등의 문제로부터 야기된다. 그에 의하면 현대사회에 만연한 고통의 뿌리가 본질적으로 사회적 고립과 관계의 단절에 있는 것이다(김덕준, 1975b; 1978; 1979; 1980; 1985; 1987).

그런데 김덕준이 자신의 시대로 표현한 "현대 산업사회가 초래한 인간의 고통은 본질적으로 사회적 고립에 있다"라고 했던 그 지점은 현대 한국 사회의 상황과 거의 다르지 않다. 김덕준의 기독교적 인간관에 기초한 사회복지정책 실현과 '거시·중시·미시적 차원'을 아우르는 사회복지실천은 오늘날의 사회복지실천이 가고자 하며 치열하게 논의 중인 통합적이며 융합적인 사회복지실천과 그 맥이 맞닿아 있다고 할 수 있다. 결국 김덕준이 꿈꾸며 실현하고자 그토록 애썼던 기독교적 인간관에 의한 복음 실천을 지향하는 사회복지실천이야말로 사회복지적인 측면에서 진정한 '인간의 공생 관계'를 일으켜 세우고 사회통합을 가속화하게 된다. 그것은 다시 사랑 안에서 평등과 자유를 추구하는 평화 요인을 유도하고 이러한 기초적 지향성이 국가적 차원으로 확대되어 전 국민의 복리와 행복이 달성될 수 있는 것이다.

박종삼의 기독교사회복지 사상:
생명자원을 활용하는 영성적 사회복지실천

박종삼의 기독교사회복지 사상은 '생명자원을 활용하는 교회사회복지실천'을 뒷받침하는 기독교 영성적 가치체계이자 이론이다. 우선 박종삼은 기독교사회복지실천의 출발은 교회의 사회선교임을 주장한다. 그에 의하면 교회의 사회선교는 인간생명 봉사여야 하고 이는 복음의 실천이라는 목적으로 이뤄지는 전문적인 사회복지실천으로 발전해야 했다. 특히 교회의 사회선교는 하나님의 명령을 따라서 하나님과 함께 인간의 생명을 구원하는 생명구원의 복음적 사역이며, 하나님의 나라를 이 땅에 세우는 가장 강력한 도구들 중의 하나임을 강조한다(이준우, 2021c).

> "교회는 가난한 이웃들에게 '빵 부스러기'나 던져주는 자선행위를 사회선교라고 보지 않습니다. 교회에서 가난한 이웃을 돕는 행위를 하나님의 사랑과는 관계가 없는 세속적 '구제', '구호'의 개념으로 이해하는 경우가 많습니다. 아닙니다. 단순한 구제나 구호는 반기독교적인 용어나 발상이 될 수 있습니다. 사회선교에는 사람들의 생명을 책임지는 의식이 있어야 합니다. 내가 있어서 도와준다는 개념은 하나님의 뜻에는 못 미치는 개념입니다. 도움을 필요로 하고, 도와주어야 할 가난한 생명이 있기 때문에 하나님의 생명을 사랑의 도움이라는 방식을 통해 예수님처럼 조건 없이 나누어 주는 것이 교회의 사회선교입니다(내러티브 Ⅲ-1-4: 사회선교는 생명구원의 복음적 사역)."

나아가 박종삼은 가난한 사람들을 사랑하시는 하나님의 본질이 투영되는 사회선교가 반드시 필요하며 이와 같은 사회선교는 하나님의 선교일 뿐만 아니라 궁극적으로는 생명자원을 창출하여 활용하는 적극적인 생명운동이라고 했다(이준우, 2021c).

> "어떨 때는 복음이 아직 전파되지 않았는데도 사회봉사를 잘하는 사람들과 마을이 있습니다. 어려움을 당할 때 누군가의 도움을 받았고, 또 도와주고, 슬플 때 서로 위로해 주는 따뜻한 행동은 모두 다 하나님 나라의 속성이 나타나는 것입니다. 복음이 전달되기 전에도 하나님의 형상은 모든 인간과 세계 속에 번져 있습니다. 복음은 안 들어갔지만 하나님은 이미 그곳에 들어가 계십니다. 그게 하나님의 선교의 시작입니다. 하나님은 이미 거기에 들어가서 선교를 하고 있는데, 교회가 그곳에서 하나님을 만나지 못하고 있다는 것입니다. 하나님이 이미 선교 현장에 들어가서 일하고 있는데, 하나님이

자기 백성들과 함께 인간 구원을 하시려고 교회를 세우시고, 교회에서 하나님의 복음으로 훈련시키며, 생명자원인 헌금을 통해서 선교자금도 적립시키고, 섬기는 원칙과 방법도 가르치게 하셨지요. 그러니까 이런 교회의 신앙생활과 훈련을 통해서 준비되면 내가 나가서 인간을 구원하는 선교 현장에 나의 백성인 교회공동체도 나와 함께 나가서 같이 일하자고 하시는 겁니다. 그리고는 생명자원을 찾아서 그 생명자원을 창의적으로 활용하여 생명을 살리는 이게 하나님의 선교입니다(내러티브 III-2-1: 하나님의 선교를 해야 할 교회)."

이렇게 사회선교로서의 기독교사회복지실천을 수행할 때, 교회는 생명자원으로서의 역할과 사명을 충실하게 감당할 수 있다고 박종삼은 주장한다. 특히 박종삼에 의하면 그리스도인들의 영적 구원이란 예수님께서 그의 삶과 십자가와 부활을 통해 보여주신 인간의 '생명-사랑-섬김'을 깨닫고 실천함을 의미하는 것이었다. 아울러 교회는 이웃 곧 지역사회를 교회 자체와 같이 사랑해야 했다. 왜냐하면 교회는 생명과 사랑 그리고 섬김의 구조를 갖고 있는 신앙공동체이기 때문이다. 박종삼에게 있어서 하나님 나라를 선포하는 성서의 중심 사상은 인간의 생명이다. 하나님의 창조사역의 핵심이 생명인 것이다. 하나님의 창조과정을 보면 인간의 생명에 필요한 모든 복지적 조건을 창조하여 마련한 후에 비로소 생명을 창조하셨다. 곧 인간에게서 가장 소중한 것은 생명 자체라는 사실을 분명히 하셨다는 것이다. 인간 최초의 지역사회는 생명을 보호하고, 지지하며, 번영케 하는 생명의 지역사회였기에 그곳에는 '생명나무'와 '생명의 강'이 흘렀다. 최초의 인간과 하나님의 관계는 생명의 관계였다. 인간이 자행했던 최초의 불복종이 결국 하나님께서 소중히 여기셨던 생명에 대한 파괴 행위를 초래함에 있었다. 당연히 예수님의 대속사역도 역시 인간의 생명구원이었다. 그래서 자신의 속성을 "길이요, 진리요, 생명이다"라고 말씀하셨던 것이다. 자신을 '생명의 떡', '생명의 물'로 지칭함으로써 하나님 나라에서 가장 소중한 것은 '인간의 생명'임을 거듭 강조하였다(이준우, 2021c). 이렇게 박종삼에게 있어서는 선교 사역이 인간의 생명과 분리된다면 그것은 복음적

선교가 아닌 것이다.

또한 박종삼에 의하면 교회는 복음 선포와 복음 실천의 에너지가 사랑이라는 사실을 고백하는 신앙공동체였다. 곧 지역사회의 생명을 대하는 교회공동체는 지역사회를 사랑해야 한다는 책임공동체가 되어야 했다. 세속사회의 사회복지와 사회선교의 차별성은 바로 이러한 '생명이 사랑의 대상'이라는 복음적 진리를 갖고 있다는 것이다. 교회의 복음 실천은 예수 그리스도의 사랑을 지역주민의 생명을 위해 아낌없이 나누어 주겠다는 사랑의 자세에서 출발되어야 하는 것이다(이준우, 2021c).

특히 박종삼은 봉사가 뒤따르지 못하는 전도는 심각한 문제를 내포하고 있으며, 이 사실에 대해 "행함이 없는 믿음은 죽은 믿음이다."라는 선언을 한 야고보서의 내용을 인용하며 강력하게 실천적 삶을 주장한다. 나아가 예수님은 자신이 세상에 온 목적을 자신의 생명을 주기까지 인간을 사랑하사 섬기러 왔지 섬김을 받으러 온 것은 아니라고 천명하셨다는 것이다. "사람이 친구를 위하여 목숨을 버리면(섬기면) 이보다 더 큰 사랑은 없다."라고 말씀하신 내용은 하나님 나라에서 생명에다 사랑으로 봉사하는 것이 복음의 선포이며 실천이라는 사실을 말해준다는 것이다(이준우, 2021c).

> "지난날 한국교회는 전도에서 인간생명을 발견하고 복음적 봉사를 제공해 주는 선교활동을 소홀히 했다고 봅니다. 하나님 중심의 선교는 하나님의 최대 관심인 인간의 생명을 발견하는 일입니다. 지역사회는 하나님의 생명이 사는 곳이며, 생명의 공동체인 교회는 이 생명을 발견하기 위하여 지역사회로 나가야 합니다. … 생명창조에서 하나님은 생명이 사랑이라는 조건이 주어질 때 생명다워지며 또 생명이 번창하게 됨을 전제로 하였습니다. 그러므로 생명의 창조주이신 하나님은 또한 사랑의 본체가 되셨습니다. … 굶주린 지역주민의 생명에다 누가 그리스도의 사랑을 먹여줄 것인가라는 구체적인 섬김의 선교문제가 제기되어야 합니다. 인간의 생명을 발견하고 그 생명의 사랑의 필요성을 깨닫고 인정하는 일은 복음의 선포에서 이루어집니다. 그렇다면 이

선포된 하나님의 생명에다가 그리스도의 사랑으로 먹여주는 봉사의 행동, 곧 복음의 실천이 선교의 중요한 과제로 나타나는 겁니다(내러티브 Ⅲ-2-4: '생명·사랑·섬김'의 구조를 갖고 있는 교회)."

한편 박종삼에 의하면 기독교 영성은 예수 그리스도 중심이어야 하며 하나님의 말씀인 성서를 떠나서 영성을 이해할 수 없는 것이었다. 또한 하나님과 좀 더 깊고 밀접한 관계로 나아가는 영적 성장 안에서 우리의 의지와 품성이 점진적으로 하나님의 뜻과 성품을 따르게 되면서 온전해지는데 그것이 영성의 기능이었다. 기독교 영성의 기본적인 전제는 '그리스도 중심,' 그리고 '성서 중심'인 것이다. 그리고 예수 그리스도와 성서 안에 드러나고 있는 기독교의 근본적인 개념들을 함께 묶어서 삶과 연관시키고 일상의 삶에서 끊임없이 이면의 세계 즉 영성적인 의미들을 비교하고, 분석하며, 일치시켜 나감으로써 하나님의 뜻과 성품을 닮아가는 것이 중요하였다(박종삼, 2000; 2004).

동시에 박종삼에게 있어서 기독교 영성은 사회적 영성까지 연결된 '타자되기'였다. 즉 기독교 영성은 마음의 치유뿐만 아니라 사회의 치유를 바라는 마음을 함께 품고, 세상의 아픔을 안고서 자기 마음의 평화를 위해 고민하게 한다. 기독교 영성은 사람들로 하여금 자신의 사명을 완수하도록 하며, 인간관계, 삶의 형식, 정치적·사회적·종교적 상황에 대한 그리스도적인 응답을 포괄하고 있는 것이다. 그 결과 기독교 영성은 세상의 변혁에 기여하고, 투쟁하는 삶의 의미를 밝히며, 인간실존의 근거가 되는 삶의 변화에 참여하게 한다(박종삼, 2004; 2020; 이준우, 2021c).

"이 시대의 아픔, 이 시대의 얽히고설킨 매듭을 함께 하나님에게 아뢰고 힘을 합해 풀어 나가는 영성이 기독교 영성이며 곧 사회적 영성입니다. 사회적 영성으로 엮어내는 공동체적 경험은 다시 사회로 환원되어 그 사회를 변화시키고, 그 사회 안에 존재하는 개인과 함께 다른 사람을 변화시키는 연대와 사회 변화를 창출합니다. 그러니까 기독교 영성의 핵심은 '사랑' 곧 타인을 배려하는 것으로 나타나지 않으면 그것은 '영성'이 아니라는 겁니다. 결국 신학적으로 영성은 타자화된 자, 공동체에 속하지 못한 자에게 품은 배려의 감정이고, 그런 이들과 친밀함과 지지감정을 나누며, 그러한 공감의 감정에 기반을 둔 모든 실천들을 함축하는 것입니다(내러티브 Ⅲ-3-1: 예수 그리스도 중심적인 기독교 영성)."

그래서 기독교 영성은 개인적 차원에서만 머무르지 않는다. 사회적 영성으로 연결된다. 사회적 영성이란, 사랑, 치유, 희생, 구원 등 도구적 이성의 사용을 뛰어넘는 종교적 덕성이 교회 밖으로 널리 펴져 나가는 것을 의미한다. '남을 돌보려는 마음'이 바로 사회적 영성의 바탕이 되는 것이다. 이는 너와 내가 다르지 않다는 인식에서 출발한다. 우리는 모두 연결되어 있다는 믿음을 바탕으로 함께 생활하는 실천적 노력을 통해 '타자되기'에 이르는 것을 뜻한다. 이러한 사회적 영성은 공동체의 영성을 의미한다(박종삼, 2020).

이부덕의 기독교사회복지 사상:
관계성 회복과 관계적 정의를 지향하는 사회복지실천

이부덕의 기독교사회복지 사상은 인간과 사회문제의 핵심은 서로 간의 관계의 모순에서 비롯되었다고 진단하고, 인간 간의 관계적 정의 질서를 회복하는 적극적인 노력이 우선되어야 문제를 해결해 갈 수 있다는 믿음에서 출발한다. 서로를 존중하고 보살피며 나누는 지구 공동체 사회로의 진보한 연결 단계로 변화해야지만 인류 모두가 바로 사는 길임을 확신하며 이를 위해 예수의 사역 모델을 제안한다.

기독교의 핵심은 인간의 영혼 구원을 위한 필수 요소인 예수 그리스도의 은혜이며, 사회복지실천의 기본은 인간존중과 사회정의의 가치 기반 위에 전인적 복지를 향상하기 위한 것임을 분명히 하고 있다. 그리하여 기독교사회복지의 사명은 '전인적 복지를 이루기 위한 영성적 자원을 하나님의 창조적 능력과 예수 그리스도의 복음적 실천모델에서 개발하고 이를 인간 문제 해결하기 위해 투여하는 것'으로 정의하고 있다(이부덕, 2004).

이부덕은 예수의 생애를 통한 사역에서 인간의 생명에 대한 존엄성을 가장 중요한 개념이라고 본다. 이는 예수님이 잃어버린 한 마리의 양을 찾기 위해 가파른 벼랑을 마다하지 않고 그 생명을 구해내야 한다는 말씀에서 드러나는 것이라고 주장한다. 원죄로 인하여 하나님으로부터 분리될 수밖에 없었던 인간이, 예수님의 중보적인 희생의 죽음을 통해 거듭난 구원의 확신을 받고 하나님과의 본연의 창조질서로 회복할 수 있었다는 것이다. 여기에서 이부덕은 무조건적으로 주어진 이 구원을 통해 인간들은 각자의 삶에서 열매 맺는 선한 영향력들이 나타나야 함이 당연한 과정이라고 설명한다(이부덕, 2004: 5).

특히 이부덕은 인간 상호 간의 관계성을 회복하게끔 돕는 것이 기독교사회복지실천의 핵심임을 강조한다. 인간은 이웃과 함께 더불어 살아가도록 창조되었음에도 많은 경우 주변 사람들과 평화로운 관계를 맺고 이어가지 못한다는 것이다. 그로 인해 다양한 사회문제가 촉발되는 것이다. 모든 갈등 상황들 즉 사람 간의 작은 불화에서부터 넓게는 국가 간 반목과 전쟁에 이르기까지, 내 옆의 사람들을 품어주고 사랑해 가는데 어려움을 겪고 있는 사랑 결핍에서 문제가 출발된다고 본다. 여기에서 예수의 사역을 통한 포용성에 주목할 필요가 있다고 이부덕은 주장한다.

"예수는 언제나 소외된 사람들의 친구가 되었으며, 그의 구원 사역을 위해 동참했던 수많은 다양한 이웃들이 그 증거로 확인된다. 예수 시대의 세리나 창녀, 백부장, 서기관, 사마리아 여인이나 정신질환자, 심지어 십자가에 자신을 못 박히게 한 빌라도와 군중들을 포함한 적들에 대하여서도 이들을 하나님의 사랑과 연결하여 용서와 화해, 희생을 아끼지 않았음은 그 예이다(이부덕, 2004: 7)."

인간은 하나님과의 온전한 관계 안에서만 바로 살 수 있는 존재라는 것은, 자신의 삶을 통하여 살아계신 하나님을 만날 수 있도록 애써야 함을 의미하며, 이는 예수의 삶을 통하여 드러난 이웃 사랑의 실천을 통해서만 경험된다고 이부덕은 보았다. 그리고 이는 이부덕의 독특하면서도 탁월한 통찰이라 할 수 있는 정의적 공동체 개발의 전초가 되는 '관계적 정의'라는 개념과 연결된다. 즉 주요 사회 문제의 핵심에는 관계적 장애가 있다는 것이다. 자연히 이러한 관계적 장애는 관계적 정의라는 새 패러다임을 가지고 관계적 패러독스를 해결할 수 있다는 희망을 가져온다는 것이다. 이부덕에 의하면 주관적인 이데올로기, 종교와 정치적 설득이라는 이분법적 도그마를 초래하는 모든 수준에서의 인간관계에 정의를 비추는 새로운 사회적 요구를 뜻하는 것이 바로 '관계적 정의'였다. 이는 인간의 불화를 방지하고 상호 인식과 문화를 돌보며 장려함으로 인간성을 증진하는 것이라고 할 수 있다. 이러한 가치야말로 인류가 한 걸음 더 나아가 글로벌 사회의 발전으로 나아가기 위한 세계 시민으로의 밑거름이 되어 줄 것이라는 것이다(이부덕, 2000: 273). 이러한 관계적 정의는 기독교사회복지실천의 정체성으로도 이어지며 여기에서 기독교사회복지실천은 많은 사회적 문제가 가져오는 상처와 아픔에 대한 치유의 기능을 수행하게 된다. 하나님께서 주신 서로 돕는 사랑의 마음에 기초한 치유의 능력을 통해 세상과 사람을 돕는 것이 기독교사회복지실천의 핵심이 된다는 것이다.

나아가 이부덕(2004)은 '정의로운 공동체의 개발'에 주목한다. 하나님의 나라가 이 땅에서 성취되기를 바라는 주기도문에서의 선언은 예수의 실천 사역을 이 땅에 실현되도록 형상화하는 것이었다. 이부덕은 예수가 사회를 개혁하기 위한 많은 활동들이 무력적인 군사 동원이나 정치력을 활용한 실행이 아니었다고 했다. 그 대신 그리스도인의 인성을 더욱 개발하는 측면에서, 즉 성도들이 공동체 내의 집단적 관계 강화를 통하여 사회 개혁을 이루기 위한 사역이 중점적으로 이루어졌다고 본다. 이에 진정한 그리스도인들은 하나님의 사랑을 각각의 존재 안에 담고, 이웃과 주변의 소외된 사람들을 향해 하나님과의 관계성을 펼쳐 나가며, 이것을 그들이 속한 지역사회와 전 인류로 확대되는 사회정의의 공동체적 개발이 되도록 하는 사람들과 그 조직이 되는 것을 향해 나아간다. 이부덕에 의하면 바로 이 실천적 행위가 기독교사회복지실천이었다(배진형, 최경미, 2020).

이부덕(2004)이 주목했던 바는 현대사회에서 끝도 없이 이어지는 사회 문제들과 사회 제도가 가진 한계를 해결하려는 것이다. 이를 위해 예수의 윤리적 비전에서 이러한 사회 문제들을 해석하고 바라봐야 함을 주장한다. 그리하여 하나님과의 관계에서 인간이 받은 용서와 화해의 관계에 기반한 지역 공동체 즉 그리스도인들의 공동체가 지역사회 속에 구축되어야 한다고 했다. 아울러 교회 공동체에 그 누구라도 포함시키는 관대한 포용성과 다양성의 강점을 적극적으로 활용하고자 하는 기꺼운 수용성이 필요하다고 했다. 차별적 사회제도에 도전하며 모든 인간이 모든 사회제도에 수용되어야 하고 복음은 공유되어야 하며 소외당한 사람들에 대해 적극적인 아웃리치를 통해 다가가, 이들을 대변하고 '복지를 도모하기 위한 공동체'의 중심으로 살아가게끔 하는 실질적인 행위가 기독교사회복지실천인 것이다(배진형, 최경미, 2020). 이러한 사회정의 추구를 위한 소명을 가진 공동체와 그 적극적인 활동이 정의의 공동체 개발이며 기독교사회복지실천의 본질이라고 할 수 있는 것이었다.

한편 이부덕(1995; 2014)은 평화를 위한 기독교 사상을 독일의 디트리히 본회퍼와 일본의 우찌무라 간조의 사상을 통해 형성해 왔다. 이부덕은 이를 바탕으로 한 기독교사회복지인의 사명을 "첫째로, 화목의 인간성 개발, 둘째로 갈등을 중재하고 해소하는 일, 셋째, 상처를 치유하는 일, 넷째, 굴곡의 길을 평탄하게 하는 일"이라고 제안한 바 있다.

이러한 평화에 대한 사상을 기반으로 그는 기독교사회복지실천 과제의 가장 우선적인 순위로서 평화적인 통일을 위한 대비를 꼽고 있다. 그는 수많은 이산가족들이 오랜 세월 동안 냉전체제 하에 자신들의 인권이 유린당했으며, 가족들을 만나지 못하는 수십 년의 생이별 기간, 이로 인해 초래된 정서적 엔트로피 현상을 심각하게 보았다. 천만 이산가족들을 위해 인륜적인 도덕성 회복을 촉구하고, 정의적 사회구현을 위하여 기독인들이 민족 통일의 교량적 역할을 해야 함을 역설해왔다(이부덕, 2014). 이러한 역할을 위해 기독교사회복지교육에 통일시대를 준비하는 다양한 마중물적인 준비 교육이 빠른 시일 내에 구체화 되어야 한다고 주장했다(배진형, 최경미, 2020).

한국 기독교사회복지실천학의 역사적 의미와 과제

만일 우리가 사회 현상의 본질을 자기 동일성과 타자와의 차이성의 '관계'로 설명할 수 있고, 기독교사회복지실천이 기독교 세계관에 의해 결정되는 것임을 받아들인다면, 김덕준, 박종삼, 이부덕의 기독교사회복지 사상과 이론은 이데올로기적인 형태라기보다는 생활세계에 펼쳐진 실제적인 실천을 통해 육화되는 담론이라 할 수 있다. 이는 이 세 사람의 인생 궤적과 그 맥을 같이 한다. 일제강점기와 한국전쟁을 겪으면서 처참한 조국의 상황을 목도하며 치열하게 삶을 살아내야만 했던 이들의 역사 경험은 이후 이들의 생활에 지속적인 영향력을 행사할 수밖에 없었을 것이다. 그 결과 김덕준, 박종삼, 이부덕의 기독교사회복지 사상과 이론은 실천학문으로서 다음과 같은 의미를 내포한다.

기독교사회복지실천학으로서의 의미
사회적 섬김을 지향하는 생명 존중의 기독교사회복지실천학

김덕준, 박종삼, 이부덕의 기독교사회복지 사상을 관통하는 핵심은 하나님의 형상이라는 인간관이다(김덕준, 1975a; 1980; 1983a; 박종삼, 2000; 2004; 2020; 이부덕, 2000; 2004; 2014). 즉 존엄한 인간으로서의 인간 이해에 기초한 '인간성 회복'과 '관계적 정의'를 실현하는 것이 기독교사회복지실천학이라는 사실이다. 이에 이들이 추구하는 기독교사회복지실천학은 첫째, 사회적 존재감이 없다고 배제된 사회적 취약 계층과도 조화를 목적으로 하는 전문적인 개입을 실행하게끔 돕는다. 둘째, 이들 사회적 취약 계층의 자립을 위한 공동체적 지역사회의 기반을 조성하게끔 한다.

모든 국민의 인간다운 생활을 보장하기 위하여 생활의 곤란한 문제를 개인·집단·지역사회 수준에서 예방하고, 보호하며, 치료하고, 회복하기 위한 민간 및 공적 개입의 프로그램, 서비스, 제도 등의 총체적인 체계를 사회복지라고 정의할 때, 이러한 체계를 전문적인 방법으로 실천하는 통합적이며 종합적인 행위를 사회복지실천이라고 할 수 있다. 이와 같은 사회복지실천을 김덕준, 박종삼, 이부덕의 사회복지 사상을 토대로 재구성하면 "기독교사회복지실천은 창조주의 창조 이념에 의해 지음받은 인간으로의 인간성 회복 운동"이라는 개념으로 정리할 수 있다. 즉 하나님의 형상으로서의 인간성을 회복할 수 있도록 인간 개인은 물론이고, 이 세상의 질서와 구조를 포함한 사회적 환경도 인간성 회복을 뒷받침할 수 있도록 변화시켜야 하는 것이다. 결국 하나님께서 창조하신 인간과 세상 모든 만물을 회복시켜 나가는 것이 기독교사회복지실천인 것이다.

이렇게 인간성 회복을 향한 사회적 섬김이 기독교사회복지실천의 본질이라고 할 때, 기독교사회복지실천은 기독교와 사회복지실천이 창조적으로 결합하여 기독교적 세계관과 정신을 가진 사람 또는 기관이 다양한 생명자원들을 동원하여 취약계층을 돕고, 사회문제를 해결하며, 인간의 삶의 질을 향상시키기 위해 실천하는 일체의 활동이 된다. 김덕준(김덕준, 1975a; 1976; 1977; 1978; 1979; 1980; 1983a)과 박종삼(박종삼, 2000; 2004; 2020; 이준우, 2021c), 이부덕(이부덕, 1995; 2004; 2014)이 한평생 붙잡았던 기독교의 핵심 사명이 생명을 생명의 힘으로 돌보는 것이었기에 기독교사회복지실천의 중심과제도 당연히 '생명 사랑을 기초로 한 하나님 나라 운동'이 된다. 생명을 위한 생명의 돌봄이야말로 기독교세계관의 핵심이면서 기독교사회복지실천의 가장 중요한 우선적 가치이기 때문이다.

김덕준과 박종삼, 이부덕이 믿었던 기독교는 생명의 종교였고, 이들이 인식하고 있었던 기독교 역사도 그 시작부터 생명을 살리기 위해 일하는 운동이었다(김덕준, 1975a; 1976; 1977; 1978; 1979; 1980; 1983a; 박종삼, 1988; 2000; 2004; 2020; 이부덕, 1995; 2000; 2004; 2014). 이들에 의하면 기독교적 생명이란 예수 그리스도 안에서 발생한 하나님의 계시를 통해서 주어진 삶이었다. 생명의 진정한 근원과 실재는 인간을 하나님의 종말론적 미래를 향해 부르신 예수 그리스도의 사건 가운데 놓여 있게 한다. 거기서 인간은 모든 존재와의 참된 연대 가운데 하나님과 함께 하는 생명의 의미를 깨닫고 누리며 하나님이 이루신 예수 그리스도의 부활의 새로운 삶을 위해 인정된 자로서 새로운 생명을 형상화시킬 수 있게 되는 것이다. 이렇게 볼 때 김덕준과 박종삼, 이부덕이 인식하고 개념화했던 생명은 하나님의 지속적인 창조의 역사 가운데 이루어지는 약속이며 동시에 영원한 내세를 향한 종말론적인 현재였다.

사회적이며 공공적인 '실천과 교육 공간'으로서의 기독교사회복지실천학

'실천과 교육 공간'은 기능적·물리적·지리적·가상적 차원에 자리매김되어 실천가와 교수 및 학생이 접근하고 활동할 수 있는 현장으로서 가치와 의미가 부여되는 개념이다. 김덕준, 박종삼, 이부덕의 기독교사회복지 사상과 이론은 '실천과 교육 공간'에서 실천가와 교수 및 학생이 자유로운 상호작용을 통해 다양한 경로로 발생하는 수많은 사회문제들에 대처할 수 있는 대안적인 성과물로서의 기독교사회복지실천학을 모색한다. '실천과 교육 공간'은 다각적이며 다차원적인 사회적 대안들의 교차를 포용하고 재현하며, 상징적이고 추상적인 것들이 기독교적 가치와 의미로 생성되고 결합되는 구조로 이해하는 현장이 된다.

특히 이들 세 사람의 교육 현장(예: 강남대학교, 숭실대학교 등)은 이들이 재직할 당시 이들에 의해 새롭고 대안적인 실천 모델과 방법을 모색하고 향후 현실화될 기독교사회복지 실천 활동이 잉태되던 '실천과 교육 공간'이었으며 실질적으로 학생 및 교수와 실천가들의 상호작용으로 구성된 가치적·사회적·물리적 공간이었다. 즉, 이 공간은 학생과 교수 그리고 실천가들이 상호 이해하고 교수의 교육과 연구를 통해 학문적 공동체로서의 관계를 형성하고, 상호 존중하기를 배우며 인정하게 되는 진정한 기독교사회복지실천의 의미와 방법이 산출되고 결과적으로 세상에 적용되게끔 하는 거점이었다. 그리고 그 결과물로 도출된 이론과 실천 활동 그 자체가 살아 숨 쉬는 기독교사회복지실천학이었다(김덕준, 1976; 1984; 1987; 박종삼, 2020; 이부덕, 2000). 이론과 실천이 화학적으로 결합하여 기독교사회복지실천이 현실화되게끔 배양한 현장이 바로 사회적이며 공공적인 '실천과 교육 공간'이었다. 이는 곧 기독교사회복지실천학을 형성하는 현장 그 자체였다.

공감과 공생의 기독교사회복지실천학

이부덕의 관계성 회복과 관계적 정의라는 개념은 '공감을 전제한 사회취약 계층의 입장에 서기'를 지향하는 기독교사회복지실천학의 가능성을 제시한다(배진형, 최경미, 2020). 말로만 누군가를 진정으로 돕는 것이 아닌 실제적으로 나와 다른 사람의 입장에 서서 세상을 바라보고, 사람과 세상을 지원하는 실천 활동을 지역주민 및 다른 관련 활동가들과 협력하며 수행하는 접근이 기독교사회복지실천학의 요체인 것이다. 따라서 기독교사회복지실천학은 사회취약 계층을 타자로 대상화하기보다는, 세상에 공존하는 주체로서 인식하고 대하는 것을 중요시한다. 김덕준과 박종삼, 이부덕은 하나같이 고통과 상실의 시대에 치열한 삶의 현장에서 타자의 기쁨에 함께 기뻐하고, 타자의 아픔에 함께 아파하는 공감이야말로 기독교사회복지실천의 핵심가치임을 천명한다(강남사회복지교육 60주년 기념사업추진위원회, 2013; 박종삼, 2020; 이부덕, 2000).

또한 박종삼의 영성적 사회복지실천은 사회적 취약계층 내지 사회적 소수자들과 또 다른 이들이 지역사회 내에서 함께 거주하면서 역동적으로 상호작용하는 공생적 문화와 공생적 생활을 지향한다(이준우, 2021c). 박종삼(2020)은 '보이스타운'이라는 남자 비행청소년 거주시설을 운영했던 자신의 경험을 토대로 사회문화적이며 계층적 차이를 극복하는 일상생활 속의 공생적 상호작용을 통하여 공생적 미덕이 확산되고 차별과 배제에 저항할 수 있게 된다고 주장한다. 그에 의하면 참된 공생적 삶은 단지 타자와 물리적으로 근접해서 함께 살아가는 것만을 의미하는 것이 아니었다. 보다 더 적극적인 개념으로 나아가 차이로 인해 소통이 단절되는 것이 아닌 상태이자 차이가 위계화로 환원되지 않는 상태로까지 확장되는 더불어 사는 삶이 공생이었다.

특히 박종삼(2000)이 한결같이 강조했던 사회선교는 전도에 국한된 것이 결코 아니었다. 기독교 복음을 통해 차이와 타자성의 대면 과정과 실질적 대면의 내용이 일방적이거나 고정된 것이 아닌, 일상적이고 다양하며 역동적인 상호작용이 일어나게끔 하는 것이 사회선교라는 것이다. 그래서 차이와 다름에 대해 무심함과 오히려 주목되지 않고 중요하지 않게 여겨질 때, 진정한 공생이 가능하다는 점을 지적한다. 대신 묵묵히 마음을 들여 정성껏 섬기는 사랑 실천 행위를 지속적으로 해야 함을 말한다(이준우, 2021c).

이러한 공감과 공생의 기독교사회복지실천은 김덕준이 지향했던 바와도 연결된다. 김덕준(1956, 1967a: 19-27; 1975b)이 제시했던 기독교사회복지실천은 서비스이용 당사자에게 억압으로부터 자유를 누리게 하는 일이었으며 스스로 자기 삶을 살아갈 선택의 자유를 주는 것이었다. 이를 통해 궁극적으로 공생의 삶을 살아가게 하는 것이었다. 여기에서 사회복지사는 서비스이용 당사자로 하여금 참된 '자기' 바로 진정한 '자아'를 찾게 해주는 실천가여야 했다. 억압과 차별에 종속된 '자아'가 아닌 참된 '자아'를 찾아주는 사람이 사회복지사였던 것이다.

> "사회사업가는 피조자의 참된 자기를 발견하도록 해야 하며, 피조자 자신 스스로가 참된 자기를 발견하고 참된 자기를 실현해 나갈 수 있게 하여야 한다(김덕준, 1956: 171)."

이렇게 김덕준(1961; 1967b: 17-28; 1968: 10-26; 1969: 27-49; 1970: 39-51; 1975b)이 지향했던 기독교사회복지실천은 사회복지사가 "피조자", 즉 서비스이용 당사자의 참된 '자아'를 찾도록 돕는 활동인 것이다. 이는 자연스럽게 사회복지사의 공감적 역량이 전제되어야 할 뿐만 아니라 사회복지사도 자신의 참된 '자아'를 이미 찾은 존재여야 했다. 그래서 김덕준(1977: 21-28; 1979: 87-96; 1984: 45-54)은 사회복지사가 참된 '자아'를 찾기 위해 기독교적인 신앙을 가져야 한다고 했다. 왜냐하면 사회복지사가 자신의 마음에 담겨진 하나님의 말씀을 육화시키면 예수를 닮을 것이며, 예수를 닮은 사회복지사는 예수님을 닮은 참된 '자기'를 나타냄으로써 서비스이용 당사자를 힘껏 도울 수 있게 된다는 것이다. 사회복지사가 하나님 앞에 서서, 성숙한 참된 '자기'를 갖추게 되면 하나님의 시각으로 세상과 사물과 사건을 바라볼 수 있게 되므로 이는 고스란히 서비스이용 당사자가 자신의 참된 '자기'를 찾아가도록 돕는 힘이 된다는 것이다.

기독교사회복지실천학의 과제

 # 사회문제를 해결하는 창의적 상상력의 발휘

김덕준과 박종삼, 이부덕의 기독교사회복지 사상을 계승하고 발전시키기 위해서는 심각한 사회문제들을 해결하기 위해 창의적인 상상력을 발휘하여 지역주민과 사회적 환경의 변화를 고려하는 기독교사회복지실천학을 모색해야 할 필요가 있다. 교회가 보다 더 지역주민들과 적극적으로 함께 활동하고 주민들과의 유기적인 대화와 논의를 통해 지역의 문제해결을 위한 실질적인 대안을 마련해야 할 것이다.

지역사회 내에서 펼쳐지는 행복한 인간 삶에 대한 상상력은 김덕준과 박종삼, 이부덕이 개인으로서 삶과 사회화된 계층의 경계를 넘어서고, 왕성한 교육과 연구를 수행할 당시 보편적인 교회의 구제와 전혀 다른 방식을 꾀하는 모습으로 나타났다(김덕준, 1987; 박종삼, 2004; 배진형, 최경미, 2020; 이부덕, 2014; 이준우, 2021b; 2021c). 또 당시 연구자들이 진단하고 처방한 한국사회를 대하는 방식을 넘어서 혁신적인 개입활동을 제시하여 실제적으로 시험하고 성찰하여 다시 행동하는 원동력이 되었을 것으로 본다(한국기독교사회복지실천학회 편, 2019). 이에 천편일률적인 기독교사회복지실천의 타성적이며 관성적인 활동을 하루 속히 벗어 던지고, 보다 나은 개입실천을 향해 여백을 갖고 상상력을 발휘하며 다수의 주체들이 상호 세심하게 설명하고 소통하며 성찰하는 신뢰와 존중의 공동체성을 발휘하는 기독교사회복지실천 방법들이 이론화되어야 할 것이다.

 # 지역사회의 필요와 욕구에 기초하기

지역사회의 필요와 욕구를 면밀히 들여다보고, 그에 따른 기독교사회복지실천이 이뤄지도록 해야 할 것이다. 그래서 향후 기독교사회복지실천학이 비중 있게 다뤄야 할 일은 하나님이 지역사회에서 이미 펼치시는 일이 무엇인지를 잘 들여다보고 살피는 것이다(배진형, 최경미, 2020). 교회의 삶은 이웃의 삶을 경청하고, 관찰하면서 그 안에 들어가고 참여하는 일로 이뤄져야 한다. 그 가운데서 하나님의 백성은 과거 예수님께서 행하셨듯이 매일의 일상을 살아가야 한다. 그러므로 한국교회가 해야 할 기독교사회복지실천은 세상에서 하나님과 동참하도록 '부름 받은 곳'이 어디인지 또 그 방법은 무엇인지를 분별하는 것이다. 여기서 하나님과 동참한다는 것은 행위 주체를 교회에서 하나님으로 되돌려 근본적인 사역의 틀을 다시 짜는 것이다. 하나님은 마을에서, 가정에서, 식탁에서, 일터에서 보통 사람들이 일상생활을 영위하는 현장에서 활동하신다. 다시 말해 우리의 이웃 가운데서다. 이러한 실천들은 미리 생각해 놓은 교회 범주에서가 아니라 교회 밖 마을에서 그리고 마을 사람들 가운데서 형성된다(한국기독교사회복지실천학회 편, 2019). 실천은 세상에서 이뤄지는 것이다.

하지만 안타깝게도 지금까지 한국교회는 스스로를 지역사회의 중심으로 보고, 지역사회의 현실은 아랑곳하지 않고 일방적으로 교회의 선포와 행동을 통해 당연하게 사회의 구속과 향상을 이끌 것으로 생각했다(박종삼, 2000; 한국기독교사회복지실천학회 편, 2019; 이준우, 2021c). 새로운 교회 개척을 확대하고 신학교들을 채우며 요람에서 무덤까지 상품화된 신앙적 프로그램을 제공하는 기업화된 교단 구조를 확장해 가는 등 열정적으로 양적 성장과 마케팅을 추구했다. 그 결과가 사회적 신뢰가 추락한 현재의 한국교회인 것이다. 이 지점에서 교회가 다시 지역사회로 겸손하게 경청하며 돌아보며 다가가야 할 것이다. 여기에서 교회와 교인이 가지고 있는 생명자원을 들고 지역사회를 향해 사랑과 섬김으로 진정성 있게 기독교사회복지실천을 수행해야 하는 것이다.

공동체적 기독교 영성 운동 활성화

공동체적 영성 운동을 통한 기독교사회복지실천이 활성화되어야 하고 이를 이론화해야 한다. 공동생활의 실천을 통해서 유지되는 하나님 나라 백성의 공동체들을 중심으로 이뤄지는 이 영성 공동체 운동은 소비주의적이며 자본주의적인 한국 사회의 자본 획득 및 축적과 단절하고 새로운 기독교적 삶을 재현해낼 수 있을 것이다(이준우, 2021b).

영성적 실천가들은 환대, 낯선 자 환영, 검소한 삶, 지구 돌봄과 같은 기독교적 실천들에 집중한다. 공동체 참여자들은 지역사회를 향해 철저히 낮아진 자세로 헌신한다. 그들은 이웃 가운데서 교회로 살고, 교회가 되기를 원하며, 자신이 거주하는 지역에서 지역사회와 함께 그리고 지역사회를 위하여 공동체성을 일구고 공동체적인 삶을 통해 복음의 증인이 되기를 원한다. 그들은 진정한 기독교 공동체를 세워갈 뿐 아니라 복음적인 사회가 될 길을 찾아 나선다. 비록 수도 적고 과시할 것도 없이 살아가지만 엄청난 파급력이 있을 것이다. 왜냐하면 영성적 공동체에 속한 사람들이야말로 자신들의 공동체적인 활동에 더 팽팽하게 집중할수록 서로가 무엇을 하고 무엇을 느끼는지 더 잘 알게 되고, 서로의 인식을 더 잘 알게 될수록 그 사실이 각자의 인식을 지배하며 더욱 강렬하게 정서를 공유하게 될 것이기 때문이다. 그 결과로 공동체의 힘이 지역사회와 사람들의 삶을 변화시키게 될 것이다(한국기독교사회복지실천학회 편, 2019).

따라서 공동체적 기독교 영성 운동을 토대로 한 기독교사회복지실천은 다음과 같은 실질적인 유용성을 담아낼 수 있을 것이다(한국기독교사회복지실천학회 편, 2019). 첫째, 공동체 생활을 계기로 한 구성원들 간의 긴밀한 접촉과 공감대 형성이 이뤄진다는 것이다. 둘째, 공동체 구성원들과 함께 사회적 차별과 소외 및 배제를 고려하고 이에 대한 민감한 이해력과 판단력을 갖출 수 있게 된다는 것이다. 셋째, 공동체 내에서 끊임없이 편성, 배치, 자기 변형하는 구성원들 간의 열린 유대와 권력의 유동적 동등한 행사를 경험하게 된다는 것이다. 넷째, 일상적 삶의 내러티브들, 기술적 가공물, 체화된 숙련(지식), 화폐 등의 동원 및 활용과 공유가 이뤄지게 된다는 것이다.

미시·중범위·거시를 아우르는 영성적 사회복지실천의 확대

일상적인 삶의 구체적인 현장에서 이루어지는 미시 상호작용에서 중범위, 거시 수준의 사회 구조와 사회복지 제도의 발현과 변동, 역사적 변천까지 포괄하는 영성적 사회복지실천이 폭넓게 이뤄져야 하고 이를 이론화해야 한다(배진형, 최경미, 2020). 그 결과, 사회복지 정책과 제도에서 잔여 범주로 치부되거나 암묵적으로 전제해왔던 감정과 정서의 사회적 형성과 역학, 그 실체를 기독교사회복지실천학에서 정면으로 다루어야 한다. 사회복지 정책에서 미답의 영역인 개인 내면의 생각 과정도 철학이나 심층 심리학의 몫으로만 남겨두어선 안 된다. 미시적인 영역을 거시적인 차원으로 이끌어내야만 진정한 사회복지 정책과 제도가 출현할 수 있고 정상적으로 기능할 수 있게 된다. 특히 기독교사회복지실천학은 거시 구조의 미시적 토대, 거시와 미시의 연결 기제를 명쾌하게 설명할 수 있어야 한다(한국기독교사회복지실천학회 편, 2019). 김덕준(1978; 1979)이 제시했던 병리적인 문제를 양산할 수밖에 없는 자본주의 제도 하에서 사람들의 자유와 평등을 보장해 나갈 수 있는 기독교사회복지실천을 해 나가야 한다는 선언은 큰 울림이 있다. 또한 박종삼(2004)과 이부덕(2014)의 사회영성적인 강조와 관심도 의미가 크다.

다시 본질을 향해

한국 기독교사회복지실천학의 거목인 김덕준, 박종삼, 이부덕의 기독교사회복지 사상을 탐구하는 과정은 행복한 학업의 여정이었다. 그 과정에서 발견하게 된 매우 중요한 시사점으로는, 김덕준, 박종삼, 이부덕의 기독교사회복지 사상과 이론은 한국기독교사회복지실천이 실현해야 할 구체적인 내용들을 기획함과 동시에 그와 같은 기획들을 비판하는 개념적 틀로 작용하는 모순적인 양태를 띠고 있었다는 것이다. 이는 후학들이 김덕준과 박종삼, 이부덕의 학문적 성과를 계승하지도 못하고 있을 뿐만 아니라 발전적인 새로운 통찰과 패러다임을 전혀 형성하지 못했음을 반증한다. 뼈아픈 지점이 아닐 수 없다. 그 결과, 한국의 기독교사회복지실천학은 아이러니하게도 실천 대상자의 주체성을 확립하려는 김덕준과 박종삼, 이부덕과 같은 선구적인 사상과 이론이 있었음에도 오히려 도움과 지원의 종속성이 확대되는 모습에 직면하고 있다. 실례로 생명 존중의 본질은 부각되지 않고 오히려 일반 사회복지실천의 전반적인 경향인 사회공학적 담론에 기초한 기술주의적 복지 방법에 매몰되거나 또는 전혀 사회복지실천답지 않은 자선적이며 구빈적인 구제 행위에 빠져 퇴행된 활동을 반복하는 기독교사회복지실천이 아직도 횡행하고 있다는 것이다.

심지어 기독교사회복지실천의 확대는 지역사회 주민의 개별적 인간에로의 침투를 동반하면서 구령의 성격만을 과도하게 지닌 선교적인 소기의 목적을 달성하는데 집중되었다. 문제는 하나님 형상으로서의 인간성을 회복하는 선교가 아닌 교회 구성원으로 편입시키려는 노력에 편향되었다는 데에 있다. 교회 교인으로서의 포섭에 과도하게 매몰된 기독교사회복지실천은 개인의 신체와 의식, 심지어는 무의식까지 깊게 교회의 이익을 위한 세뇌의 가능성을 열어놓는다. 그 결과 여호와의 증인, 하나님의 교회, 신천지 등과 같은 이단적 종파의 사회복지실천과 주류 교회의 기독교사회복지실천 간의 차이를 분간할 수 없게 만들었다.

본질로 돌아가야 한다. 김덕준과 박종삼, 이부덕이 일평생 추구했던 기독교사회복지실천학을 향해 다시 시작해야 한다. 즉, 사회적 섬김을 지향하는 생명 존중의 기독교사회복지실천학, 사회적이며 공공적인 '실천과 교육 공간'으로서의 기독교사회복지실천학, 공감과 공생의 기독교사회복지실천학을 지향해야 한다. 김덕준과 박종삼, 이부덕의 기독교사회복지사상은 실천적 차원에서 본질적인 성찰을 하는 데에 매우 유용하다. 이 세 사람으로부터 나오는 통찰과 비전은 하나님의 형상을 회복해야 한다는 기독교적 가치를 창출하고, 이를 선순환시켜 더 큰 미래의 성서적 가치로 확산된다는 인식의 전환을 이뤄내게끔 한다. 아울러 기독교사회복지실천 개입 자체가 지역사회를 영성적 복지공동체로 만들고, 그 결과로 서비스 이용 당사자와 지역주민 모두가 보다 생산적인 시민으로 성장하게끔 지원해나가는 데에 궁극적인 사명이 있는 것으로 사회 구성원들에게 받아들여지게 할 수 있다.

인간다운 삶을 선험적으로나 관습적으로 규정하는 것이 아닌 사회취약계층은 물론이고, 교회 공동체 구성원들과 나아가 모든 지역주민들이 서로 함께 소통하며 상호작용하여 기독교사회복지실천을 형성하고, 동시에 생생한 일상생활의 모습으로 구현해나가는 일이 기독교 영성적 토대 위에서 이뤄지게끔 앞에서 기독교사회복지실천학의 과제로 제시한 첫째, 사회

문제를 해결하는 창의적 상상력의 발휘, 둘째, 지역사회의 필요와 욕구에 기초하기, 셋째, 공동체적 기독교 영성 운동 활성화, 넷째, 미시·중범위·거시를 아우르는 영성적 사회복지실천의 확대를 도모하는 작업이 시급하게 이뤄져야 할 것이다.

이를 구체적인 현실로 실현하기 위해서는 그 무엇보다도 한국 기독교사회복지실천학의 의미와 정체성을 확산시킬 전략이 요구된다.

첫째, 김덕준, 박종삼, 이부덕의 기독교사회복지실천 사상과 이론, 방법 등을 보다 심도 있게 학술적으로 정리할 필요가 있다. 예를 들면 기독교사회복지실천학 관련 저서들을 적극적으로 편찬해가는 방안이 모색되어야 할 것이다. 또한 신학대학원 목회학 석사과정과 사회복지대학원 석사과정 등의 교육과정에서 활용될 수 있는 교과목 교재를 개발하는 것도 주요 방안 중의 하나가 될 것이다.

둘째, 기독교사회복지실천학을 널리 확산시킬 수 있는 '기독교사회복지실천학 디지털 아카이브'를 구축해야 한다. 특히 신학대학원과 사회복지 학부 및 대학원 등 고등 교육기관에 재학하고 있는 학생들과 기독교사회복지재단 또는 일반 사회복지 현장에서 근무하는 기독교 사회복지사들과 목회자들이 이용할 수 있는 기독교사회복지실천학 콘텐츠를 개발하고, 관련 콘텐츠 접근성 지원을 강화해야 한다.

셋째, 이상의 첫째와 둘째 전략을 수행해나갈 뿐만 아니라 기독교사회복지실천가 양성의 토대로서 한국기독교사회복지실천학회가 거점조직으로 자리매김하여야 한다. 현재의 학술적 기능 및 연구자와 실천가의 상호 교류와 연계를 감당하는 기능 등을 넘어서서 기독교사회 복지실천가를 배출하는 전문가 양성교육 프로그램을 개발하고 실행할 수 있는 역할과 기능까지 수행해야 할 필요가 있다. 이와 같은 기독교사회복지실천가 양성교육과정이 이뤄지게 되면 그와 같은 과정 가운데서 김덕준, 박종삼, 이부덕의 사상과 실천적 삶은 주요한 교육내용 내지 교육적 자료로서 활용될 것이다. 그럼으로써 이 세 사람의 생애와 사회복지 이론과 방법은 보다 더 활발하게 계승 발전해 갈 것이다.

결론:

결론
공공신학과 복지선교

'공공신학에 기초한 복지선교'적 교회의 과제

[결론]

'공공신학에 기초한 복지선교'적 교회의 과제

급변하는 현대사회는 교회의 변혁과 신학의 변화를 요구한다. 김창환(2021)에 의하면 교회 공동체의 사명으로서의 선교는 그 순수한 동기에도 불구하고 교회 확장의 중요한 방법으로 이해되고 이뤄졌다. 교회는 주로 영적인 문제를 다루는 한편 주변의 개인이나 공동체가 교회 공동체와 함께하면서 사회와 교회의 관계성이 성립되었다.

교회 역사를 통해서 교회 공동체의 정체성과 사명에 대해서 끊임없이 질문을 하였고, 신학과 선교학은 두 개의 축을 이루며 교회 공동체에 방향을 제시하였다. 중요한 것은, 이러한 고민과 질문은 교회가 속해 있는 사회의 공공성을 항상 염두에 두고 진행되어야 했다는 점이다. 이것은 교회가 단지 신앙의 공동체, 종교적인 기관으로 머무는 것이 아니라 공적인 정체성과 공적인 사명을 담당하며 공적인 공동의 선(com-mon good)을 추구했다는 의미이다.

이 지점에서 사회복지실천은 공공성과 공동선을 추구하는 선교적·목회적 사역에 적극 활용될 수 있다. 더욱이 하나님 나라의 관점에서 교회는 삼위일체 하나님의 모델을 기반으로 공적 영역에 참여하는데, 이것은 교회의 부수적인 활동에 속하는 것이 아니라 신학적으로 교회의 근본적인 정체성과 역할에 깊이 뿌리를 둔다. 교회는 세상과 구분되지만 분리되어 있지 않으며, 세상과의 관계성을 통해서 그 정체성과 사명을 확인해야 한다.

한국교회 안에 있는 '한 개인'을 들여다보면 제각각 참 좋은 사람이다. 이렇게 좋은 사람들이 모였는데 정작 사회적 영성은 결여된 교회 공동체를 마주하게 된다. 인간다움이라는 삶의 본질적 가치의 회복을 위해 공동체를 바르게 사랑하는 일로부터 사회적 영성이 발현된다면 **교회 공동체에 속한 사람들은 지역사회에서 공공성과 공동선을 이뤄낼 수 있는 영성의 사회성을 충분히 발휘**해야 한다. **국가나 세속 사회가 사회적 연대에 기초한 '사회성'을 잃더라도 '사회적인 것'의 최후 지지망이 되어야 하는 것이 교회여야하고 기독교여야** 한다.

교회들이 욕을 먹고, 또 욕먹을 만한 모습이기도 한 이 시대에 **'공공신학에 기초한 교회의 복지선교' 실천은 세상의 고통에 적극 동참하는 교회 공동체의 책무가 무엇인지를 일깨워** 준다. 서로가 서로에게 책임을 느끼며 돌보는 관계적 공동체로서의 사회를 상실한 한국사회에서 교회의 **'공공신학에 기초한 복지선교' 실천은 예수 사랑이 회복되는 새로운 대안적 지역사회 공동체를 형성해내어야 한다.**

이제 책을 마무리하며 결론적으로 '공공신학에 기초한 복지선교'적 교회가 완수해야 할 몇 가지 과제를 제시한다.

교회의 본질적 사명으로서의 공공신학에 기초한 복지선교 이해

'공공신학에 기초한 복지선교'는 교회의 본질적 사명이며 예수 그리스도 안에 나타난 하나님의 사랑을 표현하는 중요한 방법임을 한국교회가 이해하게끔 해야 한다. 또한 '공공신학에 기초한 복지선교'는 주변화 된 곳에서 먼저 일하시는 하나님의 선교에 참여하는 교회 사역의 핵심 활동임을 명심해야 한다. 이렇게 '공공신학에 기초한 복지선교'에 대한 개념을 정립하게 되면 '공공신학에 기초한 복지선교'는 성경, 은혜, 믿음으로 신앙의 본질을 회복시켜 마침내 복음의 능력으로 '제자도'가 실현되게끔 하는 교회 목회의 본질적 요소로 자리매김 된다.

인간 존엄성의 회복과 보호에 집중

교회의 '공공신학에 기초한 복지선교'는 하나님의 형상을 지닌 인간의 존엄성을 회복하고 보호하는 데에 집중해야 한다. 모든 인간은 존귀하며 하나님 앞에 평등하다. 하나님의 사랑은 약자에게 정의를 베풀고, 공동체 안에 정의에 기초한 평등을 구현하며, 모든 생명이 존엄성을 얻도록 하는 것이다. 따라서 사회적 약자들을 복지의 대상으로 묶고 부족함과 연약함을 채우는 결손모델은 올바른 복지가 될 수 없다. 이 모델은 주체와 대상을 분리하여 약자를 소외시키게 한다. '공공신학에 기초한 복지선교'는 제공자와 수혜자가 함께 동반자로서 건강한 공동체를 세우는 일에 헌신하도록 해야 한다.

하나님의 선교 중심 실천으로의 전환

하나님의 선교 중심의 '공공신학에 기초한 복지선교' 실천을 수행해야 한다. '하나님의 선교' 관점의 복지선교는 그 자체가 하나님의 뜻이며 의미 있는 사역이다. 그래서 '공공신학에 기초한 복지선교'는 선교를 하나님의 '샬롬'을 실현하며 하나님 나라를 완성해 나가는 것으로 이끌어 가야 한다. '하나님의 선교' 중심의 복지선교는 인간과 인간 사이에 하나님의 사랑 실천을 통해 먼저 인간화를 이루고, 인간과 자연 사이에 파괴와 훼손 대신에 질서와 조화의 관계를 이루며, 나아가서 인간과 하나님 사이에 순종과 화해의 관계를 회복하게 할 목적을 가진다. 교회는 '하나님의 선교' 중심의 '공공신학에 기초한 복지선교'를 통하여 이 땅에 하나님 나라를 실현하기 위한 예수 그리스도의 대행자(agent)로서의 사명을 감당해야 한다.

공익을 위한 섬김

'공공신학에 기초한 복지선교'는 공동체의 공익(common good)을 위한 섬김이 되어야 한다. 복지선교는 세상을 타자로 놓고 시혜적 차원에서 접근하는 한계를 벗어나야 한다. 교회는 자기 확장을 위해 복지선교 활동을 하려는 유혹을 극복하고, 이기적 동기를 내려놓고 신앙적 가치를 세상 속으로 확장해야 한다. 교회는 하나님의 우주적 주권을 믿고 사회적 공동체와 지구적 공동체의 구성원으로 자신을 이해하며 공동체의 공익을 위한 섬김을 실천해야 한다. 그러기 위해서 교회는 정부와 시민사회, 더 나아가서 지구적 차원에서 복지선교 연대의 틀을 넓혀가야 한다. 모든 교회와 신앙공동체는 '공공신학에 기초한 복지선교'에 대한 논의를 활발히 전개하여 의식을 공유하여야 한다.

자원봉사를 통한 지역사회 지원과 자원 연계

교회는 자원봉사를 통해 지역사회를 섬기는 주체가 되어야 한다. 교회의 기반은 지역교회이다. 지역사회에는 지방정부, 지방행정기관, 다양한 복지기관, 비영리단체, 그리고 시민단체 등 교회의 참여를 기다리는 다양한 영역이 있다. 또한 지역사회에는 복지의 사각지대가 있다. 이곳에서 차상위 계층을 향한 보살핌, 긴급한 재원 지원과 봉사활동은 교회만이 감당할 수 있는 복지선교 영역이다.

특히 현대사회의 가장 큰 문제는 가정의 붕괴이다. 교회는 가정을 위한 교육과 프로그램을 제공하고, 무너지는 가정을 돌봄으로 지역사회를 섬겨야 한다. 교회는 자원봉사의 가장 큰 자산이다. 헌신된 인력과 조직된 교회는 지역사회의 소중한 자산이 된다. 그리스도인들은 자원봉사를 통하여 신앙의 눈으로 이 사회구조를 보는 기회를 얻게 된다. 교회의 '공공신학에 기초한 복지선교'는 전문가들의 사역에 머무르지 않고, 그리스도인들이 시민사회에 참여하는 통로가 되는 동시에 세상이 교회로 한 걸음 다가오는 통로가 되어야 한다.

생명을 풍성하게 하는 활동

교회의 '공공신학에 기초한 복지선교'는 생명을 풍성하게 하는 사역이 되어야 한다. 적자생존과 약육강식의 원리에 기초한 신자유주의 경제하에서 무한경쟁은 전통적인 국가, 지역, 가정 공동체 뿐 아니라 지구상의 모든 생명 공동체를 위협으로 몰고 가고 있다. 교회는 이 땅에 풍성한 생명을 주시기 위해 오신 예수님을 따라 생명을 살리고 풍성하게 하는 '공공신학에 기초한 복지선교'를 추구해야 한다.

생명을 살리는 복지선교는 절대빈곤과 싸워야 한다. 교회는 다양한 사회 기관들과 협력하여 세상의 극단적 양극화와 상대적 빈곤을 해결할 수 있다는 희망을 주어야 한다. 치열한 경쟁에서 낙오되고 밀려나는 다양한 계층에 대한 사회적 배려가 절대적으로 필요하다. 어려서부터 학교에서 경쟁과 경제적 효율의 가치만으로 자라는 청소년들, 높은 청년 실업률에 시달리고 있는 젊은이들, 가난과 소외 속에 살아가는 노인들에게 생명의 바른 가치관이 전달되어야 하며, 절대 빈곤의 삶을 살아가는 이들에게 최소한의 사회적 안전망을 제공해야 한다.

복지선교 영성의 강화

'공공신학에 기초한 복지선교'의 영성을 강화하기 위한 전략을 정리하면 다음과 같다.

첫째, 기초 연구를 수행해야 한다. 국내외에서 탁월한 복지선교 영성을 소유한 신앙인들, 영성가들, 학자들을 발굴하여 연구함으로 그들의 생각과 삶이 기독교적인 삶의 모델로서 제시될 수 있도록 함과 동시에 복지선교 영성의 실제적인 내용으로 정리해 내어야 한다. 공공신학적인 관점에서 통찰을 제공해 줄 수 있는 그리스도인들의 영성과 삶을 심도 있게 고찰하는 것이 좋은 연구 주제가 될 것으로 본다.

둘째, 이타적 삶을 위한 기도와 영성운동을 개발해야 한다. 지금까지 보수적인 교회의 기도운동은 일반적으로 개인적인 축복이나 은사와 결부되는 이기적인 경향이 있었으므로 이러한 문제를 극복하기 위해서는 이타적 삶을 구현하기 위한 기도 제목을 복지선교적인 차원에서 제시한다든지, 사회적 문제를 위한 묵상을 장려하는 일, 고통받는 소외계층과 관련된 성구로 작성된 일일성경읽기 운동 등과 같은 사업들을 전개할 필요가 있다.

셋째, '공공신학에 기초한 복지선교'적인 목회 방법을 구체적으로 제시해야 한다. 목회자들로 하여금 복지선교적인 주제로 자주 설교하도록 도와야 하고 자원봉사나 사회문제에 대한 성경공부 모임을 운영할 필요가 있다. 또한 민족문제나 선거, 통일, 세계 기아문제나 아동, 여성, 가족, 노동자 등의 사회문제를 위한 기도회를 개최하고, '공공신학에 기초한 복지선교'적인 이슈를 다루는 영성 집회를 실시하며, 각 교단들이 연계하여 교단 내의 사회봉사위원회나 사회봉사 부서의 헌신예배 등을 계획하여 교인들로 하여금 복지선교적인 영성을 갖추도록 지원해야 한다.

넷째, 종이 자료와 웹 문서 및 온라인 미디어 콘텐츠 개발과 창의적인 문화 활동 등을 개발해야 한다. '공공신학에 기초한 복지선교'로서 기독교 영성 관련 서적 내지 동영상 등을 제작하고 배포하는 활동이 필요하다. 또한 감동적인 영화나 연극, 뮤지컬 등을 제작하는 일도 필요하다. 그리고 복지선교 영상과 함께 진행되는 자선음악회 같은 행사를 주관하고, 사회 참여적인 글쓰기 장려 프로그램 등도 생각해 볼 수 있다.

에필로그

우리 두 사람이 최선을 다했으나 완성된 원고를 보니 과연 이 책을 세상에 내놓을 수 있겠는가라는 염려가 가슴 끝까지 밀려온다. 또한 새로운 통찰과 패러다임을 창출하려고 몸부림쳤으나 결국은 두 사람이 그동안 줄곧 사유하고 글을 쓴 내용들을 다시 가져다가 쓸 수밖에 없었던 것도 진한 아쉬움으로 남는다. 그나마 위안을 삼는 것은 기존의 자료들을 상당 부분 재구성하였다는 사실이다.

그럼에도 김창환(2021)의 <공공신학과 교회>와 이준우(2024a)의 <지구촌교회 복지선교 이야기>는 책의 기본 맥락을 구성하는 데에 토대가 되는 자료였음을 밝힌다. 또한 때로는 참고문헌과 인용이 보다 더 정교하게 제시되지 못할 수밖에 없었음도 고백한다. 특히 우리 두 사람이 쓴 기존 자료들의 경우가 그랬다. 어디에선가 분명 썼던 자료들이 있었을 텐데 에세이를 쓰듯이 작성할 때, 일일이 문헌을 찾아서 각주를 다는 수고를 다소 게을리 하였던 것 같다. 독자들에게 송구한 마음이다. 양해 부탁드린다.

이제 마무리하려고 한다. 이 책을 쓰는 내내 붙잡고 의지했던 말씀을 소개한다.

"우리가 한 몸에 많은 지체를 가졌으나 모든 지체가 같은 기능을 가진 것이 아니니 이와 같이 우리 많은 사람이 그리스도 안에서 한 몸이 되어 서로 지체가 되었느니라 (로마서 12장 4-5절)."

하나님은 우리 인간을 사랑하셔서 모든 사람, 한 사람 한 사람이 존재감을 갖고 살아가길 원하신다. 동시에 함께 서로 아끼고 사랑하며 살아가기를 원하신다. 서로의 존재를 인정하는 것을 공존이라고 할 수 있다. 함께 보듬어 안고 살아가는 것을 공생이라고 하겠다. 하나님께서는 당신의 자녀들을 교회 공동체로 부르셔서 공존과 공생의 모범으로 살아가도록 역사하신다. 그러므로 참된 그리스도인은 교회 공동체에서 공존과 공생을 실천하는 삶을 살아내고 그 힘으로 세상을 공존과 공생의 현장으로 만들어가야 한다.

이 책에서 끊임없이 천착한 주제가 바로 '공존'과 '공생'이었다. 우리가 지향하는 '공공신학에 기초한 복지선교' 실천의 최종 목적도 이 세상이 공존과 공생의 현장으로 변화되는 것이다.

왜, 공존하고 공생하며 살아야 하는가? 주님께서 원하시기 때문이다. 그리스도인이 예수 그리스도의 삶을 따라가는 사람이라면 주님이 기뻐하시고 원하시는 일에 순종하는 것은 지극히 당연한 일이 된다. 참된 그리스도인이란 그리스도 안에서 한 지체됨을 아는 사람이라고 말씀한다. 공존과 공생을 실현하기 위한 기본적인 이해가 되는 말씀이다.

무엇보다도 교회는 그리스도의 몸이다. "우리가 한 몸에"와 "그리스도 안에서 한 몸"이라는 말에 주목해야 한다. 에베소서 1장 23절에도 비슷한 말씀이 있다. "교회는 그의 몸이니 만물 안에서 만물을 충만케 하시는 자의 충만이니라."고 나온다. 교회는 건물이 아니다. 교회는 교파나 제도도 아니다. 사상이나 철학도 아니다. 교회는 그리스도의 몸이다. 교회가 그리스도의 몸이라면 교회는 살아 움직여야 한다. 살아 있는 몸은 움직여야 한다. 피가 흐르고 생명이 있어야 한다. 살아 있는 교회는 사랑이 흐른다. 생명 안에는 빛이 있다. 교회는 세상 사람들의 빛이어야 한다.

공공신학에 기초한 복지선교 실천을 통해서 교회가 다시 그리스도의 몸으로 회복하여 세상의 빛이 되었으면 했다. 이 책을 관통하는 우리 두 사람의 간절한 소망이기도 하다. 예수님이 길이요 진리요 생명이시라면 오늘날 우리 그리스도인들은 교회라는 건물 안에 온 것이 아니라 예수님 안에 온 것이다. 예수 그리스도의 생명 안에 있는 것이다. 그렇다면 예수 그리스도의 생명력으로 살아가고 살아내야 하는 것이다.

또한 몸은 여러 지체로 구성되어 있다. "우리가 한 몸에 많은 지체를 가졌으나 모든 지체가 같은 직분을 가진 것이 아니니"라고 했다. 교회는 그리스도의 몸인데 그 몸은 여러 개의 지체들로 형성되어 있다는 것이다. 몸에 있는 많은 기관들은 모두 조화를 이루어 한 몸을 이루는데 이 지체는 각기 위치와 기능과 역할이 다르다. 같으면 안 된다. 다 달라야 한다. 몸은 하나이지만 지체는 다양한 것이다.

따라서 진정한 교회는 지체의 다양성을 인정해야 한다. 교회에서 제일 좋지 못한 것은 획일화다. 개성이 있어야 하고 창의성이 있어야 한다. 공공신학은 끊임없이 상호 존중하며 소통하여 열린 '공론 장'을 형성하려고 한다. 그와 같은 '공론 장'이 교회 내에 갖춰져야 한다. 교회 내에서 '공론 장'을 충분히 경험해야만 교회 내의 다양한 지체들을 보고 느끼고 이해하여 배려하며 서로 함께 살아갈 수 있다. 교회 내에서의 '공론 장' 운영 경험은 세상을 향해 나아가야 한다. 더 많은 다양성 앞에서 주눅 들지 않고, 세상과 소통하며 토론하는 '공론 장'을 활성화해야 한다. 다양성을 인정하고 세상의 소리에 민감하게 경청하면서도 하나님 나라의 관점에서 하나님의 은혜와 사랑, 정의와 지혜를 성육신적인 모습으로 세상에 펼쳐내어 사람들이 감동하여 마음을 활짝 열게끔 해야 한다. 공공신학적인 복지선교 실천은 그래야 하는 것이라고 우리 두 사람은 생각했다.

교회와 그리스도인들이 가지고 있는 잘못이 하나 있다. 나하고 다르면 비판한다는 것이다. 나하고 다르면 자꾸 비판한다. 다르다고 하는 것은 비판할 것이 아니라 아름다운 것이다. 조화를 이루는 것이다. 그러면서도 세상에 동화되지 않고 오히려 세상을 변혁시킬 수 있어야 하는 것이다. 어떻게 할 수 있는가? 우선, 다른 사람을 격려하고 보완해주며 축복해주어야 한다. 축복으로 세상을 섬기면 세상이 변화될 것이라고 우리 두 사람은 믿고 있다.

그리고 또 하나, 지체는 다양하지만 하나로 연결된다. 사람들이 모두 서로 다르지만 그리스도 안에서 한 몸을 이룬다. 이것이 교회다. 교회는 하나가 되어야 한다. 이것이 바로 주님이 원하시는 것이다. 하나 됨의 원리는 하나님에게 있다. 하나님은 삼위로 존재하신다. 성부, 성자, 성령이 세 분이시지만 그러나 그분은 한 분이시다. 예수님의 기도의 절정이 무엇인가? 우리는 요한복음 17장 21절이라고 본다. "아버지께서 내 안에 내가 아버지 안에 있는 것 같이 저희도 다 하나가 되어 우리 안에 있게 하사 세상으로 아버지께서 나를 보내신 것을 믿게 하옵소서." 예수님은 한 분이시고 성령님도 한 분이시다. 에베소서 4장 2절과 3절은 이렇게 말한다. "모든 겸손과 온유로 하고 오래 참음으로 사랑 가운데서 서로 용납하고 평안의 매는 줄로 성령의 하나 되게 하신 것을 힘써 지키라." 그러므로 교회가 해야 할 일은 하나 되는 일을 힘써 지키는 것이다. 그 하나 됨의 모습을 보고 세상이 교회를 높이 평가하여 교회를 본받으려 하게 되는 것이다.

이제 끝으로 우리 두 사람의 모든 인생을 책임져 주시고 인도하시는 하나님께 감사드린다. 아울러 우리 두 사람 각자를 지탱하게 해주는 사랑하는 가족들과 동역자들에게도 고마운 마음을 전한다. 또한 미국 풀러신학대학원과 한국의 강남대학교에서 부족한 선생임에도 과분한 존경과 사랑으로 함께하는 제자들에게 감사의 인사를 전한다.

참고문헌
공공신학과 복지선교

국내 문헌

강남대학교 사회복지학부 50년사 편찬위원회. (2003). 강남대학교 사회복지학부 50년사(1953-2003). 용인: 강남대학교 출판부.

강남사회복지교육 60주년 기념사업추진위원회. (2013). 한국의 사회복지를 개척한 강남 사회복지교육. 용인: 강남대학교 한국사회복지연구소.

기독교윤리실천운동. (2020). 2020년 한국교회의 사회적 신뢰도 여론조사 결과 발표세미나.

김근주. (2017). 복음의 공공성. 파주: 비아토르.

김덕준. (1956). 사회사업의 기술. 서울: 애린사.

김덕준. (1961). 미국 공동모금의 역사적 발전과 그것에 대한 시비. 서울: 동광.

김덕준. (1967a). 도시발전에 있어서의 시민참여의 극대화. 사회복지, 17, 19-27.

김덕준. (1967b). 사회복지연합기구의 조직강화문제. 사회복지, 18, 17-28.

김덕준. (1968). 영아원 존립에 대한 고찰. 사회복지, 21, 10-26.

김덕준. (1969). 사회복지 장기 계획과 인력수급 지침에 관한 소고. 복지연구, 4, 27-49.

김덕준. (1970). 1960년대 사회복지 분야의 전문성과 1970년대의 그 전문성의 방향. 사회복지, 30, 39-51.

김덕준. (1975a). 산업복지에 관한 전문사회사업의 개입에 관한 연구. 중앙대학교 대학원 박사학위논문.

김덕준. (1975b). 전문사회사업과 산업복지. 사단법인 한국사회복지연구소.

김덕준. (1976). 사회복지의 개념적 고찰. 한국사회복지, 4, 4-30.

김덕준. (1977). My Adolescence. 사회복지연구, 11, 21-28.

김덕준. (1978). 산업복지: 그 발생적 배경과 개념연구. 사회복지, 56, 5-16.

김덕준. (1979). 구미사회사업 철학의 배경에 대한 시고: 기독교의 본질을 중심으로. 사회사업학회지, 1, 87-96.

김덕준. (1980). 사회정책의 개념에 대한 기독교적 해석 시고. 사회사업학회지, 2, 17-38.

김덕준. (1983a). 기독교와 사회사업의 접선: 그 역사적 배경과 한국적 상황에 관한 연구. 논문집, 10, 169-189.

김덕준. (1983b). 기독교와 사회복지. 기독교사회복지, 1, 7-19.

김덕준. (1984). 없어서 안 될 것은 단 하나. 기독교사회복지, 2, 45-54.

김덕준. (1985).	재해 구호사업의 현황과 과제. 사회복지, 85, 74-101.
김덕준. (1987).	수정판 기독교사회복지: 사상, 역사, 운동. 한국기독교사회복지학회.
김미영. (2022).	사회적 자본으로서 복음의 공공성 연구: 21세기형 프로테스탄티즘 연구. 신학과 실천, 79, 719-755.
김성이, 김동배, 유장춘, 이준우, 김선민, 정지웅. (2022). 영성사회복지개론. 서울: 학지사.
김세윤, 김회권, 정현구. (2013). 하나님나라 복음. 서울: 새물결플러스.
김세윤. (2020).	칭의와 하나님 나라. 서울: 두란노.
김승호. (2014).	한국교회, 공공성을 회복하라. 서울: 두란노.
김승환. (2021).	공공성과 공동체성. 서울: 기독교문서선교회.
김은수. (2014).	사회복지와 선교. 서울: 대한기독교서회.
김창환. (2015).	교회의 공적 중요성과 공공신학의 제기. 공적 신학과 교회연구소 편, 하나님의 정치. 용인: 킹덤북스, 71-94.
김창환. (2021).	공공신학과 교회. 서울: 대한기독교서회.
김창환. (2022).	공적 선교학: 선교학과 공공신학의 대화. 선교와 신학, 57, 9-36.
김한옥. (2004).	기독교 사회봉사의 역사와 신학. 부천: 실천신학연구소.
남서울은혜교회 10주년 특별위원회, 박영숙. (2006). 하나님의 두툼한 손. 서울: 생명의말씀사.
남서울은혜교회 장애우위원회, 이준우. (2008). 통합! 그 아름다운 도전. 고양: 서현사.
노영상 편. (2018).	마을교회 마을목회. 서울: 한국장로교출판사.
류준영. (2018).	한국 초대교회 공공신학. 서울: 기독교문서선교회.
맹용길. (1995).	생명과 윤리. 서울: 쿨란출판사.W
민경배. (1987).	한국기독교사회운동사(한국기독교백년사계 4). 서울: 대한기독교출판사.
박보경. (2008).	선교적 해석학의 모색. 선교신학, 18, 77-108.
박재순. (2000).	한국생명신학의 모색. 서울: 한국신학연구소.
박종삼, 정무성, 유장춘, 이준우. (2019). 박종삼 교수와 함께 펴낸 마을목회와 지역사회복지. 서울: 도서출판 동연.
박종삼. (1988).	한국의 개신교와 사회복지 -교회자원의 복지자원화를 중심으로-. 한국사회복지학, 11, 134-147.
박종삼. (2000).	교회사회봉사 이해와 실천. 서울: 인간과복지.

박종삼. (2004).	교회사회사업의 영성적 실천방법: 거시적 측면에서. 교회사회사업, 2, 7-31.
박종삼. (2016).	한국사회의 변화에 대응하는 기독교사회복지실천. 한국기독사회복지학회, 한국교회사회사업학회 2016년도 춘계 공동학술대회 자료집.
박종삼. (2020).	한국교회 선교사관에 조명된 나의 자서전: 1933-2020. 호남신학대학교 연구.
배진형, 최경미. (2020).	이부덕(李富德)의 생애와 기독교사회복지에 대한 사상. 기독교사회복지, 2, 7-48.
성석환. (2019).	공공신학과 한국 사회(후기 세속 사회의 종교 담론과 교회의 공적 역할). 서울: 새물결플러스.
손봉호. (2017).	주변으로 밀려난 기독교. 서울: CUP.
심광섭. (2004).	생명운동과 생명신학, 오늘의 창조론. 신학과 세계, 49, 215-238.
유장춘. (2002).	기독교사회복지운동의 방향과 전략. 연세사회복지연구, 8, 86-135.
유장춘. (2003a).	기독교사회복지의 이론과 실제. 종교사회복지포럼 편, 시민사회와 종교사회복지. 서울: 학지사.
유장춘. (2003b).	사회복지실천을 위한 영성적 접근 가능성에 대한 탐색. 통합연구, 16(2), 9-44.
유장춘. (2004).	영성의 다양성과 한국인의 토착적 영성 그리고 교회사회사업적 과제. 교회사회사업, 2, 195-219.
유장춘. (2008).	영성적 사회복지를 위한 연구의 범위. 교회사회사업, 7, 127-168.
유장춘. (2009).	현대정신과 가정의 위기 그리고 가정에 대한 교회사회사업가의 성서적 가치관 고찰. 교회사회사업, 10, 57-84.
유장춘. (2018).	이세종 선생의 영성과 삶이 제시하는 기독교사회복지의 정신과 실천원리. 공(空), 이세종 선생 탄생 137주년 기념세미나 자료집.
윤철호. (2016).	공적신학의 주요 초점과 과제. 한국조직신학논총, 46, 175-214.
윤철호. (2019).	한국교회와 하나님 나라를 위한 공적 신학. 서울: 새물결플러스.
이광재. (2003).	호스피스 사회사업. 서울: 인간과복지.
이나경. (2012).	여기까지 왔습니다. 서울: 포이에마.
이부덕. (1995).	예수의 사역 모델에서 본 기독교 사회복지. 한국기독교사회복지학회 자료집, (1995년 11월 16일), 1-8.
이부덕. (2000).	지구촌을 걷는 사회복지사, 서울: 인간과복지.
이부덕. (2004).	예수의 사역모델에서 본 기독교사회복지: 새로운 패러다임 구축을 위하여.

이부덕. (2014). 한국기독교사회복지의 정체성과 지구촌시대의 사명. 한국기독사회복지학회 2014년 춘계학술세미나 자료집, 17-32.
이준우. (2014). 교회사회복지실천의 새 지평: 복지선교와 복지목회. 파주: 나남출판.
이준우. (2017). 장애인과 함께 가는 교회. 서울: 인간과복지.
이준우. (2019a). 한국교회 사회복지실천 들여다보고 내다보기. 서울: 밀알.
이준우. (2019b). 김덕준(金德俊)의 사회복지 사상과 한국 사회복지 교육. 기독교사회복지, 1, 15-55.
이준우. (2021a). 통합과 융합의 사회복지실천. 파주: 인간과복지.
이준우. (2021b). 김덕준의 사회복지 사상과 사회복지 교육. 서울: 미래복지경영, 코람데오.
이준우. (2021c). 박종삼의 사상과 사회복지실천 이해 -사회복지 연구자의 자문화기술지적 내러티브 탐구를 중심으로- 기독교사회복지, 3, 9-66.
이준우. (2024a). 지구촌교회 복지선교 이야기. 서울: 요단출판사.
이준우. (2024b). 한국 기독교사회복지실천학의 의미에 관한 탐색적 고찰: 김덕준, 박종삼, 이부덕의 기독교사회복지 사상을 중심으로. 기독교사회복지, 6, 7-39.
이형기, 김명용, 임희국, 박경수, 장신근 외. (2010). 공적 신학과 공적 교회. 서울: 킹덤북스.
이형기. (2009). 하나님 나라와 공적 신학. 용인: 한국학술정보(주).
지용근, 조성돈, 신상목, 조성실, 주경훈, 정재영, 류지성, 이상화, 백광훈, 이상훈, 양형주. (2023). 한국교회 트렌드 2024. 서울: 규장.
차정식. (2009). 하나님 나라의 향연. 서울: 새물결플러스.
최경환. (2014). 하버마스의 공론장 개념과 공공신학. 기독교철학, 19, 189-221.
최경환. (2019). 공공신학으로 가는 길: 공공신학과 현대 정치철학과의 대화. 서울: 도서출판100.
한국기독교사회복지실천학회 편. (2019). 박종삼 교수와 함께 펴낸 마을목회와 지역사회복지. 서울: 도서출판 동연.
한국사회복지사협회 50년사 편찬위원회. (2017). 한국사회복지사협회 50년사.
한국사회복지학회 50년사 편찬위원회. (2007). 한국사회복지학회 50년사.
함석헌. (1989). 뜻으로 본 한국역사 함석헌 전집 1. 서울: 한길사.
홍창현. (2024). 다중위기 시대, 지속가능한 한국교회를 위한 목회 신학적 성찰: ESG 목회를 중심으로. 신학과 실천, 88, 939-961.

번역서

고먼, 마이클. 박규태 역. (2010). 십자가 신학과 영성: 삶으로 담아내는 십자가. 서울: 새물결플러스.
고힌, 마이클. 박성업 역. (2012). 열방에 빛을. 서울: 복있는사람.
글라서, 아서. 임윤택 역. (2016). 성경에 나타난 하나님의 선교. 서울: 생명의말씀사.
김창환, 김컬스틴. 정승현 역. (2020). 세계 기독교 동향. 인천: 주안대학원대학교출판부.
드보, 롤랑. 이양구 역. (1983). 구약시대의 생활풍속. 서울: 대한기독교서회.
마이어스, 브라이언트 L. 장훈태 역. (2000). 가난한 자와 함께 하는 선교. 서울: CLC(기독교문서선교회).
몰트만, 위르겐. 이삼열 편. (1992). 하나님의 나라와 봉사의 신학. 사회봉사의 신학과 실천, 서울: 도서출판 한울. 68-90.
몰트만, 위르겐. 이신건 역. (2003). 생명의 샘: 성령과 생명신학. 서울: 기독교서회.
뱅크스, 로버트. 신현기 역. (2017). 1세기 교회 예배 이야기: 역사적 자료에 기초한 초대교회 모습. 서울: IVP.
보쉬, 데이비드 J. 김병길 역. (1990). 선교신학. 서울: 두란노서원.
볼프, 미로슬라브. 김명윤 역. (2014). 광장에 선 기독교: 공적 신앙이란 무엇인가. 서울: IVP.
볼프, 미로슬라브. 박세혁 역. (2012). 배제와 포용. 서울: IVP.
볼프, 미로슬라브. 양혜원 역. (2017). 인간의 번영. 서울: IVP.
스토트, 존. 박영호 역. (1994). 현대사회문제와 기독교적 답변. 서울: 기독교문서선교회.
얀시, 필립. 윤종석 역. (2010). 교회, 나의 고민 나의 사랑. 서울: IVP.
클레이튼, 필립. 이세형 역. (2012). 신학이 변해야 교회가 산다. 서울: 신앙과지성사.
프리드맨, D. N., 그라프, D. F. 이순태 역. (1995). 전환기의 팔레스틴 - 고대 이스라엘의 출현. 천안: 한국신학연구소.

국외 문헌

Astley, Jeff.(1999). Learning Moral and Spiritual Wisdom. in Barton(ed.), Where Shall Wisdom be Found?, 321-334.

Borg, M. J.(1991). Jesus, a new vision: spirit, culture, and the life of discipleship/Marcus J. Borg.

Dunn, James.(1989). Christology in the Making: A New Testament Inquiry into the Origins Of the Doctrine of the Incarnation, 2nd ed.(London: SCM), 167, 219-212.

Dunn, James.(1999). Jesus: Teacher of Wisdom or Wisdom Incarnate?. in Barton(ed.), Where Shall Wisdom be Found?(Edinburgh: T&T Clark), 75-92.

Ford, David.(2007). Christian Wisdom: Desiring God and Learning in Love. Cambridge: CUP. 1-13.

Gruchy, John de.(1994). The Nature, Necessity and Task of Theology. in John de Gruchy and C, Villa-Vicencio(eds.), Doing Theology in Context: South African Perspectives. Maryknoll, NY: Orbis Books.

Gruchy, John de.(2007). Public Theology as Christian Witness: Exploring the Genre. International Journal of Public Theology, 1(1), 26-41.

Habermas, J.(1991). The structural transformation of the public sphere: An inquiry into a category of bourgeois society. MIT press.

Harrelson, W. J.(1996). Wisdom and Pastoral Theology. Andover-Newton Quarterly, 7(5), 6-14.

Hays, R. B., & Barton, S. C.(1999). Wisdom according to Paul. Where shall wisdom be found?, 111-123.

Hollenbach, David.(2003). The Global Face of Public Faith: Politics, Human Rights, and Christian Ethics. Washington, D.C.: Georgetown University Press.

Kim, Sebastian.(2014). Editorial. International Journal of Public Theology, 8(2), 121-129.

Lefebure, L. D.(1994). The wisdom of God: Dialogue and natural theology. Christian Century, 111(30), 984-988.

Marty, M. E. (1981). Public Church: Mainline-Evangeical-Catholic. New York: Crossroad,.

Moltmann, J., & Kohl, M. (1999). God for a secular society: The public relevance of theology. Fortress Press.

Perdue, L. G. (2007). Wisdom literature: A theological history. Presbyterian Publishing Corp.

Stackhouse, Max. (1991). Public Theology and Political Economy: Christian Stewardship in Modern Society. Lanham, MD: University Press of America.

Stackhouse, Max. (1997). Public Theology and Ethical Judgement. Theology Today, 54(2), 165-179.

Thiemann, Ronald F. (1991). Constructing a Public Theology: The Church in a Pluralistic Culture. Louisville, KY: John Knox Press.

Volf, Miroslav. (2011). A Public Faith: How Followers of Christ Should Serve the Common Good, Grand Rapids: Brazos.

Von Rad, Gerhard. (1972). Old Testament Theology: The Theology of Israel's Prophetic Traditions, vol. 2(London: SCM, 1965), 418-422; Wisdom in Israel(London: SCM, 74, 307.

Von Rad, Gerhard. (2011). Wisdom in Israel, 81, 289, 307; Leopoldo Cervantes-Ortiz, "Reading the Bible and Reading Life: Everyday Life Approaches to Wisdom Literature from Latin America," Calvin Theological Journal 46, 278-288

Whittemore, R., & Knafl, K. (2005). The integrative review: updated methodology. Journal of advanced nursing, 52(5), 546-553.

Woudstra, M. (1981). The book of Joshua. Wm. B. Eerdmans Publishing.

Wright, N. T. (2008). Jesus. in John Barclay(ed.), Early Christian Thought in its Jewish Context(Cambridge: CUP), 43-58.

Wright, Tom. (2016). God in Public: How the Bible Speaks Truth to Power Today. London: SPCK.

저자소개
공공신학과 복지선교

김창환 (Sebastian Kim)

한양대학교 공과대학(B.Sc)
장로회신학대학교 신학대학원(M.Div)
영국 올네이션스 대학교(Dip. Miss)
미국 풀러신학대학원(Th.M)
영국 케임브리지 대학교 신학부(Ph.D)

미국 풀러신학대학원 로버트 오일리 공공신학 석좌교수
미국 풀러신학대학원 임시학장(2023~2024)
미국 풀러코리안센터 학장
영국 왕립아시아학회 정회원
국제공공신학저널 초대 편집장
영국 세인트존대학교 석좌교수 역임

이준우 (Jun Woo Lee)

총신대학교 종교교육학과 졸업(B.A)
총신대학교 신학대학원 졸업(M.Div. equi.)
숭실대학교 대학원 사회복지학 석사·박사(M.A, Ph.D)
미국 사우스웨스턴침례신학대학원 목회학 박사(D.Min)

강남대학교 복지융합대학 사회복지학부 교수
강남대학교 일반대학원 수화언어통번역학과 주임교수
강남대학교 융복합대학원 원장
강남대학교 산학협력단 부설 복지공감연구소 소장
사단법인 한국자원복지재단 대표이사
지구촌교회 수어부 지도목사